古代歷史文化研究輯刊

二二編

王明蓀 主編

第5冊

拓跋政權的政治與社會認同（下）

羅文星 著

國家圖書館出版品預行編目資料

拓跋政權的政治與社會認同（下）／羅文星 著 — 初版 — 新
北市：花木蘭文化事業有限公司，2019〔民 108〕
目 4+162 面；19×26 公分
（古代歷史文化研究輯刊 二二編：第 5 冊）
ISBN 978-986-485-899-6（精裝）
1. 政治認同　2. 民族認同　3. 南北朝
618　　　　　　　　　　　　　　　　108011796

ISBN-978-986-485-899-6

9 789864 858996

古代歷史文化研究輯刊
二二編　第五冊　　　　　ISBN：978-986-485-899-6

拓跋政權的政治與社會認同（下）

作　　者　羅文星
主　　編　王明蓀
總 編 輯　杜潔祥
副總編輯　楊嘉樂
編　　輯　許郁翎、王筑、張雅淋　美術編輯　陳逸婷
出　　版　花木蘭文化事業有限公司
發 行 人　高小娟
聯絡地址　235 新北市中和區中安街七二號十三樓
　　　　　電話：02-2923-1455／傳眞：02-2923-1452
網　　址　http://www.huamulan.tw 信箱 hml810518@gmail.com
印　　刷　普羅文化出版廣告事業
初　　版　2019 年 9 月
全書字數　294016 字
定　　價　二二編 25 冊（精裝）台幣 63,000 元　　　版權所有・請勿翻印

拓跋政權的政治與社會認同（下）

羅文星　著

目

次

第四章 北魏政治社會交互作用之政權參與

　　在北魏拓跋政權拓展的過程中，參與北魏歷史舞台的人物主要就是胡族與漢族，故形成一般所謂的二元體制現象。除此歷史演進的大脈絡與基礎條件以外，尚可從政治社會的交互作用來觀察北魏歷史的發展。因為，有著政治領域（胡族）與社會領域（漢族）各立一方的主要現實狀況，當拓跋政權不斷拓展及於各領域、地區之時，勢必與各群體社會產生密切互動。在這發展過程中，北魏拓跋政權當然企圖主導整體政治社會的建構，遂以掌控多數資源的政治體系來吸納、整合社會各方勢力的加入。相對的，社會力也有憑藉的資源與勢力。因此，從政權參與這個面向的探討，可以觀察出北魏拓跋政權下政治與社會領域的複雜互動關係，主要呈現於政治力與社會力間拉扯、平衡與競爭等，進而由此了解北魏政治社會體之特質。因此，本章規劃三節來進行探討，第一節「統治階層的凝聚擴大」，第二節「高祖的重門第政策」，第三節「仕宦的延續」。

第一節　統治階層的凝聚擴大

一、太祖以前的政權參與

　　拓跋政權參與的過程，自太祖正式立國前到太祖平定中山進入中原地區，以及後來北魏帝國不斷拓展的過程中，都持續進行著統治階層的凝聚擴大。參與北魏拓跋政權者的身分背景概略可分為三種，一是北魏宗室與胡族

群體，一是中原漢人士族群體，另一種是隨北魏國勢擴大而自各方歸附者。

　　進入各時期政權參與的討論以前，先回顧、檢討前賢的研究成果。綜觀北魏拓跋政權統治階層主幹部分的成員，主要是由宗室及其後裔子孫與代北胡族及其後裔子孫所組成。這群前後不斷接續仕宦的胡族群體，透過各種方式持續進入北魏拓跋政權成爲統治階層。事實上，他們正是部落聯盟時代的政權基礎，如今延續成爲北魏帝國的政權基礎。這個基本的政權參與現象，在有限資料的情況限制下，以及諸位學者界定條件的不同，各家統計出來的參與比例百分比結果，大致是符合於這樣的發展趨勢的。〔註1〕雖然統計結果如此，但數字比例所顯示的只是長期大致的總平均數，不易彰顯不同時期的實質發展狀況或是每一個個案參與政權的意義，以及權力的複雜性難以數據來加以掌握等。因此，本文試圖從歷史發展過程中來討論政權參與的情況與意義。

　　早在昭成帝拓跋什翼犍時代，曾經「始置百官，分掌眾職」，模仿晉朝體制並考量自身狀況而綜合創出國家行政體系的雛型框架。然從〈官氏志〉記載來看，「建國二年（339年），初置左右近侍之職，無常員，或至百數，侍直禁中，傳宣詔命。皆取諸部大人及豪族良家子弟儀貌端嚴，機辯才幹者應選。又置內侍長四人，主顧問，拾遺應對，若今之侍中、散騎常侍也。其諸方雜人來附者，總謂之『烏丸』，各以多少稱酋、庶長，分爲南北部，復置二部大人以統攝之。時帝弟觚監北部，子寔軍監南部，分民而治，若古之二伯焉」。〔註2〕此時政權參與的特色，顯然就是部落成員的「諸部大人及豪族良家子弟」所擔任的內侍職官，彰顯出拓跋氏與其他部落間緊密類似於君臣的忠誠關係。此外，隨著部落聯盟政權的擴大，遂繼承拓跋猗盧南向發展後所創設的南北兩部的架構，以吸收管理各方來附的民族、部落等。將內侍制度與南北兩部並觀之，可看出此時發展有著內部凝聚團結與往外擴張的兩方俱進，以塑成其政權組織。

〔註1〕 康樂，〈拓跋魏的國家基礎〉，《從西郊到南郊》，頁 68～70。統計整個北魏時期（396～527年），代人集團擔任中央將相大臣的比例約爲 88%，擔任地方長官的比例約爲 80%。蘇慶彬〈元魏北齊北周政權下漢人勢力之推移〉（《新亞學報》第6卷第2期）的統計，推估胡人擔任中央將相大臣的比例約爲 80%，擔任地方長官的比例約爲 60%。孫同勛師《拓拔氏的漢化及其他——北魏史論文集》（台北：稻鄉出版社，2005年3月初版）的「北魏歷代漢臣人數所佔總人數百分表」，推估胡人所佔的比例約爲 64%。

〔註2〕 《魏書》卷113，〈官氏志〉，頁 2971～2。

根據《魏書》有限史料所見此時的政權參與情況如下：

表一　昭成帝拓跋什翼犍時代政權參與表

編號	姓名	身分〔註3〕	當時官爵	卷次／頁數	備註
1	賀野干	外戚	東部大人	13／324	獻明皇后父
2	元翰	王室	無載（率騎征討）	15／370	昭成帝第三子
3	劉庫仁	外戚	南部大人	23／604	母平文帝女，昭成帝以宗女妻之
4	燕鳳	代人〔註4〕	代王左長史	24／609	逼迫而來
5	許謙	代人	代王郎中令	24／610	將家歸附
6	長孫仁	族人〔註5〕	南部大人	25／643	長孫嵩父
7	長孫肥	族人	無載（以選內侍）	26／651	
8	庾和辰	代人	中部大人	28／684	庾岳兄，世典畜牧
9	李栗父祖	雁門人	無載（昭成時入國）	28／686	
10	奚簞	代人	無載（世典馬牧）	29／697	奚斤父
11	呂渴侯	代人	無載（率戶五千歸國）	30／732	呂洛拔曾祖
12	劉眷	外戚	北部大人	83／1813	女為太祖宣穆后

　　根據上述《魏書》有限史料的記載，從表所見大體是符合上述〈官氏志〉所載內侍制度（長孫肥）與南北兩部（劉庫仁、長孫仁、劉眷）的主要政治架構。管理歸附部落應是較為重要的大人官職，所以上述曾言「帝弟觚監北部，子寔軍監南部」，所以劉庫仁也以外戚身分而出任南部大人。至於，賀野干以外戚身分所任的東部大人與庾和辰的中部大人是〈官氏志〉未載的，兩職可能是管理南北兩部以外其它歸附部落的大人或是統領本部落的大人。〔註6〕

〔註3〕　參與拓跋政權者的身分，可能是地理概念的代人與拓跋氏宗室或是拓跋部族人兼具，因此，以較能彰顯參與拓跋政權之關係身分來表示。至於其他參與者，則視需要於注釋說明。

〔註4〕　燕鳳、許謙據傳記資料載為代人，但據其行事來看，應是住在代區的漢人。

〔註5〕　據《魏書》卷113，〈官氏志〉，頁3006記載獻帝七分國人成帝室十姓，包括「次兄為拔拔氏，後改為長孫氏」，以長孫氏家族與拓跋氏政權的親從關係，歷經久遠世數後，長孫氏的身分應為族人，不及於宗室親密。

〔註6〕　嚴耕望，〈北魏尚書制度考〉，《史語所集刊》第18本（1948年1月），附〈北

　　至於燕鳳與許謙，是居住於代北胡漢重疊區且相當熟悉游牧部落文化的人，自身也具有漢人知識以及對中原社會文化事務有一定的熟悉。他們兩人跨越兩大文化的背景，正是拓跋君主此時南下拓展所極需者，所以昭成帝遂以武力強迫徵用燕鳳。〔註7〕因此，燕鳳與許謙以漢式官名參與拓跋政權之意義在於：隨著拓跋政權進逼有漢人聚居的城鎮區，授官職予部落範圍以外之人，雖然官職僅是幕僚性質，但其意義代表著拓跋政權嘗試超越舊有部落聯盟體系，企圖擴大政權的體系架構而涵蓋胡族範圍以外世界。事實上，在昭成帝以前桓、穆帝便徵用衛操與莫含以向南拓展，〔註8〕已經展開跨越族群的政權參與軌跡。由此可見，拓跋政權早期便能隨版圖拓展而擴大吸收、利用不同的政權參與者，彰顯出拓跋政權的開放性與彈性調整。

　　當登國元年（386年）拓跋珪郊天建元恢復政權，依賴的政權基礎（即當時參與北魏政權的人物）蓋是登國二年（387年）正月「班賜功臣長孫嵩等七十三人」這些人物。根據張繼昊的研究，拓跋珪當時依靠的主要勢力包括宗室（長孫氏、叔孫氏）、姻族（王建家族）與鄰近部落領袖（和跋、庾岳）等。〔註9〕根據《魏書》所見整理如下表：

表二　登國元年（386年）政權參與表

編號	姓名	身分	當時官爵	卷次／頁數	備註
1	元紇羅＊	宗室	無載（翼衛左右）	14／345	神元帝曾孫
2	元儀＊	宗室	九原公	15／370	昭成帝孫，元翰子
3	元遵＊	宗室	略陽公	15／374	昭成帝孫
4	元虔＊	宗室	陳留公	15／381	昭成帝孫

魏初期之大人制度〉一文，指出尚有天部大人與國部大人，且推論應有地部大人與西部大人。這是昭成時期延續至拓跋珪時期的傳統部族大人制度。關於早期的大人制，尚可參閱趙永來，〈盛樂、代北時期拓跋君主的強化與大人制的演變〉，《魏晉南北朝史論文集》（山東：齊魯書社，1991年5月初版）。

〔註7〕《魏書》卷24，〈燕鳳傳〉，頁609：「燕鳳，字子章，代人也。好學，博綜經史，明習陰陽讖緯。昭成素聞其名，使人以禮迎致之。鳳不應聘。乃命諸軍圍代城，謂城人曰：『燕鳳不來，吾將屠汝。』代人懼，送鳳。昭成與語，大悅，待以賓禮。後拜代王左長史，參決國事。」

〔註8〕分別見於《魏書》卷23，〈衛操傳〉，頁599；《魏書》卷23，〈莫含傳〉，頁603。

〔註9〕張繼昊，〈拓跋珪的崛起與北魏王朝的肇建〉，收入氏著，《從拓跋到北魏》，頁246。

5	元順＊	宗室	南安公	15／383	昭成帝孫
6	燕鳳＊	代人	吏部郎	24／610	昭成時期入仕
7	許謙＊	代人	右司馬	24／611	昭成時期入仕
8	張袞	上谷人〔註10〕	左長史	24／612	父祖爲郡太守
9	張恂	上谷人	無載（參代王軍事）	88／1900	張袞弟
10	長孫嵩＊	族人	南部大人	25／643	父仁於昭成時期爲南部大人
11	長孫道生、賀毗等四人＊	族人	無載（內侍左右，出入詔命）	25／645	長孫道生爲嵩從子
12	長孫肥＊	族人	無載（大將從征）	26／651	昭成時期入仕
13	尉古眞	代人	無載（從征）	26／655	
14	穆崇＊	代人	征虜將軍	27／661	先世效節於神元、桓、穆帝
15	和跋＊	代人	外朝大人	28／681	世領部落，爲國附臣
16	奚牧	代人	治民長	28／682-3	
17	莫題	代人	幢將（領禁兵）	28／683	
18	庾和辰＊	代人	內侍長	28／684	昭成時中部大人
19	庾岳＊	代人	外朝大人	28／684	和辰弟
20	賀狄干	代人	北部大人	28／685	
21	李栗＊	雁門人	左軍將軍	28／686	昭成時父祖入國，元從21人
22	奚斤＊	代人	無載（統禁兵）	29／697	父箪寵於昭成帝
23	叔孫建＊	族人〔註11〕	外朝大人	29／702	父骨爲昭成母所養
24	王建＊	外戚	外朝大人	30／709	祖姑生昭成帝
25	安同	遼東胡	外朝大人	30／712	

〔註10〕 據《魏書》卷24，〈張袞傳〉所載，張袞、張恂兄弟家庭應是世代仕宦於胡漢混合區的漢人。

〔註11〕 據《魏書》卷113，〈官氏志〉，頁3006記載獻帝七分國人成帝室十姓，包括「命叔父之胤曰乙旃氏，後改爲叔孫氏」，再以叔孫氏家族與拓跋氏政權的親從關係，歷經久遠的世代后，叔孫氏的身分應爲類似於長孫氏的族人。

26	樓伏連*	代人	無載（從征）	30 / 717	世爲酋帥
27	來初眞	代人	後將軍、武原侯	30 / 725	
28	于栗磾	代人	冠軍將軍、新安子	31 / 735	
29	羅結*	代人	屈蛇侯	44 / 987	世領部落，爲國附臣
30	苟烏提	代人	吳寧子	44 / 993	
31	尒朱羽健*	北秀容人	領民酋長	74 / 1643	世爲酋帥，尒朱榮高祖
32	叔孫普洛*	族人	北部大人	2 / 20	

　　在登國元年（386 年）的前十年時間，是拓跋政權短暫被前秦瓦解而充滿危機的階段。在此時前後最重要的情勢就是其政權得以生存、延續與重組，在這過程中參與之人物就是北魏政權的重要基礎。

　　首先，拓跋政權並未完全被摧毀，很重要的是燕鳳在外交上的交涉、折衝。〔註12〕待至登國元年（386 年）能恢復建國重組政權，依賴者主要是舊有部落聯盟勢力的支持，包括宗室成員、舊臣與附國的部落大人等，而這些成員頗多都是自昭成帝時代延續下來的，如表中標註＊者佔有 22 位之多，幾乎達到所蒐集數量 70%之多。由此略估可知，拓跋政權初立所倚賴者仍主要是昭成帝時期的成員，可見群體延續性頗高，容易凝聚部落族人與諸胡部落的認同與勢力。此外，也持續吸收新的代人成員與可能爲漢人的張袞、張恂兄弟加入。

　　據〈官氏志〉記載此時的體制：

> 太祖登國元年，因而不改，南北猶置大人，對治二部。是年置都統長，又置幢將及外朝大人官。其都統長，領殿内之兵，直王宮；幢將員六人，主三郎衛士直宿禁中者；自侍中已下，中散已上，皆統之。外朝大人，無常員，主受詔命，外使，出入禁中，國有大喪大禮皆與參知，隨所典焉。〔註13〕

〔註12〕《魏書》卷 24，〈燕鳳傳〉，頁 610：「及昭成崩，太祖將遷長安。鳳以太祖幼弱，固請於符堅曰：『代主初崩，臣子亡叛，遺孫沖幼，莫相輔立。其別部大人劉庫仁勇而有智，鐵弗衞辰狡猾多變，皆不可獨任。宜分諸部爲二，令此二人統之。兩人素有深讎，其勢莫敢先發。此禦邊之良策。待其孫長，乃存而立之，是陛下施大惠於亡國也。』堅從之。」

〔註13〕《魏書》卷 113，〈官氏志〉，頁 2972。

除了南北二部以外，此時最大的特點在於：以政權基礎的胡族成員爲班底，構建一套因應發展需求的行政體制，都由其族人成員所任職，帶有胡族武人的軍事色彩。都統長、幢將蓋是自內侍制度所衍生而再區分不同職務，外朝大人則是新設，三項職官體系蓋是此時參與政權的主要管道，故可視爲「部族國家的官制」。〔註14〕

　　將〈官氏志〉所載試對照於上述參與表，基本的南北兩部架構仍舊存在，內侍職官可能延續發展成所謂的「元從二十一人」，是一項重要的參與機制：

　　　　李栗，雁門人也。昭成時，父祖入國。少辯捷，有才能，兼有將略。初隨太祖幸賀蘭部，在元從二十一人中。太祖愛其藝能。時王業草創，爪牙心腹，多任親近，唯栗一介遠寄，兼非戚舊，當世榮之。〔註15〕

「元從二十一人」多數是拓跋部落族人，其他的多爲拓跋部落聯盟的酋長或其子孫，這些人就是太祖即位前流離至賀蘭部的護衛軍，即其「王業草創」期間的「爪牙心腹」內侍軍，他們的各種優異能力是拓跋政權得以渡過危機的堅實基礎。〔註16〕尤其，他們優越的軍事能力是北魏後來得以順利挺進中原的重要憑藉。待北魏拓跋政權正式成立以後，隨時親近左右保衛太祖的這些內侍軍，由奚斤、長孫肥與莫題等統領，持續擔任護衛君主與中央的安全。此外，還以「外朝大人」來分工負責增加的庶事：

　　　　叔孫建，代人也。父骨，爲昭成母王太后所養，與皇子同列。建少以智勇著稱。太祖之幸賀蘭部，建常從左右。登國初，以建爲外朝大人，與安同等十三人迭典庶事，參軍國之謀。〔註17〕

早期行政中樞由內而外重要事務的推展，由多人任職的外朝大人如叔孫建等負責執行，他們「迭典庶事，參軍國之謀」，是主要行政事務的執行者。其它未載官爵或是爲「將軍」者，蓋是專門從事軍事征討之責。

　　上述宗室成員、「元從二十一人」、外朝大人與從征者等，可說是北魏拓跋政權堅實穩定的重要基礎所在。這樣的政治參與群體應是從部落聯盟時代延續發展下來的，繼承著傳統部落時代之精神，彼此間一直保持著所謂北亞

〔註14〕　鄭欽仁，〈中散〉，收入氏著，《北魏官僚機構研究》（台北：稻禾出版社，1995年4月初版），頁146。

〔註15〕　《魏書》卷28，〈李栗傳〉，頁686。

〔註16〕　張金龍，〈拓跋珪「元從二十一人」考〉，《北朝研究》1995年第1期。

〔註17〕　《魏書》卷29，〈叔孫建傳〉，頁702。

游牧的政治文化傳統，即拓跋主與親近幹部間忠誠誓言的約束關係。〔註 18〕
這項彼此互相忠誠信賴的政治文化，具體表現如「太祖之在獨孤及賀蘭部，（長
孫）肥常侍從，禦侮左右，太祖深信仗之」；「太祖之居獨孤部，（穆）崇常往
來奉給，時人無及者」以及「奚牧，代人也，重厚有智謀。太祖寵遇之，稱
之曰仲兄」等。因此，對於君臣之間親緣關係的維繫與定位，雖然拓跋政權
並無如漢式帝國的朝制禮儀規範或是相關文字著作的規定，但是，他們卻能
遵行這項傳統文化而發揮極大的政治效用。

這項北亞游牧民族的政治文化傳統，在代北胡族群體間應是一項無可置
疑的高度共識，也是凝聚其成為一生命共同體的重要機制。所以，從此一堅
實的游牧政治文化傳統出發，我們才能對他們於北魏拓跋政權發展的關鍵處
始終扮演重要角色的現象得到適當的理解。每當君主權力發生轉移之際，在
過程中產生關鍵影響而足以決定君主權力轉移者，幾乎皆為宗室成員與代北
胡人。〔註 19〕這樣政治現象的頻頻發生，是從部落聯盟時代跨越到帝國體制
時期，這些始終能扮演主導角色的代北胡族，他們的身影如同傳統部落大人
的角色。他們與北魏君主間的關係之所以如此緊密，正在於他們都繼承著北
亞游牧民族的政治文化傳統，遵守著彼此間的忠誠誓言。

至於張衮，是出身胡漢混合區的傳統仕宦家族，條件類似於燕鳳、許謙
而熟悉於胡漢文化，符合於北魏政權擴展之際的需求。更進一步地，太祖透
過張衮以吸收更多人才：

> 衮遇創業之始，以有才謨見任，率心奉上，不顧嫌疑。太祖曾
> 問南州人於衮。衮與盧溥州里，數談薦之。又衮未嘗與崔逞相見，
> 聞風稱美。〔註20〕

〔註18〕 康樂，〈從草原游牧封建制到家產制〉，《從西郊到南郊》，頁 28～29。
〔註19〕 有：（卷次／頁數）14／349 烈帝拓跋翳槐與昭成帝拓跋什翼犍之際大人梁蓋
等的推尊；26／653 長孫翰與元磨渾等潛謀奉迎太宗；25／644 太宗寢疾問後
事於長孫嵩而定策禁中；40／907 陸麗與殿中尚書長孫渴侯、尚書源賀、羽林
郎劉尼等奉迎高宗；41／921 源賀正色固執顯祖傳位於高祖；27／633 穆泰切
諫文明太后而不廢黜高祖；31／739～40 世宗召于烈、于忠父子廢黜咸陽王禧
等；31／742～3 于忠迎肅宗於東宮而即位等。在這些權力的關鍵時刻，從部
落聯盟時代的大人梁蓋等，到帝國時代的長孫翰與元磨渾等、長孫嵩、陸麗
與殿中尚書長孫渴侯、尚書源賀、羽林郎劉尼等、穆泰、于烈于忠父子等，
都發揮決定性的影響力。甚至，長孫嵩、陸麗、源賀、穆泰與于烈于忠父子，
都是扮演著一言定江山的主導角色。
〔註20〕 《魏書》卷 24，〈張衮傳〉，頁 614。

南州，應是相對於北魏政權核心較爲南方的區域，蓋指黃河以北地區。代表北魏開始透過已經歸屬的人才來吸收更廣泛的人才，由此可見北魏政權積極的擴展。

　　登國元年（386年）拓跋珪恢復政權至平定中原（397年）之際，這段時期主要的發展就是征討各地的敵對勢力。最重要的就是登國十年（395年）的參合陂之役與皇始元年（396年）平定并州後，代表北魏的勢力正式伸展進入中原地區。待皇始二年（397年）中山平定以後，代表慕容氏政權完全結束而由北魏拓跋政權取代之。面對此一新的生活世界，北魏在政權參與上亦有所反應調整。以下先整理在此重大轉變之際的政權參與情形：

表三　皇始間（396～397年）政權參與表

編號	姓名	身分	當時官爵	卷次/頁數	備註
1	元紇羅	宗室	無載（賜爵爲公）	14／345	神元帝曾孫
2	元建	宗室	無載（賜爵爲公）	14／345	元紇羅弟
3	元題	宗室	襄城公進爵爲王	14／345	元紇羅子
4	元因	宗室	曲逆侯	14／346	章帝之後
5	元頹	宗室	望都侯	14／346	昭帝之後
6	元素延	宗室	并州刺史、幽州刺史	14／347	桓帝之後
7	元儀	宗室	尚書令鎮中山、丞相	15／371	昭成帝孫
8	元遵	宗室	尚書左僕射加侍中、鎮合口	15／374～5	昭成帝孫
9	元顗	宗室	蒲城侯、平盧太守	15／382	昭成帝孫
10	元順	宗室	進封爲王、司隸校尉	15／383	昭成帝孫
11	元烈	宗室	遼西公、廣平太守	15／383	昭成帝孫
12	燕鳳	代人	行臺尚書	24／610	昭成時入仕
13	許謙	代人	陽曲護軍、平舒侯	24／611	昭成時入仕
14	張袞	上谷人	奮武將軍、幽州刺史	24／613	登國初入仕
15	張恂	上谷人	中書侍郎	88／1900	登國初入仕
16	崔玄伯	清河人	黃門侍郎（創制度）	24／620	自慕容氏來
17	董謐	清河人	儀曹郎（創制度）	24／634	自慕容氏來
18	鄧淵	安定人	著作郎（創制度）	24／635	自慕容氏來
19	長孫嵩	族人	冀州刺史、鉅鹿公	25／643	登國初入仕
20	長孫肥	族人	中領軍將軍、琅邪公	26／651～2	昭成時入仕

21	尉古眞	代人	束州侯、建節將軍	26 / 655	登國初入仕
22	尉諾	代人	平東將軍、安樂子	26 / 656	尉古眞弟
23	穆崇	代人	歷陽公、散騎常侍	27 / 661	登國初入仕
24	和跋	代人	日南公、尚書、鎮鄴	28 / 681	登國初入仕
25	奚牧	代人	并州刺史、任城公	28 / 683	登國初入仕
26	莫題	代人	平遠將軍、扶柳公、中山太守	28 / 683	登國初入仕
27	庾岳	代人	安遠將軍	28 / 684	登國初入仕
28	李栗	雁門人	左將軍	28 / 686	登國初入仕
29	奚斤	代人	征東長史、越騎校尉	29 / 697	登國初入仕
30	叔孫建	族人	安平公、龍襄將軍、并州刺史	29 / 702	登國初入仕
31	王建	外戚	冠軍將軍、濮陽公	30 / 710	登國初入仕
32	安同	遼東胡	廣武將軍	30 / 712	登國初入仕
33	樓伏連	代人	太守	30 / 717	登國初入仕
34	來大千	代人	騎都尉	30 / 725	登國初入仕
35	于栗磾	代人	冠軍將軍、新安公	31 / 735	登國初入仕
36	高湖	渤海人	東阿侯、右將軍	32 / 751	自慕容氏來
37	崔逞	清河人	尚書、御史中丞	32 / 757	自慕容氏來
38	封懿	渤海人	給事黃門侍郎、都坐大官、寧朔將軍、章安子	32 / 760	自慕容氏來
39	宋隱	西河人	尚書吏部郎	33 / 773	自慕容氏來
40	王憲	北海人	本州中正、領選曹事兼掌門下	33 / 775	自苻氏來
41	屈遵	昌黎人	中書令、下蔡子	33 / 777	自慕容氏來
42	張蒲	河內人	尚書左丞	33 / 778	自慕容氏來
43	公孫表	燕郡人	尚書郎	33 / 782	自慕容氏來
44	張濟	西河人	散騎侍郎、襲成紀侯	33 / 787	自慕容氏來
45	李先	中山人	丞相衛王府左長史、尚書右中兵郎	33 / 789	自慕容氏來
46	賈彝	武威人	尚書左丞加給事中	33 / 792	自慕容氏來
47	薛提	太原人	太學生、侍御史	33 / 795	
48	李系	趙郡人	平棘令	36 / 829	自慕容氏來
49	陸突	代人	厲威將軍、離石鎮將	40 / 901	世領部落
50	韓昞	昌黎人	宣威將軍、騎都尉	42 / 952～3	自慕容氏來

51	高韜	渤海人	丞相參軍	48／1067	自慕容氏來
52	封豆	代人	幽州刺史	51／1134	
53	呂顯	東平人	魏昌男、鉅鹿太守	51／1137	自慕容氏來
54	李曾	趙郡人	博士、趙郡太守	53／1167	
55	高展	渤海人	（卒於）三都大官	57／1259	自慕容氏來
56	楊珍	恒農人	（卒於）上谷太守	58／1279	自慕容氏來
57	張珍	中山人	無載	68／1519	自慕容氏來
58	尒朱羽健	北秀容人	散騎常侍	74／1643	世為酋帥
59	祖敏	范陽人	安固子、尚書左丞	82／1798	自慕容氏來
60	賀納	外戚	安遠將軍	83／1812	太祖元舅
61	賀盧	外戚	遼西公	83／1813	賀納弟
62	賀悅	代人	鉅鹿侯	83／1813	納從父弟
63	劉羅辰	外戚	永安公、征東將軍、定州刺史	83／1814	宣穆后兄

　　相較於登國元年（386 年）政權參與表，可以容易發現此時有著重大轉變。據〈官氏志〉記載：

　　　　皇始元年，始建曹省，備置百官，封拜五等；外職則刺史、太
　　守、令長已下有未備者，隨而置之。[註21]

此時拓跋政權勢力進入中原地區，隨統治區域的擴大與增加自慕容氏來的新成員，故必須調整政權的組織架構。就「始建曹省，備置百官，封拜五等」來看，頗有仿漢式帝國架構之意，且在新獲得區域陸續設置地方首長。應該說，北魏拓跋政權此時因應新局勢而適時調整其政體，如此看待更符合當時的實際情況。

　　對照上述參與政權者背景觀之，約有三大類，一仍是昭成帝時期的成員且以宗室為主，二是太祖登國初立時加入者且以代人為主，三是拓展中原地區而自慕容氏政權來者且以漢族士人為主。整體而論，此時參與政權者仍主要是其政權舊有基礎的宗室與代北胡族，但是，自慕容氏來者亦達 30％以上，顯見北魏相當之包容性。佔主體的宗室與代北胡族，多是延續登國年間之官員，他們派任駐守重要新佔領區或擔任地方首長，代表北魏對新擴張區之重視與信任於族人。族人的角色仍多任軍職，主要用於征戰及鎮守要地，他們的軍事長才是北魏政權得以穩固的關鍵基礎。試看典型的事例：

_____

〔註21〕《魏書》卷 113，〈官氏志〉，頁 2972。

（長孫肥）善策謀，勇冠諸將，每戰常爲士卒先，前後征討，
未嘗失敗，故每有大難，令肥當之。南平中原，西摧羌寇，肥功居
多，賞賜奴婢數百口，畜物以千計。〔註22〕

《魏書》記載這類的事例很多，〔註23〕所反映的時代意義值得關注。高超的
騎射武藝與勇壯的膽識，使他們得以出任各項政軍要職並享有崇高的政治地
位。他們在戰場上領兵衝鋒陷陣屢建戰功，拓展國境疆域或是平息地方動亂，
或者，近身侍衛君主而屢建護君之功。他們所具備的軍事長才武藝，在北魏
拓跋政權的擴建過程中充滿著高度的政治意義。由此，他們的外表儀態與行
事風格，在其政治社會裏遂自然提升爲文化象徵，具有崇高的價值性，也成
爲景仰學習的對象。

這些技藝與精神層面的文化資產，都是源自舊有之部落文化體系，並在
其社會中塑造成爲極具價值的認同標誌，也是部落民得以凝聚成一共同體的
重要機制，更是他們辨別我群體與他群體的界線所在。

胡人之外，新加入北魏政權之崔玄伯、董謐與鄧淵等漢族三士人，他們
的意義在於爲北魏帝國體制創立各項新制度，〔註24〕開始推動仿行各項漢式
體制。就上表所見，則是胡、漢官名並呈，代表此時胡、漢體制之混用，正
反映北魏拓跋政權此時並用胡族、漢族的狀態。

在逐步討滅慕容氏政權的過程中，原來隸屬慕容氏政權的漢族士人也相
繼來附，遂出現上述表中諸多自慕容氏來者。在北魏拓跋政權下，他們多數
都擔任幕僚性質的官吏，並無參與政軍實權，他們主要就是《魏書》卷三十
二、三十三的諸列傳人物，周一良將其歸類爲「長於政事學術諸臣，自慕容
氏來歸者」，〔註25〕指出此波政權參與的部份特色，即吸收慕容氏政權下的幹

〔註22〕《魏書》卷26，〈長孫肥傳〉，頁652。

〔註23〕《魏書》中相關記載有（以卷次／頁數表示）：14／356 元石、14／357 元烏
真、14／362 元大頭與元齊、15／370～2 元儀等、15／381 元虔、15／384 元
渾、16／400 元渾、17／415 元健、17／416 元俊、25／645 長孫頹、25／646
長孫觀、26／653 長孫翰、26／658 尉慶賓、26／659 尉眷、29／705 叔孫俊、
30／711 王樹、30／721 劉尼、30／725 來大千、30／726 周幾、30／727 豆代
田與周觀、30／730 陸真、30／732 呂洛拔、31／737 于烈、34／799 王洛兒、
34／802 陳建、51／1127 韓茂等。

〔註24〕崔玄伯、董謐與鄧淵分別見於《魏書》卷24，〈崔玄伯傳〉，頁620～1；卷24，
〈崔玄伯傳附〉，頁634；卷24，〈鄧淵傳〉，頁635。

〔註25〕周一良，〈魏收之史學〉，刊於《魏晉南北朝史論集》（北京，北京大學出版社，
2000年10月第二次印刷），原刊於《燕京學報》第18期。

才。如此，北魏拓跋政權下漢族之成分應增加頗多，促使北魏進入面臨胡、漢二元的局勢。

在參合陂之役（395 年）以後，黃河以北拓跋政權獨大的形勢已底定，隨即執行標誌政治正統意義的「始建天子旌旗」，然後在皇始元年（396 年）九月大舉東征的同時，也正式招募吸收中原地區的漢族人才：

> 初建臺省，置百官，封拜公侯、將軍、刺史、太守，尚書郎已
> 下悉用文人。帝初拓中原，留心慰納，諸士大夫詣軍門者，無少長，
> 皆引入賜見，存問周悉，人得自盡，苟有微能，咸蒙敘用。〔註26〕

此一擴展、招募的產生背景，來自於北魏帝國統治區域擴大與行政架構初建，需要相當數量的行政官僚，以及藉此吸收整併漢人的社會勢力。儘管重要職位由胡人擔任居多，但是，「尚書郎已下悉用文人」，顯然代表著企圖吸收任用漢人，只是所任官職可能都是較低的官吏。因此，北魏帝國正式行政體系的初建，是並用胡、漢人士的，但由胡族主控政權。

若以東征為界分為前後期的話，就漢人參與政權的情況來做比較，顯有不同。自神元以下至太祖東征以前，參與北魏政權的僅有衛操、莫含、燕鳳、許謙與張袞等數人而已。至太祖東征進入中原地區，前後時間數年而已，但加入政權的漢族士人則相對增加許多。由此可見，北魏政權參與度的擴大、開放，不僅吸收了更多各方力量，也代表其勢力逐步深入漢人世界。

再就過程的實際情況來觀察，或更能看出政權參與的意義，〈李先傳〉載：

> 皇始初，先於井陘歸順。太祖問先曰：「卿何國人？」先曰：「臣
> 本趙郡平棘人。」太祖曰：「朕聞中山土廣民殷，信爾以不？」先曰：
> 「臣少官長安，仍事長子（慕容永），後乃還鄉，觀望民士，實自殷
> 廣。」又問先：「朕聞長子中有李先者，卿其是乎？」先曰：「小臣
> 是也。」太祖曰：「卿識朕不？」先曰：「陛下聖德膺符，澤被八表，
> 龍顏挺特，臣安敢不識。」太祖又問曰：「卿祖父及身官悉歷何官？」
> 先對曰：「臣大父重，晉平陽太守、大將軍司馬。父樊，石虎樂安太
> 守、左中郎將。臣，符丕尚書右主郎客，慕容永祕書監、高密侯。」
> 太祖曰：「卿既宿士，屢歷名官，經學所通，何典為長？」先對曰：「臣
> 才識愚闇，少習經史，年荒廢忘，十猶通六。」又問：「兵法風角，
> 卿悉通不？」先曰：「亦曾習讀，不能明解。」太祖曰：「慕容永時，

〔註26〕《魏書》卷 2，〈太祖紀〉，頁 27～28。

卿用兵不？」先曰：「臣時蒙顯任，實參兵事。」〔註27〕

稍長的引文表露出太祖對漢人地方領袖的關注內容：透過李先掌握中山地區的土地與人民狀況；刻意要確立自己在漢人士族心中的君主地位；重視來歸者個人及先祖的官歷，即其家庭政治背景；重視士人的經學專長，即其知識文化能力；關注士人能否熟悉兵法軍事，以爲北魏所用。太祖之所懷，莫不關注於北魏統治之成功與穩固。

這個雖然只是李先的個案經驗，大概也反映出漢人士族加入北魏拓跋政權的普遍經驗。北魏拓跋政權正極力拓展，掌握多方的資源與優勢，大多數漢人士族大概多與李先一樣，選擇加入北魏拓跋政權以謀後續發展。雖然太祖積極於吸收漢族領袖所擁有之資源，但仔細加以衡量，漢人士族的種種傳統優勢仍是存在的。他們熟悉、結合於地方事務與人民，這便是其存在於地方社會的能量基礎。君主地位與威權的確立，很重要的基礎來自於官僚的認同，此一互動的結構缺乏任一方皆不得成立。況且，對君主的定位與詮釋，這都是漢人士族的傳統擅長之術。漢人家庭的政治歷職，代表其政治的經驗與能力，也代表原有的政治社會地位，自然容易成爲政權吸收的對象。士人的經學知識來自於家學或從師學的穩定系統，即使政治社會動盪亦少有中斷，故士人一直能維持這些優勢能力。這些優勢能力往往爲政治社會所需要，也是士人成爲領導者的憑藉。至於，兵法軍事之術本爲一國必備的技能，尤其在戰爭頻繁時期大多的士人都有所學習，當時多朝著文武兼能的目標修煉自己。

因此，當北魏拓跋政權開始拓展而漢人士族相應地參與其中，姑不論雙方的優勢如何或者彼此認同與否，雙方的結合確有各展所能、互蒙其利的一面。只要有國家體制建構發展，漢人士族所代表的諸多社會力、資源便能立足發揮，並彼此連結成一新組合的政治社會體。

政權參與的樣態頗爲複雜，除了表面上的出仕任官之外，尚需考量心理層面的抉擇。當北魏拓跋政權逐步進入中原世界之際，雖然漢族士人多已參與先前諸多的胡族政權，〔註28〕但是，北魏畢竟又是一新的胡族國家，令漢族士人感到陌生與心生戒心。因此，面對北魏拓跋政權的取捨抉擇情況，都

〔註27〕《魏書》卷33，〈李先傳〉，頁788～9。《北史》卷27，〈李先傳〉，頁977～8所載較爲簡略。
〔註28〕羅新，〈五燕政權下的華北士族〉，《國學研究》第四卷（1997年）。

可以反映出他們頗多的不認同。例如崔玄伯一直心嚮江南漢人政權，〔註29〕
所以後來「太祖征慕容寶，次於常山，玄伯棄郡，東走海濱」。很可惜崔玄伯
關於此一關鍵態度並未留下清楚的表述，但是，宋隱則有清楚的抉擇、說明：

> 屢以老病乞骸骨，太祖不許。尋以母葬歸列人。既葬，被徵，
> 固辭以病，而州郡切以期會，隱乃棄妻子，間行避焉。後匿於長樂
> 之經縣，數年而卒。臨終謂其子姪等曰：「苟能入順父兄，出悌鄉黨，
> 仕郡幸而至公曹史，以忠清奉之，則足矣，不勞遠詣臺閣。恐汝不
> 能富貴，而徒延門戶之累耳。若忘吾言，是為無若父也，使鬼而有
> 知，吾不歸食矣。」〔註30〕

宋隱在政治壓力下，寧願「棄妻子」放棄家庭，可以想見他對北魏拓跋政權
之決絕。他對家族後代表明，秉持孝道經營家庭，參與熟悉的地方鄉黨社會，
出仕擔任地方層級的僚屬即可，不須求仕於中央，如此不僅較能保有家庭之
安全，且更可能由此延續門第在地方的勢力而不受到北魏政治力的摧毀。由
此推想宋隱的基本立場，很顯然地，他對初期拓跋政權之不認同、不信任，
遂採取遠離的策略。

即使是主動加入北魏政權的李先家門內，私底下仍然提出質疑：

> 初天興中，（李）先子密問於先曰：「子孫永為魏臣，將復事他
> 主也？」先告曰：「未也，國家政化長遠，不可卒窮。」〔註31〕

是否「永為魏臣」的自我質疑凸顯出深刻的義涵：在個人無可如何的大環境
變動下，當選擇一政權作為歸屬依附的群體，透過確立君臣間相對的角色與
關係，即是尋求自己在政治場合的定位，也是主動將家庭與政治體連結起來。
惟先前紛起紛滅的政權環境，仍不免使其心中對自我政治定位仍有所懷疑。
因此，由此細微層面觀之，欲建立歸附漢族官僚的政治認同極為不易。

二、太祖以後的政權參與

在太祖以前及以後，拓跋政權之政權參與型態甚早即維持著開放的軌

〔註29〕《魏書》卷24，〈崔玄伯傳〉，頁624載：「始玄伯因苻堅亂，欲避地江南，於
　　　　泰山為張願所獲，本圖不遂，乃作詩以自傷，而不行於時，蓋懼罪也。及浩
　　　　誅，中書侍郎高允受敕收浩家，始見此詩。允知其意，允孫綽錄於允集。」
〔註30〕《魏書》卷33，〈宋隱傳〉，頁773～4。《北史》卷26，〈宋隱傳〉，頁935～6
　　　　所載較為簡略。
〔註31〕《魏書》卷33，〈李先傳〉，頁792。《北史》卷27，〈李先傳〉，頁979所載類同。

跡，能同時任用漢族、胡族及其他人士，此一現象今日稱之二元體制、胡漢糅雜或是複合體制等。如此型態之產生，主要在於上述所論因應政權現實發展狀況之所需而自然形成，非爲了走向「漢化」。

既然現實狀況必須採用漢族之才藝與經驗，又胡族人口相對於漢族屬少數，必定總是面臨政權是否穩固的憂慮，因此，在參與政府運作過程中，北魏多設胡族以監視掌控。例如地方首長設三人，必有宗室或是代北胡族，以及各機構中之侯官等，更在南方的記載中表露此一特質：

> 又虜前後奉使，不專漢人，必介以匈奴，備諸覘獲。且設官分
> 職，彌見其情，抑退舊苗，扶任種戚。〔註32〕

除了監視掌控以外，再從「抑退舊苗，扶任種戚」來看，又有權力之收縮與主導的發展趨勢。因此，北魏拓跋政權在開放參與過程中，對實質權力維持著主控性，此點呂思勉亦曾指出「虜之楨幹，仍在其種戚之手」。〔註33〕由此可見政權參與一事存在著多面相、涉及複雜因素而不易準確掌握。

因此，太祖以後拓跋政權之政治參與現象，本文先試從整體發展的角度概論，再進一步討論較具胡、漢參與特質的部份。就北魏拓跋政權中央官制發展來看，在太祖、太宗時期雖有漢制的三省制度出現，但如嚴耕望研究尚書制的觀察，〔註34〕時置時廢而名實不符，此時居主導地位的應是胡族的八部大人制與內侍官制兩部份。〔註35〕大人制自部落時代延續而來，天興元年（398年）所置「八部大夫」應即是八部大人，〔註36〕取代尚書省處理軍國政務。內侍官（學界又稱內朝官、內行官）原來是拓跋主身邊的侍從隊，後來發展成出納詔命的重要機構。從世祖到高祖時期，八部大人制結束而尚書省擴充爲多曹的機構，內侍官發展成更完善而大量的內侍官系統。

〔註32〕《南齊書》卷47，〈王融傳〉，頁819。

〔註33〕呂思勉，《兩晉南北朝史》（台北：臺灣開明書店，1983年10月，臺6版），頁522。

〔註34〕嚴耕望，〈北魏尚書制度考〉，《史語所集刊》第18本（1948年1月）。窪添慶文作進一步的補充研究，〈關於北魏前期的尚書省〉，收入劉俊文主編，《日本中青年學者論中國史：六朝隋唐卷》（上海：上海古籍出版社，1995年12月第1版）。

〔註35〕陳琳國，《魏晉南北朝政治制度研究》（台北：文津出版社，1994年3月初版），頁99。

〔註36〕《通鑑》卷111，〈晉紀〉33，安帝隆安三年（399年）三月甲子條，注曰：「八部大夫，恐當作八部大人。」

　　出任八部大人的漢人僅見崔玄伯一人，〔註37〕其餘所見長孫嵩、奚斤等皆胡族。至於內侍官多由胡族出任，可做爲胡族政權參與的代表範例。北魏拓跋政權之基礎無可否認主要是原來居住雲、代區域的代北胡族，他們在北魏拓跋政權時期始終存在著，〔註38〕或者說因爲「離散諸部，分土定居」的實施，而整編成「代人集團」的地域性集團出現，〔註39〕應無改他們的重要地位。因此，拓跋政權必須安置、結合他們於政權運作以穩定政權基礎。自然地，北魏拓跋政權之運作、執行與參與等，他們應該都是最主要執掌政權的統治階層。如此政治社會背景下，代北胡族之特別角色逐自然形諸於其政治架構中：

> （天賜二年 405 年夏四月西郊）……祭之日，帝御大駕，百官及賓國諸部大人畢從至郊所。帝立青門內近南壇西，內朝臣皆位於帝北，外朝臣及大人咸位於青門之外。〔註40〕

「內朝臣」與外朝臣及大人在重大祭典位置之不同，正反映出他們的特殊角色。因此，內朝官體系之出現，應是源自舊有部落組織而來，延續盟主與諸部落間彼此親近的關係。如此逐容易凝聚團結，成爲堅實的政權基礎。

　　內朝官系統的官職，多特別標明「內」或是「內行」，例如有內侍長、內秘書、內行尚書、內主書、內給事、內博士、內主客令、內行阿干、內三郎、內幢將、內侍校尉、內將軍、內都幢將、內大將軍等等。如據嚴耀中初步的研究，〔註41〕很顯然內朝官系統主要是由代北胡族群所出仕參政的管道，包括宗室、勳臣與諸胡族等。

　　從諸內朝官的執掌來了解參與情形。就內侍長而論，早在昭成帝建國二年〈官氏志〉載：「內侍長四人，主顧問，拾遺應對，若今之侍中、散騎常侍也。」〔註42〕內侍長所掌蓋是與皇帝討論決策，屬權位崇高類似於宰相的重要職官。且，北魏中央之決策應是群體與皇帝共議而成，故設「內侍長四人」，至太祖天賜二年（405 年）更增設「內官員二十人，比侍中、常侍，迭直左右」。

　　至天賜四年（407 年）再「增置侍官，侍直左右，出內詔命，取八國良家，

〔註37〕《魏書》卷24，〈崔玄伯傳〉，頁612。
〔註38〕松下憲一，〈北魏代人集團考略〉，收入中國魏晉南北朝史學會、四川大學歷史文化學院編，《魏晉南北朝史論文集》（成都：巴蜀書社，2006年第1版）。
〔註39〕康樂，〈拓跋魏的國家基礎〉，收入氏著，《從西郊到南郊》。
〔註40〕《魏書》卷108─1，〈禮志一〉，頁2736。
〔註41〕嚴耀中，〈北魏內行官試探〉，收入中國魏晉南北朝史學會編，《魏晉南北朝史研究》（四川：社會科學出版社，1986年3月第1版）。
〔註42〕《魏書》卷113，〈官氏志〉，頁2971。

代郡、上谷、廣寧、雁門四郡民中年長有器望者充之」。〔註43〕「八國」是解散部落後的組織單位，代郡等四郡蓋是拓跋部落民主要分佈區域，〔註44〕所以，再擴增內侍長名額不僅是分擔「出內詔命」工作，更有凝聚、維繫原各部落單位組織的用意存在。長孫道生之例即是：

> （長孫道生）忠厚廉謹，太祖愛其慎重，使掌機密，與賀毗等
>
> 四人內侍左右，出入詔命。〔註45〕

長孫道生與賀毗等四人所任應該就是內侍長。內侍長的執掌有主顧問、拾遺應對與出內詔命以外，尚有察舉百僚：

> 太宗初，（安頡）爲內侍長，令察舉百僚。糾刺姦逆，無所回
>
> 避。嘗告其父陰事，太宗以爲忠，特親寵之。〔註46〕

由此可見，北魏之任用官僚可能視實務需要而彈性調整，故內侍長除了參與決策以外，也擔負監察百官之責。甚至更早以前還掌管庫藏畜產等：

> （庾）和辰，世典畜牧。……事難之間，收斂畜產，富擬國君。
>
> 劉顯謀逆，太祖外幸，和辰奉獻明太后歸太祖，又得其資用。以和
>
> 辰爲內侍長。和辰分別公私舊畜，頗不會旨，太祖由是恨之。〔註47〕

這是因應於部落社會型態而有管理畜產之職。

近年根據高宗文成帝〈南巡碑〉以探索胡族官制者不少，〔註48〕今利用現有研究成果來觀察其他的內朝官。先看羽眞，綜合碑志與史文觀之，羽眞是一重要的高官。〔註49〕眾人所兼職官多爲一、二品，爵位也多爲王、公。任羽眞者有漢人也有鮮卑族，就漢人司馬處之、司馬金龍、馮熙、馮誕、薛安都等背景來研判，羽眞可能代表與拓跋政權有著親近關係的榮譽

〔註43〕《魏書》卷 113，〈官氏志〉，頁 2974。

〔註44〕選代郡、上谷、廣寧、雁門四郡民出任親近、機密的內侍，故應不會是漢民。

〔註45〕《魏書》卷 25，〈長孫道生傳〉，頁 645。

〔註46〕《魏書》卷 30，〈安同傳〉，頁 715。

〔註47〕《魏書》卷 28，〈庾業延傳〉，頁 684。

〔註48〕張慶捷，〈北魏文成帝南巡碑文考證〉，《考古》1998 年第 4 期；張慶捷、郭春梅，〈北魏文成帝南巡碑所見拓跋職官初探〉，《中國史研究》1999 年第 2 期；川本芳昭，〈北魏文成帝南巡碑について〉，《九州大學東洋史論集》第 28 期（2000 年）；松下憲一，〈北魏石刻史料に見える內朝官—北魏文成帝南巡碑の分析を中心に〉，《北大史學（北海道大學）》第 40 期（2000 年），收入氏著，《北魏胡族体制論》；張金龍，〈北魏前期的內侍、內行諸職〉，《北大史學》第 7 期（2000 年）等。

〔註49〕張慶捷、郭春梅，〈北魏文成帝南巡碑所見拓跋職官初探〉。

高官。〔註 50〕次看內三郎，主要的任務就是守衛皇帝、宮室與出征作戰，因此主要條件就是要武功出眾。如陸眞：

> 眞少善騎射。世祖初，以眞膂力過人，拜內三郎。數從征伐，所在摧鋒陷陳，前後以功屢受賞賜。〔註51〕

又如陳建「以善騎射，擢爲三郎」等。〔註 52〕可能內三郎的職責屬性所致，所以碑文所見 67 位內三郎大多數爲鮮卑族人，僅有 11 位漢族。而且，其中「有 8 位直勤（拓跋宗室成員），其餘多爲斛律、獨孤……等大族子弟，充分表明了內三郎的重要性和特殊地位」。〔註 53〕

再看內阿干，與「內行阿干」、「內行長」與「內入行長」是同職的異稱。碑文所見大多數由鮮卑族出任，從兼官品階與爵品的等級來看，內阿干的地位約在二品至五品之間的內朝官。〔註 54〕就其職務來說，因名稱前冠有列曹之名，所以可能即是擔任列曹尚書。接著看內行內小與內行令，內行內小是較爲低階的內侍官，松下憲一認爲即是《魏書》上所謂的「中散」，做爲高官子弟的起家官。〔註 55〕至於官品介於三品至五品之間的內行令，應該是內行內小的長官。最後看內都幢將，因職掌是「典宿衛禁旅」，故應多是鮮卑胡族出任。據〈官氏志〉所載，內都幢將應該都是設置約六人同時出任。就兼官的品階與爵品來看，內都幢將應該是二至三品之間的高官。

雖然〈南巡碑〉文所見官僚不是北魏政權官僚的全體，但應能反映出北魏政權在此前後時期的參與情況。就上述諸項內朝官的觀察來看，明顯以鮮卑胡族爲主體。窪添慶文進一步結合〈南巡碑〉與文獻史料做綜合性分析，〔註 56〕據其所論指出，北魏政權歷經半世紀以後到文成帝時期，胡族原則上是經由「內朝官」而走過官僚的途徑。「內朝官」涉及北魏諸姓的全體，包括〈官氏志〉所見的 118 姓以外，還有北魏在征服過程中新增加的諸姓。而且，不少

〔註 50〕松下憲一，〈北魏石刻史料に見える内朝官—北魏文成帝南巡碑の分析を中心に〉，認爲羽眞可能鮮卑語的意思是高貴之人，此觀點也甚爲相符。

〔註 51〕《魏書》卷 30，〈陸眞傳〉，頁 730。

〔註 52〕《魏書》卷 34，〈陳建傳〉，頁 802。

〔註 53〕張慶捷、郭春梅，〈北魏文成帝南巡碑所見拓跋職官初探〉，頁 64。

〔註 54〕張慶捷、郭春梅，〈北魏文成帝南巡碑所見拓跋職官初探〉。

〔註 55〕松下憲一，〈北魏石刻史料に見える内朝官—北魏文成帝南巡碑の分析を中心に〉。

〔註 56〕窪添慶文，〈文成帝期的胡族與內朝官〉，收入張金龍主編，《黎虎教授古稀紀念中國古代史論叢》（北京：世界知識出版社，2006 年 11 月第 1 版）。

諸姓是重複出現於「內朝官」，代表這些諸姓構成北魏政治的上層中心。因此，作者以為「部族解散後至少政治上的部族的結合仍維持著」。〔註57〕此一針對高宗時期官僚橫向面的剖析，反映出北魏之政權參與過程中仍以任用、重用與結合胡族群體為主要考量。〔註58〕

在內朝官系統之中，鮮卑胡族另一參與政權的獨特職官體制，即是源自胡族部落體制的中散官。〔註59〕此制始於太宗時期，結束於高祖改革體制時期，故太和二十三年職品令已不載。中散官雖然主要是服務於內朝禁中的職官，在職位角色上卻富有彈性而出任多種官職，內外各官職皆有參與，似乎只要王廷所需要的各種人才都可以授予中散。綜合其政治職務的表現來看，〔註60〕第一，在禁中起草詔書與參與政治，如崔衡、〔註61〕李沖等。〔註62〕第二，隨君主出巡而從駕護駕，如宿石、〔註63〕長孫真等。〔註64〕第三，生活上供奉於殿廷左右，如于洛拔、〔註65〕于忠等。〔註66〕第四，代表朝廷出使巡察地方，如源奐、〔註67〕李崇等。〔註68〕第五，分典諸曹之事，如苟頹、〔註69〕宿干等。〔註70〕

鄭欽仁就《魏書》所見事例統計，六十三人中三十三人出自代人（即鮮卑人），漢人佔十八人，柔然與羌族各一人，十人身分不明。〔註71〕由此來看，中散一職漢人也有參與，但鮮卑佔有半數。所以整體而言，中散應仍是胡族

〔註57〕 窪添慶文，〈文成帝期的胡族與內朝官〉，《黎虎教授古稀紀念中國古代史論叢》頁199。

〔註58〕 張金龍，〈文成帝時期的北魏政治—以統治集團構成為中心〉，收入張金龍主編，《黎虎教授古稀紀念中國古代史論叢》，所提出論點並未超出這個範圍。

〔註59〕 鄭欽仁，《北魏官僚機構研究》（台北：稻禾出版社，1995年4月初版），頁145～7。

〔註60〕 張金龍，〈北魏"中散"諸職考〉，收入氏著，《北魏政治與制度論考》（蘭州：甘肅教育出版社，2003年3月第1版）。

〔註61〕《魏書》卷24，〈崔玄伯傳附衡傳〉，頁625。

〔註62〕《魏書》卷53，〈李沖傳〉，頁1179。

〔註63〕《魏書》卷30，〈宿石傳〉，頁724。

〔註64〕《魏書》卷26，〈長孫肥傳附真傳〉，頁654。

〔註65〕《魏書》卷31，〈于洛拔傳〉，頁737。

〔註66〕《魏書》卷31，〈于忠傳〉，頁741。

〔註67〕《魏書》卷41，〈源賀傳附奐傳〉，頁937。

〔註68〕《魏書》卷66，〈李崇傳〉，頁1465。

〔註69〕《魏書》卷44，〈苟頹傳〉，頁993。

〔註70〕《魏書》卷30，〈宿石傳〉，頁724。

〔註71〕 鄭欽仁，《北魏官僚機構研究》，頁164。

主要的參政管道之一。尤其鮮卑出身擔任中散的武人，他們的父祖大體是部族國家的基礎成員，而其子孫在北魏皇帝身邊擔任侍衛隊，跟從征伐為其主職。〔註72〕中散此種近侍武人集團的性格，應該仍是延續部落體制而來。因此，可說中散是脫胎於部族精神而新設於北魏帝國體制下，為胡族重要的參政體制。

再論漢人部份。太祖皇始元年（396 年）大舉東征同時並曾招募吸收漢族人才，後來消滅後燕而佔有河北、山西等更廣大的空間，這些地區聚居了大量漢族人民與不少地方的豪強大族，而且，這個區域是北魏必須掌握的經濟文化精華區。因此，太祖初期便已吸收慕容氏政權之才士，至太宗永興五年（413 年）又開始徵才吸收漢族人士：

> 詔分遣使者巡求儁逸，其豪門強族為州閭所推者，及有文武才
> 幹、臨疑能決，或有先賢世冑、德行清美、學優義博、可為人師者，
> 各令詣京師，當隨才敘用，以贊庶政。〔註73〕

這是拓跋政權官方的第二次正式徵才，兩次徵才相較起來，第一次自動「詣軍門者」的士大夫很可能不多，所以才會不分「少長，皆引入賜見，存問周悉，人得自盡，苟有微能，咸蒙敘用」。這二次徵才是由中央積極主動「分遣使者巡求儁逸」，直接命令「詣京師」敘用而不任其在地方仕宦，所以，很顯然企圖掌控地方社會的意味濃厚。

然而，這樣徵才參與政權的政策仍是臨時性措施，並非制度性的常態政策，所以，人為的控制變化如何必難以測知。而且，頗有以新政權威逼的形勢發出此詔，蓋使漢族人士的戒心不減而最後徵才效果有限。因此，當時北魏拓跋政權與漢族社會間遂出現缺乏交流、互動的僵局。或許，為因應突破此一僵局，所以在太宗朝開始設立中書學的常設制度性機構，用以固定吸收漢族人士。這個專以吸收漢族人士的機構，在太宗朝尚未見到明顯的徵才功能發揮，待至世祖朝始產生明顯功能，此點稍後再論。

從太宗朝到世祖朝交替之際，仍有一段時間是並未出現徵引漢族人士的

〔註72〕典型的範例就是長孫肥家族，據《魏書》卷26，〈長孫肥傳〉，頁653～5記載，
　　　　長孫肥長子翰是獵郎，其子平成因父任為中散，其子渾也是中散。長孫肥三
　　　　子陳是羽林郎，其子頭為中散。長孫肥四子蘭也是中散。長孫肥弟亦干及其
　　　　子石洛兩代都是羽林郎，石洛之子真及其子吳兒兩代皆任中散。
〔註73〕《魏書》卷3，〈太宗紀〉，頁52。《北史》卷1，〈魏本紀〉，頁28僅載：「詔
　　　　使者巡行天下，招延儁彥，搜揚隱逸。」

局勢，這可能與當時中央的政治局勢有關。觀察當時位居漢人最高官職崔浩的遭遇，或可了解政治局勢的氣氛：

> 世祖即位（423年），左右忌浩正直，共排毀之。世祖雖知其能，
> 不免群議，故出浩，以公歸第。及有疑議，召而問焉。〔註74〕

「忌浩正直」是牽強而模糊的藉口，太宗時期崔浩並未與代北勳貴有過明顯衝突，唯一可能者就是參與太宗、世祖政權禪替過深有關。所以，代北勳貴乘世祖初即位權勢未穩固之際，群起串連產生「共排毀之」的行動。此事關鍵意義即在其憑藉的真正因素，應該是胡漢之別及其連帶的認同、信任與情感等因素。然而，這些因素也正是代北勳貴們彼此凝聚共同體感受的憑藉。同樣出身游牧部落的世祖也必定了解這些因素的重要性，況且當時代北勳貴們的政治角色仍極為重要，故世祖自然會在重重壓力之下「不免群議」地「出浩」。世祖如此的抉擇，必定是不得已的權宜措施。所以，在太宗、世祖政權交替之際，遂產生排斥漢人的政治氣氛，自然地也就不會大舉徵引漢族人士了。

然而，時勢微妙地推移著，在世祖上任後的數年裡，上述的政治局勢不久之後開始出現了極大的變化：

> （神䴥四年431年9月詔曰：）「今二寇摧殄，士馬無為，方
> 將偃武修文，遵太平之化，理廢職，舉逸民，拔起幽窮，延登儁义，
> 昧旦思求，想遇師輔，雖殷宗之夢板築，周以加也。訪諸有司，咸
> 稱范陽盧玄、博陵崔綽、趙郡李靈、河間邢穎、勃海高允、廣平游
> 雅、太原張偉等，皆賢儁之冑，冠冕州邦，有羽儀之用。……庶得
> 其人，任之政事，共臻邕熙之美。《易》曰：『我有好爵，吾與爾縻
> 之。』如玄之比，隱跡衡門、不耀名譽者，盡敕州郡以禮發遣。」
> 遂徵玄等及州郡所遣，至者數百人，皆差次敘用。〔註75〕

試解析此一局勢的轉變。自世祖即位以來的政局走勢，如高允所言：「魏自神䴥（428年）已後，宇內平定，誅赫連積世之僭，掃窮髮不羈之寇，南摧江楚，西盪涼域，殊方之外，慕義而至。」〔註76〕北魏擊敗北方的蠕蠕與西方的赫連氏「二寇」以後，將統治疆域逐步擴展並統一全境，這是極具政治意義的

〔註74〕《魏書》卷35，〈崔浩傳〉，頁815。
〔註75〕《魏書》卷4上，〈世祖紀〉，頁79。《通鑑》卷122，〈宋紀〉4，文帝元嘉八年
（431年）九月壬申條，頁3834 稍有不同記載，並未有「訪諸有司」之句，但
有「玄等皆拜中書博士」的說明。《北史》卷2，〈魏本紀〉，頁47 所載較為簡略。
〔註76〕《魏書》卷48，〈高允傳〉，頁1081。

現實情勢，代表著北魏在中原正統地位之更加穩固。隨著外患威脅的減低，軍隊武人的需求便降低了，遂有「士馬無為」的情形產生。因此內外局勢的轉變，便催生北魏國政走上「偃武修文」的新局勢。「偃武修文」的發展趨勢，勢必進用漢人士族。

　　進用漢人士族局勢之產生，確為內外情勢演變的必然結果。就北魏拓跋政權立場，勢必借用漢人之才來治理漢人世界，儘量吸收廣泛的漢人社會勢力，由此拉攏其認同北魏拓跋政權並以官爵羈縻之。就漢人士族立場而言，欲尋求自身的穩固生存發展，即使心中未必認同北魏胡族政權，在現實形勢的評估下，很難不與強大穩固的北魏政權合作。

　　除了上述內外局勢的轉變催生出此事以外，本文推論尚有崔浩個人主觀因素的運作而有以致之。崔浩在太宗時期即以才學深受太宗的寵任而「恒與軍國大謀」。更重要者，太宗末年由他這個漢人「奉策告宗廟」，參與政權禪替的局勢頗深而確立世祖的東宮地位，由此引起代北勳貴們的嚴重敵視。待始光三年（426 年）重回政壇後，他主導征戰於赫連昌、蠕蠕與南征之事都順利成功，遂神麚四年（431 年）9 月世祖下詔徵才前升任為司徒，這是漢人在北魏拓跋政權所擔任最高的官職。崔浩因極有功勞於北魏政權，遂深受世祖的寵信任用。在這樣的政治關係下，世祖徵才詔令所謂的「訪諸有司」推薦各地冠冕州邦的賢儁，相信應該不是代北勳貴們的推薦，而是當時深受重用的崔浩所推薦。

　　再就崔浩的政治理想而論，他「常自比張良」，「運籌策帷帳中，決勝千里外」，企圖建構出國家社會的大政方針。陳寅恪解釋崔浩的政治企圖在「施行其高官與博學合一之貴族政治」，「欲孝法司馬氏以圖儒家大族之興起」。若將崔浩的想法驗證於當時被中央直接點名而有報到的三十五個門第士族，幾乎每個家庭背景都是政治仕宦經歷豐富，個個都是家業、德行兼具的儒學士大夫，完全符合於崔浩政治理想的條件。再映證於〈盧玄傳〉所載，也清楚記載此次徵才是「辟召儒儁」。因此，由遍布各地三十五個門第士族的條件來看，與崔浩是完全相同的，他們有著共同的文化傳統，崔浩自然會尋求與他們合作。甚至可大膽推測，徵引這些門第士族正是崔浩為欲推動之政治變革而做的佈局準備。

　　最後從北魏拓跋政權的立場而論。在征戰的時局裡，無法與漢人社會產生直接、緊密的互動接觸，如此政治社會脫鉤的情況當然不利於統治中原的北魏政權。因此，為了讓漢人願意參與北魏政府，必須在基本立場上釋放出

能吸引漢人的政治氛圍。「偃武修文，遵太平之化」即是製造友善政治氣氛的口號，指出政府規劃未來的文治政治方向，希望能改變漢人對游牧軍事起家善戰政府的既定印象，藉此能吸引漢人才士自幽窮中拔起。北魏政府的目的很簡單就是想和社會產生直接密切的互動、聯繫。所以，若是崔浩提出徵才的話，自是順勢而為。

相較於太宗永興五年（413年）的徵才詔文，此次的徵才直接點名要「賢儁之胄，冠冕州邦」的范陽盧玄等名家。因盧玄等代表著是一個個地方社會的領導者，他們的言行動見觀瞻，影響著地方的輿論，他們往往也是地方社會集團的代表者。因此，若將他們納入北魏的政治官僚體系，等於是無形中將一個個地方社會整合進政治體系。這個考量，大概是北魏拓跋政權心中的盤算所在。對當時的北魏拓跋政權而言，盧玄這些人「隱跡衡門、不耀名譽者」，就是對北魏拓跋政權尚未有認同感。如此隔離的狀態，也必定是北魏政府試圖打破的，所以，崔浩促成此事是相當符合北魏拓跋政權的需求的。

事實上，一次徵召為數不少全國各地士族參與政權的情形，是歷史上少見而極具意義的。除了上述所論及的局勢變化之外，尚需考量到北魏隨政區擴大而事務益繁，需要更多熟悉中原事務與具文化素養的士族協助統治。因此，原來接收慕容氏政權的官僚仍是不足的，需要再擴大範圍吸收更多的士族，藉此鞏固北魏在更多地方的統治形勢並逐步累積漢族對北魏政權的認同。

然而，此次漢人士族大量參與北魏政權的實質情況，根據張金龍的剖析，〔註77〕認為是北魏政權主導規畫的。這三十五個士人都是居住北方傳統的政治、經濟、文化重心地區—河北地區，具有深厚的地方社會經濟實力。他們的家族都是具有相當歷史的傳承世系，與慕容氏諸燕政權有過合作經驗，由此可見北魏此次大舉徵士確有其意義，至少在表面上得到整合。他們起初在中央參與過程都被安排從事無關政軍大權的文秘工作，但是，後來他們多出仕地方郡太守，由過去凝聚宗族與組織生產的社會角色，進而發揮出地方政府與基層組織的功能。此後，他們在廣大民眾與北魏統治者間，所發揮的功能與深遠的影響值得高度關注。〔註78〕

〔註77〕 張金龍，〈從高允「徵士頌」看太武帝神䴥四年徵士及其意義〉，收入氏著，《北魏政治與制度論稿》（蘭州：甘肅教育出版社，2003年3月第1版）。

〔註78〕 羅新，〈五燕政權下的華北士族〉，《國學研究》第四卷（1997年），頁150載：「有了這些大族，胡族對基層社會的統治（哪怕是間接的）才成為可能。因此，到了胡族統治時期，世家大族進一步直接轉變為地方政府的組織者，以

　　然而，對照於這些士人家族在地方社會傳統的高地位，顯然北魏給予的政治待遇是不相符合的，但北魏企圖以此拉攏漢人士族的政治認同。這次徵才是由上而下以政治力駕馭社會力的強制操控，但卻未建立起彼此良好的互動關係。北魏政權對待這較高地位士族的負面效應，相信很快擴大到各地方社會基層，所以，對更多基層人才的徵引遂造成普遍的反彈。〔註79〕

　　這個反彈現象的普遍出現，主要原因應是北魏中央與廣大漢人社會間關係的陌生、不信任，加上北魏必定施壓於地方政府，遂導致「州郡多逼遣之」。在如此的情況下，面對著尚不信任政府的廣大社會民眾，北魏政府退讓撤除政治性的強迫力量，尊重、回歸漢人地方社會原有的機制，「各令鄉閭推舉」，由地方社會自行產生。由此來看，除了范陽盧玄等三十五位冠冕以外，還有更大量較低層級的地方門第所具有的深厚社會力量仍舊不是北魏政權所能掌控的。

　　上述徵才都是一次性的臨時措施，雖然並無產生良好的徵才效果。但是，在這次徵才過程中卻促使太宗朝所設常態性的徵才制度—中書學轉趨重要。〔註80〕因為，根據《通鑑》的記載上述三十五位冠冕「皆拜中書博士」，顯然這是刻意的安排，可以想見中書省當時人才濟濟的盛況。中書博士顯然考量漢人士族擅長之知識，故所掌多為教學與文秘工作。能出任中書博士者，也主要與此條件密切相關。〔註81〕若再觀察中書博士整體的情況，更見北魏藉此機制結合漢人參政的用心。據統計北魏一朝共有88位中書博士，〔註82〕只

　　　　政府官員的名義，維持地方秩序，並保證地方基層民眾向胡族政權承擔必要的義務，如賦稅、力役和兵役。在這種情形下，我們說，北方社會的基層核心單元，是各地的世家大族。」

〔註79〕《魏書》卷4上，〈世祖紀〉，頁81～82記載：「先是，辟召賢良，而州郡多逼遣之。詔曰：『朕除僭平暴，征討累年，思得英賢，緝熙治道，故詔州郡搜揚隱逸，進舉賢俊。古之君子，養志衡門，德成業就，才為世使。或雍容雅步，三命而後至；或棲棲遑遑，負鼎而自達。雖徇尚不同，濟時一也。諸召人皆當以禮申諭，任其進退，何逼遣之有也！此刺史、守宰宣揚失旨，豈復光益，乃所以彰朕不德。自今以後，各令鄉閭推舉，守宰但宣朕虛心求賢之意。既至，當待以不次之舉，隨才文武，任之政事。其明宣敕，咸使聞知。』」

〔註80〕中書博士一職始見於太宗神瑞年間的李順，終止於高祖太和十七年之改革。

〔註81〕鄭欽仁，《北魏官僚機構研究續篇》（台北：稻禾出版社，1995年4月初版），頁132載出任中書博士者背景有：「以名聞遐邇為當時所稱者」，如神䴥四年之徵士；由貢舉出身應秀才之舉者；由中書學生起家者。

〔註82〕嚴耀中，〈北魏中書學及其政治作用〉，收入氏著，《魏晉南北朝史考論》（上海：上海人民出版社，2010年5月第1版），頁199。

有《周書》出現的陸旭一人是鮮卑貴族，此時是高祖太和年間，也已到中書學存在的尾聲。因此，就中書博士一職來說，可說是專爲漢人規劃的參與政權機制。〔註83〕

北魏政權雖爲代北胡族所主掌，但是，漢族在政權參與過程中產生的變化不可忽視。尤其，當時中書博士在文治方面的作爲特別重要，情勢之轉移與發酵蓋由此開始：

> 魏主以索敞爲中書博士。時魏朝方尚武功，貴遊子弟不以講學爲意。敞爲博士十餘年，勤於誘導，肅而有禮，貴遊皆嚴憚之，多所成立，前後顯達至尚書、牧守者數十人。常爽置館於溫水之右，教授七百餘人；爽立賞罰之科，弟子事之如嚴君。由是魏之儒風始振。〔註84〕

他們發揮專長的學術，透過對人的教育而落實於實際的政務上，著有成效而使北魏當局爲之改觀。尤其，「貴遊皆嚴憚之」，可以想見索敞之影響必不小。由此細微層面觀之，透過中書博士官職的運用，除了彰顯北魏所主導對漢族士人的結合與利用以外，也在參與過程中對北魏著有影響，此非政治權力所能掌控者。

再論與中書博士密切相關之中書學生。先看中書學生之資格，在世祖時：

> 詔以（谷）渾子孫十五以上悉補中書學生。〔註85〕

> 涼州平，（索敞）入國，以儒學見拔，爲中書博士。篤勤訓授，肅而有禮。京師大族貴遊之子，皆敬憚威嚴，多所成益，前後顯達，位至尚書牧守者數十人，皆受業於敞。〔註86〕

在高宗時：

〔註83〕 事實上，中書學體制以學校爲基礎而結合於政治官職，目的主要是吸收漢人離開地方而進入中央政府當官。由此制度性的平台，北魏得到漢人的協助而有助於統治漢族社會。

〔註84〕 《通鑑》卷123，〈宋紀〉5，文帝元嘉十六年（439年）十二月條，頁3877～8。《魏書》卷52，〈索敞傳〉，頁1162所載概略相同。《魏書》卷84，〈常爽傳〉，頁1848所載可資對照：「是時戎車屢駕，征伐爲事，貴遊子弟未遑學術，爽置館溫水之右，教授門徒七百餘人，京師學業，翕然復興。爽立訓甚有勸罰之科，弟子事之若嚴君焉。尚書左僕射元贊、平原太守司馬真安、著作郎程靈虬，皆是爽教所就。崔浩、高允並稱爽之嚴教，獎厲有方。」

〔註85〕 《魏書》卷33，〈谷渾傳〉，頁781。

〔註86〕 《魏書》卷52，〈索敞傳〉，頁1162。

興安二年，高宗引見侍郎、博士之子，簡其秀儁者欲爲中書學

生。〔註87〕

由「京師大族貴遊之子」來看，似乎中書學生非專爲漢人仕進升遷的途徑，
但由中書學生的出身背景來看，絕大多數皆是漢人，〔註88〕且絕大多數都是
出身於高門舊族，如清河與博陵崔氏、趙郡與隴西李氏、渤海高氏、京兆韋
氏、河東柳氏、范陽盧氏、廣平游氏、太原張氏、滎陽鄭氏等。因此，從中
書學生之發展趨勢有著傾向門第化發展的趨勢。

中書博士與中書學生都是中書學體制下的重要仕進管道，在世祖時期已
經明顯可見刻意的運用：

（訢）爲中書學生。世祖幸中書學，見而異之，指謂從者曰：
「此小兒終效用於朕之子孫矣。」因識眄之。……詔崔浩選中書學
生器業優者爲助教。浩舉其弟子箱子與盧度世、李敷三人應之。給
事高讜子祐、尚書段霸兒姪等以爲浩阿其親戚，言於恭宗。恭宗以
浩爲不平，聞之於世祖。世祖意在於訢，曰：「云何不取幽州刺史李
崇老翁兒也？」浩對曰：「前亦言訢合選，但以其先行在外，故不取
之。」世祖曰：「可待訢還，箱子等罷之。」訢爲世祖所識如此，遂
除中書助教、博士，稍見任用，入授高宗經。〔註89〕

當然，世祖拓跋燾堅持任用李訢是考量其家幽州范陽李氏的龐大地方勢力。早
在曾祖李產之時便著意於鄉里社會的經營，先後與石氏政權、慕容氏政權合作，
使范陽李家從一地方小勢力至北魏發展出能領導十餘郡的龐大勢力。李崇「率
十餘郡歸降」，使世祖接收到邊區龐大的地方大勢力，所以，少有罕見地尊禮爲
「李公」。因此，世祖之堅持任用李訢，意在透過中書學官職來培育未來的官僚，
使李訢融入北魏政權進而達成羈縻地方勢力的目的。由此觀之，北魏對中書學
機制運用之充分與融合社會勢力之用心，遂對北魏之統治頗有重大影響。〔註90〕

〔註87〕《魏書》卷53，〈李孝伯傳〉，頁1175。
〔註88〕據鄭欽仁，《北魏官僚機構研究續篇》，頁135～45；以及嚴耀中，〈北魏中書
學及其政治作用〉，《魏晉南北朝史考論》，頁202所載僅陸凱、源規、源奐三
人爲鮮卑子弟。
〔註89〕《魏書》卷46，〈李訢傳〉，頁1039。
〔註90〕嚴耀中，〈北魏中書學及其政治作用〉，收入氏著，《魏晉南北朝史考論》，頁
207～8討論中書學的影響，論及中書學的教育性質作爲胡漢結合的媒介，對
於以學入仕而標榜禮學的士族是最能接受的途徑。其訓練方式爲政學結合以
培養行政人才，不僅著有成效，且使士族子弟秉持崇實的精神而避免落入玄

再論祕書省。祕書省始於世祖時期，主掌管理圖書文集與主持修史工作，故自然傾向任用漢人官僚。就主要的祕書監一職來說，自世祖以來大體以門第與才學者居之，即以漢族爲主。但自高祖時期漸以宗室出任秘書官，至肅宗時期則多以宗室爲秘書監。雖然整體來看，多用華夏大族出任，但後期之轉變趨勢，顯不同於也是多以漢族出任之中書博士，其原因在於：「秘書監原爲有才學之世族門第所居之『清官』，及拓跋氏染有文風，其本家亦能勝任此官，而不復爲華族所擅美！」〔註91〕此中關鍵應是高祖之重門第政策之影響，遂使祕書監之「清官」地位也受胡族之重視。

三、四方人士的吸收

北魏拓跋政權藉政治力吸收各方人士參與政權，除了主幹胡族群體的凝聚穩定以外，另外較爲大量的就是中原地區漢族人士的擴張吸收。然而，北魏拓跋政權之優於前此十六國其他胡族政權而屹立更久，或在於能夠儘量擴大吸收其他政權舊有勢力，以及也將不同地區的社會勢力匯整於帝國體制下。關於此一特質，周一良稱其爲「用人兼容並包」。〔註92〕在胡族群體與中原地區漢族人士以外，北魏所吸收者主要有：自南方來歸者、自西方來歸者、自東方來歸者與自河東關中來歸者等。

事實上，從吸收各方人士參與政權的角度來看北魏政權，可反映出著力擴張之努力。最早就是對與其出身背景類似之北方諸部落游牧民的吸收，即〈官氏志〉所言：

> 建國二年（339年），初置左右近侍之職，無常員，或至百數，侍直禁中，傳宣詔命。皆取諸部大人及豪族良家子弟儀貌端嚴，機辯才幹者應選。……其諸方雜人來附者，總謂之『烏丸』，各以多少稱酋、庶長，分爲南北部，復置二部大人以統攝之。〔註93〕

尒朱羽健封爲領民酋長蓋是由此而來。透過此參與機制北魏得到政軍的才士與人口的充實，可見北魏早在部落聯盟時期即有開放吸收諸方勢力的機制。

虛空談。對北魏而言，透過中書學機制的運用，吸收了大批漢士族中的優秀份子參加北魏政權，從而爭取到北方高門大族的支持與忠誠。

〔註91〕 鄭欽仁，《北魏官僚機構研究》，頁68。

〔註92〕 周一良，《魏晉南北朝史札記》（北京：中華書局，1985年第1版），「北魏用人兼容並包」條，頁351～3。

〔註93〕 《魏書》卷113，〈官氏志〉，頁2971。

待立基中原地區以後，與南方諸政權形成敵對狀態，彼此皆競奪中原正統地位。自然彼此形成不信任的態度，故世祖初即位時對南來之王慧龍，「咸謂南人不宜委以師旅之任」。〔註94〕但是，不久世祖即打破禁令與民族界線，特加拔擢南朝北投者而委以邊鎮重任。如司馬文思為懷荒鎮將、司馬楚之與司馬金龍為雲中鎮將、司馬紹為固州鎮將、刁雍為薄骨律鎮將與王慧龍為虎牢鎮都副將等。世祖所開啟極具突破性的用人作為，其影響在王慧龍臨終時留下：「吾羈旅南人，恩非舊結，蒙盛朝殊特之慈，得在疆場效命」的註解，〔註95〕由此可見北魏刻意吸收南人之用心。

此外，北魏另以政經的資源來拉攏誘惑南方的才士來歸，藉此擴增勢力以與南方爭衡。因應於此形勢，尤其針對具有門第背景者，〔註96〕北魏遂產生一套「客禮」以對待各方之來歸者，尤其是針對南方來歸的才士。北魏的客禮分為三級，〔註97〕實有其不同的對待方式，據蔡幸娟老師的研究指出，「北魏之封賜降人，因身分、投降誠款、時間先後、抗拒態度、獻地位置之重要性、國家發展之政策與主事、隨降之身分而有不同」。〔註98〕

自南方政權來歸者，蓋是各方參與北魏政權數量最多者。〔註99〕對北魏而言，吸收南方才士最具有政治意義與效用，不僅增加自身的號召力，相對的也削減對方的勢力。因此，當有南方人士來歸時，正是擴張的好機會。故當高宗和平六年（465 年）薛安都被劉彧征討以致「事窘歸國」時：

> 顯祖召群臣議之，群官咸曰：「昔世祖常有羿義隆之心，故親御六軍，遠臨江浦。今江南阻亂，內外離心，安都今者求降，千載一會，機事難遇，時不可逢，取亂侮亡，於是乎在。」顯祖納之。〔註100〕

〔註94〕《魏書》卷 38，〈王慧龍傳〉，頁 875。

〔註95〕《魏書》卷 38，〈王慧龍傳〉，頁 877。

〔註96〕《魏書》卷 62，〈李彪傳〉，頁 1386 載：「臣又聞前代明主，皆務懷遠人，禮賢引滯。……臣謂宜於河表七州人中，擇其門才，引令赴闕，依中州官比，隨能序之。一可以廣盛朝均新舊之義，二可以懷江漢歸有道之情。」

〔註97〕《魏書》卷 43，〈房法壽傳〉，頁 970 載：「以法壽為上客，崇吉為次客，崔劉為下客。」

〔註98〕蔡幸娟，〈北魏時期南北朝降人待遇─客禮─研究〉，《成功大學歷史學系歷史學報》第 15 號（1989 年 3 月），頁 373。

〔註99〕蔡幸娟師，〈北魏時期南北朝降人待遇─客禮─研究〉，統計自太宗泰常二年（417 年）起，至出帝永熙三年（534 年），共有 118 人次，且不包括所帶領的附從民眾。

〔註100〕《魏書》卷 61，〈薛安都傳〉，頁 1354。

可見北魏政府重視者在政權勢力之擴大與現實的成效，遂接受薛安都的歸降。

　　對南方來歸者最重要的發展就是平齊郡的設立。始於顯祖皇興三年（469年）平定青、齊而徙其民於平城，新設平齊郡以統一管理。〔註101〕北魏所以設平齊郡拉攏三齊降民並使其後來參與北魏政權，實有縝密的考量。因為，他們與已參與北魏政權的中原門第保持著密切關係，他們彼此間保有姻戚關係，儼然如同一士族共同體。這樣的事例如清河房氏、崔氏與范陽盧氏：

> （盧度世）爲濟（齊）州也，國家初平升城。無鹽房崇吉母傅氏，度世繼外祖母兄之子婦也。兗州刺史申纂妻賈氏，崇吉之姑女也，皆亡破軍途，老病憔悴。而度世推計中表，致其恭恤。每覲見傅氏，跪問起居，隨時奉送衣被食物，亦存賑賈氏，供其服膳。青州既陷，諸崔墜落，多所收贖。及淵、昶等並循父（度世）風，遠親疏屬，敍爲尊行，長者莫不畢拜致敬。〔註102〕

如此綿密的社會網絡，北魏欲藉政治力一併收攏之。而且，考量到房氏原有宗族勢力之深厚，遂少見地一次同時任命房氏八人爲地方首長。〔註103〕如此大規模讓其宗族成員大量參政，其目的「以安初附」，正是企求穩定地方社會並拉攏房氏宗族龐大的地方勢力進入政治體系中。由此可見，北魏爲吸收各方參與政權有其彈性調整之機制。

　　北魏擴張於西方，最主要的敵國就是夏州區域的赫連氏與涼州區域的沮渠氏，故西方來歸者幾乎都是其原所屬之才士。在世祖時期開始向西方征戰，憑藉著優勢的武力，費時約十八年完成對西方土地的統治。〔註104〕

〔註101〕《魏書》卷24，〈崔玄伯傳〉，頁630載：「徙青齊士望共（崔）道固守城者數百家於桑乾，立平齊郡於平城西北北新城。以道固爲太守，賜爵臨淄子，加寧朔將軍。尋徙治京城西南二百餘里舊陰館之西。」

〔註102〕《魏書》卷47，〈盧玄傳〉，頁1062。

〔註103〕《魏書》卷43，〈房法壽傳〉，頁970載：「詔以法壽爲平遠將軍，與韓麒麟對爲冀州刺史，督上租糧。以法壽從父弟靈民爲清河太守，思順爲濟南太守，靈悅爲平原太守，伯憐爲廣川太守，叔玉爲高陽太守，叔玉兄伯玉爲河間太守，伯玉從父弟思安爲樂陵太守，思安弟幼安爲高密太守，以安初附。」

〔註104〕征戰過程概要如下：始光三年（426年）世祖親討赫連昌，始光四年（427年）五月攻破城池而結束赫連氏政權。隨著北魏勢力的西進，更加逼近涼州之沮渠氏政權。在神䴥四年（431年）討平赫連定後不久，便先詔封河西王沮渠蒙遜多項官爵，欲在兵力未及之前暫以官爵羈縻委任統治，以此暫時維持彼此關係的穩定。當東討馮文通事平以後，太延五年（439年）六月以後大舉西征沮渠氏。當討平沮渠氏之初，先委由涼王李暠之孫李寶統治，此舉仍是暫以官爵羈縻委任統治。至太平眞君五年（444年），李寶入朝留於京師，

　　自西方來歸者，主要是所謂的「通涉經史、才志不群之士」。〔註105〕河西地區在中原動亂時，因地處西域而遠離戰禍，故能持續穩定發展原有蘊育自中原之知識文化，培育出不少才士。其文教活動相當興盛，劉昞之例為典型：

　　　　劉昞，字延明，敦煌人也。父寶，字子玉，以儒學稱。昞年十
　　　四，就博士郭瑀學。時瑀弟子五百餘人，通經業者八十餘人。……
　　　昞後隱居酒泉，不應州郡之命，弟子受業者五百餘人。〔註106〕

他們的能力與社會地位，本已為河西政權所追求。〔註107〕因此，他們多已與河西政權合作，不僅有相當的知識也有一定的從政經驗。於北魏而言，這樣的條件是非常符合需求的。

　　這批河西的才士得以知識文化專才受北魏任用，很重要的關鍵在於崔浩的迴護：

　　　　世祖平統萬，見（趙）逸所著，曰：「此豎無道，安得為此言
　　　乎！作者誰也？其速推之。」司徒崔浩進曰：「彼之謬述，亦猶子雲
　　　之美新，皇王之道，固宜容之。」世祖乃止。拜中書侍郎。〔註108〕

因為他們之所學與崔浩同源，彼此頗有士族共同體之感，故崔浩利用當時之權位引薦他們，而世祖以自身之才學亦能賞識任用之。〔註109〕尤其，崔浩引為同事共參國史著作之事：

　　　　（段）承根好學、機辯，有文思，而性行疏薄，有始無終。司
　　　徒崔浩見而奇之，以為才堪注述，言之世祖，請為著作郎，引與同
　　　事。〔註110〕

蓋北魏已經足夠掌控此區。

〔註105〕周一良，〈魏收之史學〉，收入氏著，《魏晉南北朝史論集》（北京：北京大學
　　　　出版社，1997年6月第1版），頁282。

〔註106〕《魏書》卷52，〈劉昞傳〉，頁1160。

〔註107〕《魏書》卷52，〈宋繇傳〉，頁1153載：「沮渠蒙遜平酒泉，於繇室得書數千
　　　　卷，鹽米數十斛而已。蒙遜歎曰：『孤不喜克李歆，欣得宋繇耳。』拜尚書吏
　　　　部郎中，委以銓衡之任。」
　　　　《魏書》卷52，〈劉昞傳〉，頁1160又載：「蒙遜平酒泉，拜（劉）昞祕書郎，
　　　　專管注記。築陸沈觀於西苑，躬往禮焉，號『玄處先生』，學徒數百，月致羊
　　　　酒。牧犍尊為國師，親自致拜，命官屬以下皆北面受業焉。」

〔註108〕《魏書》卷52，〈趙逸傳〉，頁1145。

〔註109〕《魏書》卷52，〈胡方回傳〉，頁1149載：「世祖破赫連昌，（胡）方回入國。
　　　　雅有才尚，未為時所知也。後為北鎮司馬，為鎮修表，有所稱慶。世祖覽之，
　　　　嗟美，問誰所作。既知方回，召為中書博士，賜爵臨涇子。」

〔註110〕《魏書》卷52，〈段承根傳〉，頁1158。

> 司徒崔浩啓（陰）仲達與段承根云，二人俱涼土才華，同修國
> 史。〔註111〕

除了崔浩之推薦以外，其他的涼土才士也是多任著作郎，如趙柔、〔註112〕程
駿等。〔註113〕

自東方來歸者，最具代表性的例子就是幽州范陽李氏。〔註114〕這些東方
家族從十六國時期所累積下來的地方勢力必定不少，歷經戰亂的磨難而更加
凝聚強大。對北魏政權而言，此種勢力最為牢固，若能吸收最能助於穩固地
方秩序。試以范陽李氏論之：

> 李訢，字元盛，小名真奴，范陽人也。曾祖產，產子績，二世
> 知名於慕容氏。父崇，馮跋吏部尚書、石城太守。延和初，車駕至
> 和龍，崇率十餘郡歸降。世祖甚禮之，呼曰「李公」，以崇為平西將
> 軍、北幽州刺史、固安侯。〔註115〕

應說李崇能「掌控」十餘郡如此龐大的地方勢力前來歸降北魏，必定其家族
在這長期以來相當胡化的地區具有領導性地位。早在李產之時，便從鄉里社
會的些微力量開始經營：

> 李產字子喬，范陽人也。少剛厲，有志格。永嘉之亂，同郡祖
> 逖擁眾部於南土，力能自固，產遂往依之。逖素好從橫，弟約有大
> 志，產微知其旨，乃率子弟十數人間行還鄉里，仕於石氏，為本郡
> 太守。〔註116〕

這樣的投靠經驗，使得李產必定更加著力於經營鄉里社會。石氏政權被慕容儁
取代以後，李產仍受到拉攏重用，代表其地方勢力轉與新政權合作。其家族在
地方的勢力得以成長，除了李產、李績父子的相繼仕宦以外，還有其與地方社
會互動之作為，「績於喪亂之中捐家立義，情節之重，有侔古烈」。〔註117〕

〔註111〕《魏書》卷52，〈陰仲達傳〉，頁1163。
〔註112〕《魏書》卷52，〈趙柔傳〉，頁1162。
〔註113〕《魏書》卷60，〈程駿傳〉，頁1345。
〔註114〕類似的事例還有高道悅，《魏書》卷62，〈高道悅傳〉，頁1399載：「高道悅，
　　　　字文欣，遼東新昌人也。曾祖策，馮跋散騎常侍、新昌侯。祖育，馮文通建
　　　　德令。值世祖東討，率其所部五百餘家歸命軍門，世祖授以建忠將軍、齊郡、
　　　　建德二郡太守，賜爵肥如子。」
〔註115〕《魏書》卷46，〈李訢傳〉，頁1039。
〔註116〕《晉書》卷110，〈慕容儁傳〉，頁2843～4。
〔註117〕《晉書》卷110，〈慕容儁傳〉，頁2845。

　　范陽李家從一地方小勢力開始，在戰亂的時局中以忠義態度努力經營，至北魏之時已經發展出能領導十餘郡的龐大勢力。李崇願意歸降北魏，可能是自父祖輩的經驗學來的抉擇。不必耗費多少資源，世祖順利接收到邊區相當胡化的地方大勢力，當然非常感謝於李崇的歸降，少有罕見地尊禮爲「李公」。

　　至於河東地區最典型的參與者就是徙於汾陰的蜀薛，〔註118〕他們原是河東地區最具龐大勢力的部落群體。但是，各支系的抉擇各不相同，如薛永宗起事叛亂呼應於蓋吳，北魏則聯合利用薛辯支系協助平亂。薛辯支系自蜀徙於河東汾陰後，原分祖父薛陶與薛祖、薛落等三部各自統眾，世號「三薛」。父親薛強代領部落以後，其他二部衰微，薛強遂「總攝三營」成爲領導者。此區險要的地理形勢，使其得以歷經石虎、苻堅政權仍屹立不搖。後來，隨著地區形勢的轉變與利益的抉擇，薛強、薛辯與薛謹三代相繼轉換出仕於姚氏、南方與北魏等政權。雖然臣屬於不同政權，但是，由薛辯能「襲統其營」與北魏授予平西將軍、雍州刺史以及授薛謹河東太守來看，顯然蜀薛可能仍保有其傳統的勢力。

　　蜀薛與北魏關係的轉變，除了唐長孺已指出於「太和定士族時列於郡姓」以外，〔註119〕還有參與北魏漸深的關鍵就是薛謹，他爲北魏積極的征戰立下許多戰功，自己開始讀書走向士族化以外，還在任秦州刺史時積極推行教化：

　　　　謹自（河東）郡遷（秦）州，威惠兼備，風化大行。時兵荒之
　　　後，儒雅道息。謹命立庠，教以詩書，三農之暇，悉令受業，躬巡
　　　邑里，親加考試，於是河汾之地，儒道興焉。眞君元年（440年），
　　　徵還京師，除內都坐大官。〔註120〕

薛謹的歷史角色已非父祖輩昔日據地自雄的部落首領，而是參與、融入北魏政治社會體的官僚，由此開啓家族全面參與北魏政權之路。後來，薛謹子薛洪祚不僅協助平息薛永宗之亂且得以「尚西河長公主」，進一步成爲拓跋宗室的姻親。且，眾多家族成員得以仕宦襲爵延續至魏末。因此，劉淑芬師進一

─────────────────

〔註118〕毛漢光師，〈晉隋之際河東地區與河東大族〉，收入氏著，《中國中古政治史論》
　　　　（台北：聯經出版事業公司，1990年1月初版），此篇綜論裴氏、柳氏與薛
　　　　氏。劉淑芬師，〈北魏時期的河東蜀薛〉，《中國史學》第11卷（2001年10
　　　　月），進一步專論於薛氏。
〔註119〕唐長孺，〈論北魏孝文帝定姓族〉，《魏晉南北朝史論拾遺》，頁88。
〔註120〕《魏書》卷42，〈薛辯傳〉，頁942。

步的觀察指出，河東蜀薛利用地方勢力成功轉化爲全國性的士族並逐漸產生民族認同。〔註121〕由此觀之，北魏雖妥協於現實社會勢力而讓蜀薛家族分享諸多政治資源，但是，隨著參與政權程度的深入，不正是北魏拓跋政權與社會結合、整合的加深與順利擴張。

關中地區龐大的地方勢力群體，是由寇讚、寇謙之兄弟所領導。寇謙之因道術深受世祖敬重而開啓家族的仕途，所以，「宗從追贈太守、縣令、侯、子、男者十六人，其臨民者七郡、五縣」。除了寇謙之的宗教因素以外，北魏政權重視並任用關中寇氏家族更重要的因素，恐在於其背後龐大的地方勢力：

> 姚泓滅，秦雍人千有餘家推（寇）讚爲主，歸順。拜綏遠將軍、魏郡太守。其後，秦雍之民來奔河南、滎陽、河內者戶至萬數，拜讚安遠將軍、南雍州刺史、軹縣侯，治於洛陽，立雍州之郡縣以撫之。由是流民繼負自遠而至，叁倍於前。賜讚爵河南公，加安南將軍，領護南蠻校尉，仍刺史，分洛豫二州之僑郡以益之。雖位高爵重而接待不倦。〔註122〕

事實上，關中地區以及延伸至河南第區素來是諸政權交界區域，不僅形勢複雜且交通、地形的限制使諸政權的政治力一直難以進入落實，所以，當政治力眞空之際，如寇讚此類名家便被地方推舉爲地方領導者。如此的發展，顯示此地區之團結自保因應世局，充分展現社會力易於凝聚與壯大。

歸順北魏的關係建立以後，北魏原任命寇讚爲山東地區魏郡的行政首長，可能只是榮譽職而並未赴職，或者企圖使其遠離關中家鄉的根據地。但是，隨著大量秦雍之民流動、聚攏於河南地區，遂調任寇讚至河南地區以安撫、穩定自關中地區來奔的民眾。後來又有數倍流民來附，顯示關中地區至河南地區情勢之不穩定，也代表寇讚之影響力能掌控得住。所以，寇讚參與北魏政權能平順地晉升，關鍵也在於他能凝聚、安定大量流民以及邊區民族於其統治之下。合理推測之，此時關中、河南地區恐是世祖時期尚不能落實統治意志的基層地區，故必須拉攏寇讚以穩定情勢而間接遂行北魏之統治。〔註123〕

〔註121〕劉淑芬師，〈北魏時期的河東蜀薛〉，《中國史學》第11卷（2001年10月）。
〔註122〕《魏書》卷42，〈寇讚傳〉，頁946～7。
〔註123〕羅文星，〈北魏上谷寇氏之研究〉，《興大歷史學報》第31期（2017年），有進一步的研究討論。

第二節　高祖的重門第政策

一、重門第政策的源起

　　高祖的整體改革中包括重門第政策，此事較偏向於政權參與性質，故必須予以討論。北魏拓跋政權出身於部落社會，應無漢人社會的門第等級概念。初入中原世界時，雖對各地士族人物封官賜爵，並使門第子弟仕宦延續，但應視為尋求社會現況的穩定措施而已，目的在於社會基礎的建立，並非專為尊崇漢人的門第。

　　然而，在漢族社會環境的環繞下，北魏政府終究是走上重門第的方向。在世祖朝最典型的事例，就是在神䴥四年（431年）大舉徵引盧玄、高允等三十五位「冠冕之胄」此一大事。雖然當時並未給予實質重要的官職，但是，此事已彰顯出對漢人門第士族的重視態度，這一點是學界習於聚焦高祖漢化改革研究而常忽略的。因此，應將此一歷史過程予以連續起來觀察，才能得到更為真實的了解。

　　若說神䴥四年的大舉徵才是北魏政府重門第態度的公開，應該是合理的。因為，除此廣泛性徵引門第以外，世祖在對密太后父杜豹改葬事情的個案上，也具體表露出對漢人傳統門第的重視，引述如下：

> 　　杜銓，字士衡，京兆人。……初，密太后父豹喪在濮陽，世祖欲命迎葬於鄴，謂司徒崔浩曰：「天下諸杜，何處望高？」浩對京兆為美。世祖曰：「朕今方改葬外祖，意欲取京兆中長老一人，以為宗正，命營護凶事。」浩曰：「中書博士杜銓，其家今在趙郡，是杜預之後，於今為諸杜之最，即可取之。」詔召見。銓器貌瓌雅，世祖感悅，謂浩曰：「此真吾所欲也。」以為宗正，令與杜超子道生迎豹喪柩，致葬鄴南。〔註124〕

世祖所言：「天下諸杜，何處望高？」這樣強調門戶等第思維的形成，應該主要受到崔浩等士人的影響。世祖希望尋求杜氏門戶中的第一等，以其社會上崇高的聲望地位之資格，才足以與其政治上最高地位者相匹配。這是發自最高統治者的想法，正代表著北魏政權前期對漢人門第的承認與重視。根據崔浩的解釋，京兆杜銓崇高社會地位的形成，很重要的是西晉杜預的歷史聲望有以致之。對於此門第形成的條件，世祖當是認同的。

〔註124〕《魏書》卷45，〈杜銓傳〉，頁1018～9。

在當時出現重門第氣氛的時局裡，崔浩自己就是門第的積極提倡者。他聯姻於南來的王慧龍，數向代人勳貴稱美王慧龍「真貴種」，卻引來司徒長孫嵩指責其「嘆服南人」與「訕鄙國化」。〔註125〕崔浩所強調的「真貴種」，除指出眾的外貌以外，更重要者恐在表彰太原王氏門第之崇高與尊貴。然而，由此事例來觀察，漢人社會的門第文化尚不被部分代北胡人所接受，甚至潛藏著衝突。此外，在崔浩被殺之前：

> 浩大欲齊整人倫，分明姓族。（盧）玄勸之曰：「夫創制立事，各有其時，樂為此者，詎幾人也？宜其三思。」浩當時雖無異言，竟不納，浩敗頗亦由此。〔註126〕

事實上，崔浩就是想要制定依據漢人門第結構的社會秩序。先前，他也不顧皇太子的異議反對，強硬推薦冀、定、相、幽、并五州數十位士人出任郡守。所以，崔浩已經藉權位而直接透過政策來落實重門第的理想，只是，結果如盧玄對「創制立事」的預判。

除了崔浩以外，促使北魏政權走向重門第取向的關鍵人物還有文明太后與高允。在顯祖天安元年（466 年）二月文明太后誅殺專權的乙渾以後，「引允禁中，參決大政」。有詔高允「置學官於郡國」，高允明確表達選取學生的標準：「學生取郡中清望，人行修謹，堪循名教者，先盡高門，次及中第。」〔註127〕所以，基層郡國立學「先盡高門」，標誌著在政府基層制度面開始出現著重門第的取向，此事時間點在天安元年（466 年）九月。〔註128〕

到高祖即位第二年（延興二年 472 年）實際上尚未親政，應仍由文明太后主政。此時，對州郡地方貢舉人才事務上，中央出現檢討的聲音：

> （六月）丙申，詔曰：「頃者州郡選貢，多不以實，碩人所以窮處幽仄，鄙夫所以超分妄進，豈所謂旌賢樹德者也。今年貢舉，尤為猥濫。自今所遣，皆門盡州郡之高，才極鄉閭之選。」〔註129〕

這是一項明確的政策指示。「門盡州郡之高，才極鄉閭之選」的條件，兼顧了門第與才能兩種條件，但是，這樣的條件恐怕必須是門第中人才能中選而被貢舉。這個層面是指選拔進入官場的基層仕宦制度，相較於上述基層選拔門

〔註125〕《魏書》卷38，〈王慧龍傳〉，頁875。
〔註126〕《魏書》卷47，〈盧玄傳〉，頁1045。
〔註127〕《魏書》卷48，〈高允傳〉，頁1077～8。
〔註128〕《魏書》卷6，〈顯祖紀〉，頁127載：「（九月）己酉，初立鄉學。」
〔註129〕《魏書》卷7上，〈高祖紀〉，頁137。

第學生進入鄉學，似乎有更傾向門第的發展。而且，鄉學本意就是培育官才的訓練所，所以，兩者有著互相配合發展的趨勢出現，隱然可見門第力量自下而上的發展趨勢。在當時的個案事例上，確實有如此的發展：

> （房）靈賓從父弟堅，字千秋，少有才名。亦內徙爲平齊民。太和初，高祖擢爲祕書郎，遷司空諮議、齊州大中正。高祖臨朝，令諸州中正各舉所知，千秋與幽州中正陽尼各舉其子。高祖曰：「昔有一祁，名垂往史，今有二奚，當聞來牒。」〔註130〕

當太和十四年（490年）文明太后崩後，高祖對李彪曾有一段肯定的詔文，開始表露出高祖自己對門第與才學的思考：

> 高祖詔曰：「歷觀古事，求能非一。或承藉微蔭，著德當時；或見拔幽陋，流名後葉。故毛遂起賤，奮抗楚之辯，苟有才能，何必拘族也。彪雖宿非清第，本闕華資，然識性嚴聰，學博墳籍，剛辯之才，頗堪時用，兼憂吏若家，載宣朝美，若不賞庸敍績，將何以勸獎勤能？可特遷祕書令，以酬厥款。」〔註131〕

在李彪的個案處理上，在此所見高祖的態度是了解才學的重要，故說：「苟有才能，何必拘族也」一語，表露出高祖能不拘門第的觀念。但是，「何必拘族」一語，正反映出當時門第力量在仕宦選才的廣泛影響力。因此，給予李彪「特」遷祕書令，顯然就是一種不同於常規的特例處理方式。隔年太和十五年（491年），雖然高祖於八月公告：「詔諸州舉秀才，先盡才學。」〔註132〕似乎又表現出高祖採取較爲重才學的政策，核對於當時的實際情形：

> 許氏攜二子入國，孤貧不自立，並疏薄不倫，爲時人所棄。母子皆出家爲尼（僧），既而返俗。太和中，高祖選盡物望，河南人士，才學之徒，咸見申擢。（劉）法鳳兄弟無可收用，不蒙選授。後俱奔南。〔註133〕

從「高祖選盡物望，河南人士，才學之徒，咸見申擢」來看，似乎是兼顧門第與才學兩項條件，並非專重於才學。但是，再觀察韓顯宗的評論：

> 今之州郡貢舉，徒有秀、孝之名，而無秀、孝之實。而朝廷但

〔註130〕《魏書》卷43，〈房法壽傳〉，頁972。
〔註131〕《魏書》卷62，〈李彪傳〉，頁1389。
〔註132〕《魏書》卷7下，〈高祖紀〉，頁168。
〔註133〕《魏書》卷43，〈劉休賓傳〉，頁969。

> 檢其門望，不復彈坐。如此，則可令別貢門望，以敍士人，何假冒
> 秀、孝之名也？夫門望者，是其父祖之遺烈，亦何益於皇家？益於
> 時者，賢才而已。苟有其才，雖屠釣奴虜之賤，聖皇不恥以為臣；
> 苟非其才，雖三后之胤，自墜於皂隸矣。是以大才受大官，小才受
> 小官，各得其所，以致雍熙。議者或云，今世等無奇才，不若取士
> 於門。此亦失矣。豈可以世無周邵，便廢宰相而不置哉？但當校其
> 有寸長銖重者，即先敍之，則賢才無遺矣。〔註134〕

很顯然地，不論當時地方貢舉人才為何種類，而「朝廷但檢其門望」，彰顯出
當時政府已經趨向取才於門第中人。這樣的發展趨勢產生，是否代表全然是
高祖的意志是難以論定，但抱持重才取向的韓顯宗對此政策發展提出批判與
異議。當時朝廷中對才學與門第的取捨必有一番爭論存在，故韓顯宗附帶提
及「議者或云，今世等無奇才，不若取士於門」。兩方對照之下，似乎彰顯出
當時朝廷輿論傾向於門第的聲音漸大。〔註135〕

二、重門第政策的執行

　　在朝廷官僚對才學與門第的取捨爭論過程中，〔註136〕高祖顯然最後採取
了重門第的政策。此事的發展過程難以盡知，但由肅宗時期清河王懌的追述
可以確定此事發展的結果。當時清河王懌提出「官人失序」的現象，即指仕
宦任官規則的破壞，明確提及「孝文帝制，出身之人，本以門品高下有恒，
若準資蔭……皆條例昭然，文無虧沒」。〔註137〕所以，可以確定孝文帝執行了

〔註134〕《魏書》卷60，〈韓麒麟傳〉，頁1339。

〔註135〕張金龍，〈北魏孝文帝用人政策及其在改革中的作用〉，收入氏著，《北魏政治
與制度論稿》（蘭州：甘肅教育出版社，2003年3月第1版）。該文觀點在頁
55指出，「就孝文帝統治的全部情況看，重賢才是主流，問門閥屬於其次」。
該文舉證高祖重用「一些較有才幹的低門和寒門」士人，有李彪、宋弁、崔光、
崔亮與蔣少游，由此來證明其「重賢才是主流，問門閥屬於其次」的觀點。但
是，本文考查當時整體情況是採行重門第政策的，且上述也指出高祖能考量個
別有才華者的情況，重用李彪時便表達「苟有才能，何必拘族」的彈性調整。

〔註136〕谷川道雄，〈北魏官界的門閥主義與賢才主義〉，收入氏著，《隋唐帝國形成史
論》，對此爭論過程已有清楚的剖析。

〔註137〕《通典》（北京：中華書局，1988年12月第1版）卷16，頁390～1記載：「孝
明帝（肅宗）時，清河王懌以官人失序，上表曰：『孝文帝制，出身之人，本
以門品高下有恒，若準資蔭，自公卿令僕之子，甲乙丙丁之族，上則散騎秘
著，下逮御史長兼，皆條例昭然，文無虧沒。自此，或身非三事之子，解褐
公府正佐；地非甲乙之類，而得上宰行僚。自茲以降，亦多乖舛。且參軍事

重門第政策。

　　這個重門第政策的基本輪廓，主要的表徵就是在門第的仕宦任命原則。從「本以門品高下有恒」來看，絕非指不曾存在門第結構的胡人社會，而是承認、接受漢人社會中既有穩定的門第結構。按照門第等級穩定的傳統，相對應於仕宦規則遂有「條例昭然」清楚的資蔭辦法，規劃出門第人物仕宦的基本空間。因此，重門第政策是與仕宦等級互相搭配、相輔相成，使政治資源得以分配、獲得而鞏固門第地位。所以，清河王懌的追述雖說簡要，但明確指出孝文帝時期已經規劃出門第士族仕宦體制的基本輪廓。基本上，孝文帝遵循漢人士族穩定的門第等級結構，保障門第士族的仕宦優先權。更重要者在於，孝文帝以政治力量使門第社會結構與政治體制高度、緊密結合。

　　在太和十五年（491年）十一月乙亥實行「大定官品」，當時「太和中高祖詔群僚議定百官，著於令」，〔註138〕李沖可能也是參與制定者之一。〔註139〕後來，就是太和十七年（493年）六月頒布的〈職員令〉二十一卷，即一般所謂的太和前〈職令〉。高祖稱此〈職員令〉，「雖不足綱範萬度，永垂不朽，且可釋滯目前，釐整時務」，充分展露高度的企圖心。那麼，所欲解決的「時務」並藉此立下不朽典範的所指時代問題為何？

　　高祖於太和十九年（495年）十二月臨光極堂大選，說明了此事：

> （太和十九年）十月，（劉）昶朝于京師。（十二月）高祖臨光
> 極堂大選。〔註140〕高祖曰：「朝因月旦，欲評魏典。夫典者，為國
> 大綱，治民之柄。君能好典則國治，不能則國亂。我國家昔在恒代，
> 隨時制作，非通世之長典。故自夏及秋，親議條制。或言唯能是寄，
> 不必拘門，朕以為不爾。何者？當今之世，仰祖質樸，清濁同流，
> 混齊一等，君子小人名品無別，此殊為不可。我今八族以上，士人

　　專非出身之職，今必釋褐而居，秘著本為起家之官，今或遷轉以至：斯皆仰
　　失先準，有違明令，非所謂式遵遺範，奉順成規。……所以州置中正之官，
　　清定門胄，品藻高卑，四海畫一，專尸衡石，任實不輕。故自置中正以來，
　　曁於太和之日，莫不高擬其人，妙盡茲選，皆須名位重於鄉國，才德允於具
　　瞻，然後可以品裁州郡，綜覆人物。今之所置，多非其人。』」

〔註138〕《魏書》卷113，〈官氏志〉，頁2976。

〔註139〕《魏書》卷53，〈李沖傳〉，頁1181載：「及改置百司，開建五等，以沖參定
　　　　典式。」

〔註140〕《魏書》卷7下，〈高祖紀〉，頁178載：「十有二月乙未朔，引見群臣於光極
　　　　殿，宣示品令，為大選之始。」但《通鑑》卷140，〈齊紀六〉，繫此事於明
　　　　帝建武三年（496年）正月，頁4396。

　　　品第有九，九品之外，小人之官，復有七等。若苟有其人，可起家
　　　爲三公。正恐賢才難得，不可止爲一人，渾我典制。故令班鏡九流，
　　　清一朝軌，使千載之後，我得髣像唐虞，卿等依俙元、凱。」〔註141〕
所謂「班鏡九流，清一朝軌」的「典制」，蓋是太和十七年頒布的前〈職令〉。
高祖認爲當前迫切需要解決的問題，就是「清濁同流，混齊一等，君子小人
名品無別」。從魏晉以來，逐步形成君子小人之別與清濁官之別的習慣，然而，
高祖卻首次以政治法令試圖落實於制度的層面，明確規定何官爲清官或濁
官、何官由君子或小人出仕等。也就是說，高祖之作爲是將數量不多的統治
階層區分出如漢制九品中正的明確等級，如此使得身分背景與出仕官職之間
產生一明確標準。對於這項發展，唐長孺從社會結構發展的背景立論，認爲
此時九品中正制已促使門閥制度確立，所以，士（君子）庶（小人）之別已
經成爲無可懷疑的原則。因此，上述引文之意義，他認爲在於：「北朝統治者
對於選舉上士庶的區別認爲應是經常的典制。」〔註142〕

　　但是，上述所論是太和十九年時的構想，而在太和十七年的前〈職令〉
中尚未成型，所以，前〈職令〉所呈現的是官無清濁之分，雜然羅列。後來，
可能受到南來漢人劉昶、王肅的影響，而在太和十九年「宣示品令」頒布太
和中〈職令〉。如上述引文指出，「士人品第有九，九品之外，小人之官，復
有七等」，代表太和中〈職令〉已設有勛品流外官，代表已經區分出官之清濁。
君子之官對應的九品等級，就是所謂的「清流」或是清官，或者說是流內九
品等。確立這些官品的等級，正是爲胡、漢門第中人而鋪設的。這項「大選」
政策的基本立場，就是保障胡、漢門第的地位。雖然太和中〈職令〉已經散
佚，但從區分出官之清濁的重點來看，應該是較類同於太和二十三年的後〈職
令〉。因此，在太和二十三年後〈職令〉中，已經區分出清濁之別，清官蓋是
專由胡、漢門第中人所出任的官。〔註143〕所以，高祖延續漢人社會的門第等
級結構，開始在流內九品職官的任命上劃分出對應的門第等級，使原來非法

〔註141〕《魏書》卷59，〈劉昶傳〉，頁1310～1。
〔註142〕唐長孺，〈九品中正制度試釋〉，收入氏著，《魏晉南北朝史論叢》，頁122。
〔註143〕《魏書》卷77，〈辛雄傳〉，頁1696載：「請上等郡縣爲第一清，中等爲第二
　　　　清，下等爲第三清」，辛雄所指第一清到第三清即是清官。此外還有卷88，〈明
　　　　亮傳〉，頁1904載：「延昌中，世宗臨朝堂，親自黜陟，授亮勇武將軍。亮進
　　　　曰：『臣本官（員外散騎）常侍，是第三清。今授臣勇武，其號至濁。且文武
　　　　又殊，請更改授。』」顯見員外散騎常侍是第三清的清官。

定的清官與濁官得到政策法令的依據，〔註144〕而此舉關注重心依舊是出任清官的門第。

　　除了區分官品等級以外，接著，就是頒佈區分門品等級以相應之。約在太和十九年（495年）十二月臨光極堂大選的同時，針對鮮卑八姓貴族頒布〈定姓族詔〉：

　　　　代人諸冑，先無姓族，雖功賢之胤，混然未分。故官達者位極公卿，其功衰之親，仍居猥任。比欲制定姓族，事多未就，且宜甄擢，隨時漸銓。其穆、陸、賀、劉、樓、于、嵇、尉八姓，皆太祖已降，勳著當世，位盡王公；灼然可知者，且下司州、吏部勿充猥官，一同四姓。自此以外，應班士流者，尋續別敕。〔註145〕

秉持「制定姓族」等級的概念，將「勳著當世，位盡王公」的八姓地位標舉突出，以作爲鮮卑第一等的門第，等同於漢人「四姓」的崇高地位。且，此事下達司州、吏部等機構遵照執行，將詔令具體落實於國家體制中。至於其他代人諸冑「應班士流者」，即地位低於八姓的代人群，也具體規定類似門第等級之姓與族的標準：

　　　　原出朔土，舊爲部落大人，而自皇始已來，有三世官在給事已上，及州刺史、鎮大將，及品登王公者爲姓。若本非大人，而皇始已來，職官三世尚書已上，及品登王公而中間不降官緒，亦爲姓。諸部落大人之後，而皇始已來官不及前列，而有三世爲中散、監已上，外爲太守、子都，品登子男者爲族。若本非大人，而皇始已來，三世有令已上，外爲副將、子都、太守，品登侯已上者，亦爲族。〔註146〕

決定的標準就是官爵的高卑，包括皇始以前是否爲部落大人、皇始以後的官與皇始以後的爵等。以姓與族來劃分代人門第的兩大等級，此番創舉背後最關注者仍是重門第，將代人門第深相結合於政治體才是其主要的政策目標。且，宋德熹師實際考察〈官氏志〉所載的宗族十姓與勳臣八姓，發現高祖時期「除胡、伊、亥、車等姓已淪至子孫無聞地步以外，餘宗族十姓及勳臣八姓大抵皆能符合姓或族的規定」。〔註147〕由此可見，高祖重門第政策之落實執行。

〔註144〕黃惠賢，〈《魏書·官氏志》載太和三令初探〉，收入氏著，《魏晉南北朝隋唐史研究與資料》（武漢：湖北人民出版社，2010年1月第1版），頁465。
〔註145〕《魏書》卷113，〈官氏志〉，頁3014。
〔註146〕《魏書》卷113，〈官氏志〉，頁3014～5。
〔註147〕宋德熹師，〈北魏姓族分定初探〉，收入楊聯陞主編，《陶希聖先生九秩榮慶祝

太和十九年除了針對代人發出〈定姓族詔〉以外，於理對漢人也有如此的詔令，唐長孺推測《新唐書·柳沖傳》記柳芳論氏族中關於「四姓」一段即是：[註148]

> 郡姓者，以中國士人差第閥閱爲之制，凡三世有三公者曰「膏梁」，有令、僕者曰「華腴」，尚書、領、護而上者爲「甲姓」，九卿若方伯者爲「乙姓」，散騎常侍、太中大夫者爲「丙姓」，吏部正員郎爲「丁姓」。凡得入者，謂之「四姓」。[註149]

尚書、領、護以上者爲「甲姓」，三公、令、僕在尚書、領、護以上，既是「甲姓」又高於「甲姓」，故另以「膏梁」、「華腴」稱之。根據唐長孺之研究，高祖之重門第政策是相當具體執行的，故《隋書·經籍志》所載的四海大姓（四姓）、郡姓、州姓與縣姓等四級制是可信的。[註150] 近年陳爽則進一步釐清關於漢人的四姓說，指出《通鑑》所言崔、盧、鄭、王四姓應該是可靠的。[註151] 無論如何，此項改革也指出定門第士族的依據從魏晉舊籍轉以先世官爵判定姓族高低，尤以當代官爵爲主要標準，建立出新的門閥序列。[註152] 如此的轉變，值得注意者在於「以當代官爵爲主要標準」，由此無形中增加了北魏的正統地位，[註153] 也加強了對北魏政權之認同。

除了唐長孺的上述推測以外，當時確有針對漢人士族的定姓族政策作爲：

> 時大選內外群官，並定四海士族，（宋）弁專參銓量之任，事多稱旨。[註154]

當時北魏政權在洛陽成立新政府，必定需要補充大量的行政官僚，同時藉機將全國的士族做一區別、分級，然後根據士族的門品等級來甄補相應的官品。

壽論文集：國史釋論》（台北：食貨出版社，1987年），頁51。

[註148] 唐長孺，〈論北魏孝文帝定姓族〉，收入氏著，《魏晉南北朝史論拾遺》（北京：中華書局，1983年5月第1版），頁84。

[註149] 《新唐書》卷199，〈儒學中·柳沖傳〉，頁5678。

[註150] 宋德熹師，〈北魏姓族分定初探〉，頁53實例考察結果指出，「柳芳論雖或多或少傳達了不少姓族分定實情，但柳芳論與北魏漢族門閥實況之間，仍不免有鴻溝存在」。

[註151] 陳爽，〈"四姓"辨疑〉，《國學研究》第四卷（1997年）。

[註152] 唐長孺，〈論北魏孝文帝定姓族〉，收入氏著，《魏晉南北朝史論拾遺》。

[註153] 康樂，〈民爵與民望〉，收入氏著，《從西郊到南郊》，頁220載：「使得皇權可以介入干涉——儘管只是部份地—— 一向是『非天子所能命』的士大夫階層。」

[註154] 《魏書》卷63，〈宋弁傳〉，頁1415。

宋弁擔任銓選人才並定門品之任，可以想見是一高難度的工作。

　　「大選內外群官，並定四海士族」密切關係諸門戶的地位與前途，所以，此事在當時必定是議論紛紛，士族群體必定高度關心這場由政府主導的運動。高祖也主動參與力薦郭祚：

> 　　弁性好矜伐，自許膏腴。高祖以郭祚晉魏名門，從容謂弁曰：「卿固應推郭祚之門也。」弁笑曰：「臣家未肯推祚。」高祖曰：「卿自漢魏以來，既無高官，又無儁秀，何得不推？」弁曰：「臣清素自立，要爾不推。」侍臣出後，高祖謂彭城王勰曰：「弁人身良自不惡，乃復欲以門戶自矜，殊爲可怪。」〔註155〕

郭祚是太原晉陽人，魏車騎郭淮弟郭亮的後代。高祖對其屬「晉魏名門」的門第背景知之甚詳。在郭祚跟隨高祖南征之時，「車駕幸長安，行經渭橋，過郭淮廟，問祚曰：『是卿祖宗所承也？』祚曰：『是臣七世伯祖。』高祖曰：『先賢後哲，頓在一門。』」〔註156〕這一段充分表現出高祖對太原晉陽郭氏地位的認可，也反映出高祖與宋弁所持門第標準多有不同，故時有爭議出現。後來經高祖主動推薦，郭祚也成爲高祖的近臣參謀。「是時高祖銳意典禮，兼銓鏡九流，又遷都草創，征討不息，內外規略，號爲多事。祚與黃門宋弁參謀幃幄，隨其才用，各有委寄」。〔註157〕而且，後來郭祚在世宗時期也主持吏部。

　　再者，高祖親身參與此一政策是極深的，在授李彪官職的過程中可以看見：

> 　　初，高祖以李彪爲散騎常侍，祚因入見，高祖謂祚曰：「朕昨誤授一人官。」祚對曰：「陛下聖鏡照臨，論才授職，進退可否，黜陟幽明，品物既彰，人倫有序，豈容聖詔一行而有差異。」高祖沉吟曰：「此自應有讓，因讓，朕欲別授一官。」須臾，彪有啓云：「伯石辭卿，子產所惡，臣欲之已久，不敢辭讓。」高祖歎謂祚曰：「卿之忠諫，李彪正辭，使朕遲回不能復決。」遂不換彪官也。〔註158〕

李彪本是寒微出身而無門第背景者，他以才華受賞識而進入官場。他官僚生涯的功績在於出使南方，前後六度銜命，其表現令「南人奇其謇諤」。後來，高祖南征之時，他也帶將軍職跟隨出征。回洛陽京城以後，他便升遷至御史中尉，並領其原來所擅長的著作郎。當時，李「彪既爲高祖所寵，性又剛直，

〔註155〕《魏書》卷63，〈宋弁傳〉，頁1416。
〔註156〕《魏書》卷64，〈郭祚傳〉，頁1421〜2。
〔註157〕《魏書》卷64，〈郭祚傳〉，頁1422。
〔註158〕《魏書》卷64，〈郭祚傳〉，頁1422。

遂多所劾糾，遠近畏之，豪右屏氣，高祖常呼彪爲李生，於是從容謂群臣曰：『吾之有李生，猶漢之有汲黯。』」〔註159〕由此可見，此時李彪相當受到高祖的寵任。後來，汾州胡反叛，再派李彪前往綏慰處理，遂又因此事李彪「除散騎常侍，仍領御史中尉，解著作事」。高祖很可能在寵任的情況下，且李彪又新有功蹟，因而忽略了李彪的門第條件，以致發生誤授李彪散騎常侍的事件。由此一事件可見，高祖在「大選內外群官，並定四海士族」的過程中，極重視門品與官品之對應關係。

州郡中正官負責門戶品第的重任，〔註160〕高祖對中正官的甄選頗爲嚴格，要求「中正之任，必須德望兼資者」。〔註161〕故中正官的甄選過程中，高祖也是主動介入：

> 初，高祖之置中正，從容謂（郭）祚曰：「并州中正，卿家故應推王瓊也。」祚退謂密友曰：「瓊眞僞今自未辨，我家何爲減（薦）之？然主上直信李沖吹噓之說耳。」〔註162〕

此事也是發生在太和末年期間。王瓊就是從南方歸國並自稱太原人王慧龍的孫子，崔浩當時聽說王慧龍是太原王氏後代，便積極與之聯姻並公開讚揚其名門之風。後來，王慧龍被北魏任以樂安王範傅與并荊揚三州大中正，由此來看他應該是被認同爲門第之家，所以有此授職。至王瓊之時，他的名是由高祖所賜予的，他也承襲祖、父所傳承下來的爵位，顯然其門第的地位受到官方的承認。但是，郭祚之所以說「瓊眞僞今自未辨」，是因爲曾經傳說王「慧龍是王愉家豎，僧彬所通生」。李沖爲之吹噓、提高地位，很可能是與王家交往密切。最後，高祖秉持以當代官爵爲主要標準的原則，依舊「納其長女爲嬪，拜前軍將軍、并州大中正」，主導了這次的人事案。且，中正官的出任資格，嚴耕望已指出「必須爲本州世家大族」與「須現任中央官兼領」，〔註163〕故自然多由如王瓊此類門第人物出任。

〔註159〕《魏書》卷62，〈李彪傳〉，頁1390。

〔註160〕嚴耕望，〈州都與郡縣中正〉，收入氏著，《中國地方行政制度史乙部：魏晉南北朝地方行政制度》（台北：中央研究院歷史語言研究所，1990年5月3版），已經辨別北魏的中正有屬於地方屬吏的郡縣中正，以及屬於中央的州郡中正，本文討論的是中央的州郡中正。

〔註161〕《魏書》卷27，〈穆亮傳〉，頁668。

〔註162〕《魏書》卷64，〈郭祚傳〉，頁1427。

〔註163〕嚴耕望，〈州都與郡縣中正〉，《中國地方行政制度史乙部：魏晉南北朝地方行政制度》，頁643〜4。

　　如王瓊所任之州中正官在門第政策下，是至爲重要的。中正官在基層掌各門戶之品第，再送由中央的司徒府與吏部最後銓定門品，再根據門品授予相應的官品。因此，中正官的任命深爲高祖所重視：

　　　　諸州中正，本在論人，高祖將辨天下氏族，仍亦訪定，乃遙授

　　（崔）挺本州（定州）大中正。〔註164〕

高祖時期所任命之州郡中正官頗多，多如崔挺一樣皆爲傳統的名門士族或是豪族，且多任其爲本籍地的中正官，〔註165〕如河東柳氏、〔註166〕范陽盧氏、〔註167〕趙郡李氏、〔註168〕博陵崔氏、〔註169〕昌黎慕容氏、〔註170〕滎陽鄭氏、〔註171〕渤海高氏、〔註172〕博陵崔氏、〔註173〕昌黎韓氏、〔註174〕河東薛氏、〔註175〕河間邢氏、〔註176〕頓丘李氏、〔註177〕東清河崔氏、〔註178〕河東裴氏等。〔註179〕由此中正官的角度來看，當高祖在中央推重門第政策時，又有諸多地方名門擔任中正官「辨天下氏族」，所以，透過中正官體制的執行，使得漢族名門與北魏政權產生更多的結合。

　　在高祖制定官品與門品的過程中，若核對於當時官僚機構之任用情形來看，高祖確有明顯的重門第傾向，甚至在太和十五年推動政策前即已有此趨向。例如秘書監之多任華夏大族，〔註180〕「天下清官」之祕書丞以第一門第居多，〔註181〕秘書郎則兼用胡漢之門第等，〔註182〕都顯示重門第政策之落實生效。

〔註164〕《魏書》卷57，〈崔挺傳〉，頁1265。
〔註165〕周一良，《魏晉南北朝史札記》（北京：中華書局，1985年初版），「北朝之中正」條已經辨明，「中正之州郡與籍貫不合者究屬少數」。
〔註166〕《魏書》卷45，〈柳崇傳〉，頁1029～31。
〔註167〕《魏書》卷47，〈盧玄傳〉，頁1047、1051～2、1055、1060、1063。
〔註168〕《魏書》卷49，〈李靈傳〉，頁1099、1102。
〔註169〕《魏書》卷49，〈崔鑒傳〉，頁1104。
〔註170〕《魏書》卷50，〈慕容白曜傳〉，頁1123。
〔註171〕《魏書》卷56，〈鄭羲傳〉，頁1242。
〔註172〕《魏書》卷57，〈高祐傳〉，頁1261。
〔註173〕《魏書》卷57，〈崔挺傳〉，頁1266、1269。
〔註174〕《魏書》卷60，〈韓麒麟傳〉，頁1344。
〔註175〕《魏書》卷61，〈薛安都傳〉，頁1355。
〔註176〕《魏書》卷65，〈邢巒傳〉，頁1448。
〔註177〕《魏書》卷65，〈李平傳〉，頁1453、1456。
〔註178〕《魏書》卷67，〈崔光傳〉，頁1506。
〔註179〕《魏書》卷69，〈裴延儁傳〉，頁1528。
〔註180〕鄭欽仁，《北魏官僚機構研究》，頁71。
〔註181〕鄭欽仁，《北魏官僚機構研究》，頁99。

三、重門第政策的影響

高祖以法令來規定門第等級與官制的結合，政策提出即在朝廷內引起高度的爭議：

> 高祖曾詔諸官曰：「自近代已來，高卑出身，恒有常分。朕意一以為可，復以為不可。宜相與量之。」李沖對曰：「未審上古已來，置官列位，為欲為膏梁兒地，為欲益治讚時？」高祖曰：「俱欲為治。」沖曰：「若欲為治，陛下今日何為專崇門品，不有拔才之詔？」高祖曰：「苟有殊人之伎，不患不知。然君子之門，假使無當世之用者，要自德行純篤，朕是以用之。」沖曰：「傅巖、呂望，豈可以門見舉？」高祖曰：「如此濟世者稀，曠代有一兩人耳。」沖謂諸卿士曰：「適欲請諸賢救之。」祕書令李彪曰：「師旅寡少，未足為援，意有所懷，不敢盡言於聖日。陛下若專以門地，不審魯之三卿，孰若四科？」高祖曰：「猶如向解。」（韓）顯宗進曰：「陛下光宅洛邑，百禮唯新，國之興否，指此一選。臣既學識浮淺，不能援引古今，以證此議，且以國事論之。不審中、祕書監令之子，必為祕書郎，頃來為監、令者，子皆可為不？」高祖曰：「卿何不論當世膏腴為監、令者？」顯宗曰：「陛下以物不可類，不應以貴承貴，以賤襲賤。」高祖曰：「若有高明卓爾、才具儁出者，朕亦不拘此例。」〔註183〕

這段長文對話甚為重要，故予以全部載錄。據文解讀如下：

1. 高祖對傳統社會「高卑出身，恒有常分」的結構有所了解，雖與諸官相論，其實他已經持有重門第的定見。即不限門第而拔擢極少見的奇才之外，就絕大多數選才情況而言，他相信門第士族的「君子之門，假使無當世之用者，要自德行純篤」，所以大多任用門第士族。對於此，李沖遂評之為「專崇門品，不有拔才」。

2. 事實上，高祖與李沖、李彪與韓顯宗相論，意在化解他們重才能的異議。李沖等三人能夠「明辨是非而不惑於世俗」，〔註184〕明於治道的關鍵因素，

〔註182〕 鄭欽仁，《北魏官僚機構研究》，頁 107。

〔註183〕 《魏書》卷 60，〈韓麒麟傳〉，頁 1343～4。

〔註184〕 《通鑑》卷 140，〈齊紀六〉，明帝建武三年（496 年）正月條，頁 4396 評論此事說：「選舉之法，先門第而後賢才，此魏、晉之深弊，而歷代相因，莫之能改也。夫君子、小人，不在於世祿與側微，以今日視之，愚智所同知也；當是之時，雖魏孝文之賢，猶不免斯蔽。故夫明辯是非而不惑於世俗者誠鮮矣！」

遂提出反對「以貴承貴，以賤襲賤」的資蔭辦法。

　　3. 李沖等三人之持反對異議，很可能與現實利益相關。因高祖之重門第政策，可能不利於李沖等門第的門品及晉升途徑。由此可見，高祖之重門第政策恐怕比較優待於第一等門第的「姓」。

　　就上述引文所見，反映了部份士族對高祖重門第政策的意見。但，就代北胡人立場觀之恐更為複雜。因重門第政策與高祖推動之全面改革密切相關，又都在遷都洛陽前後同時進行，更易引起胡人傾向於重用漢人門第的解讀。例如對於太子恂、穆泰與陸叡等的叛亂，《南齊書‧魏虜傳》指出：

　　　　恒州刺史鉅鹿公伏鹿孤賀鹿渾（陸叡）……非宏（高祖）任用
　　中國人，與偽定州刺史馮翊公目隣、安樂公托跋阿幹兒謀立安壽，
　　分據河北。〔註185〕

陸叡不滿於高祖多所任用漢人門第士族遂有反叛之事。且，對照於陸叡先前曾經主動聯姻而「娶東徐州刺史博陵崔鑒女」，突破胡、漢民族間的藩籬。可知當漢人接近於北魏拓跋政權核心時，代人胡族群便無法認同於高祖的重門第政策。司馬光也採信這種看法：

　　　　及帝南遷洛陽，所親任者多中州儒士，宗室及代人往往不
　　樂。〔註186〕

因此，就代北胡人立場，頗為反彈高祖對漢人士族的優禮。此種說法應該不至沒有根據，就史料所見確有如此「親任」與「禮遇」的情況，如《通鑑》所云：

　　　　（高祖）好賢樂善，情如飢渴，所與遊接，常寄以布素之意，
　　如李沖、李彪、高閭、王肅、郭祚、宋弁、劉芳、崔光、邢巒之
　　徒，皆以文雅見親，貴顯用事；制禮作樂，鬱然可觀，有太平之
　　風焉。〔註187〕

或如游明根之例皆是：

　　　　（游）明根歷官內外五十餘年，處身以仁和，接物以禮讓，時
　　論貴之。高祖初，明根與高閭以儒老學業，特被禮遇，公私出入，
　　每相追隨，而閭以才筆時侮明根，世號高、游焉。〔註188〕

〔註185〕《南齊書》卷57，〈魏虜傳〉，頁996。
〔註186〕《通鑑》卷140，〈齊紀六〉，明帝建武三年（496年）十月條，頁4402。
〔註187〕《通鑑》卷140，〈齊紀六〉，明帝建武二年（495年）八月條，頁4389。
〔註188〕《魏書》卷55，〈游明根傳〉，頁1215。

姑不論漢人士族所任官職的高低與權力大小，只要高祖與他們過從甚密，代北胡人便視之為重用漢人門第士族而引起他們的不滿。

其實，重門第政策是全國性的政策，於代北胡人身上也可看見影響，在代人八姓之穆氏子孫中有載：

> 高祖初定氏族，欲以（穆）弼為國子助教。弼辭曰：「先臣以來，蒙恩累世，比校徒流，實用慚屈。」高祖曰：「朕欲敦屬胄子，故屈卿光之。白玉投泥，豈能相污？」弼曰：「既遇明時，耻沉泥滓。」會司州牧、咸陽王禧入，高祖謂禧曰：「朕與卿作州都，舉一主簿。」即命弼謁之。〔註189〕

很顯然地，國子助教之職就穆弼的門品而言，他自視為勳貴之流而不願「比校徒流」，此職令其感覺屈居濁官。此時「高祖初定氏族」，欲將門戶等級與官職搭配起來，穆弼如此自然的反應態度，突顯出對自身家世背景該有的階級地位與官職已有深刻的認識。因此，僅就穆弼的個案來看，高祖之重門第政策也已將代北胡族包舉進入門第政策的框架中。不僅代北胡人力爭官職，河東蜀薛亦力爭大姓地位：

> 眾議以薛氏為河東茂族。帝曰：「薛氏，蜀也，豈可入郡姓！」直閤薛宗起執戟在殿下，出次對曰：「臣之先人，漢末仕蜀，二世復歸河東，今六世相襲，非蜀人也。伏以陛下黃帝之胤，受封北土，豈可亦謂之胡邪！今不預郡姓，何以生為！」乃碎戟於地。帝徐曰：「然則朕甲、卿乙乎？」乃入郡姓，仍曰：「卿非『宗起』，乃『起宗』也！」〔註190〕

薛宗起所依據者是家世歷史背景，不該被視為邊區落後低微之民族，遂力爭漢人郡姓之重要地位。

當時政策實施的時間是在短時間內展開的，但實施狀況應該是相當徹底的。韓顯宗在對高祖的建言中，具體說出當時在仕宦上對門第的重視：

> 朝廷每選舉人士，則校其一婚一宦，以為升降，何其密也。〔註191〕

門第之婚宦本自有一定的選擇範圍，如今緊密根據「一婚一宦，以為升降」，

〔註189〕《魏書》卷27，〈穆崇傳〉，頁674～5。

〔註190〕《通鑑》卷140，〈齊紀六〉，明帝建武三年（496年）正月條，頁4395引元行沖《後魏國典》。

〔註191〕《魏書》卷60，〈韓麒麟傳〉，頁1341。

根本就是依循門第等級之精神而落實於政治上的選任官僚。由此可見，重門第政策影響之深以及在社會上擴散效應之大。至世宗時期，這個政策的效應也延續下來：

> 世宗爲（京兆王愉）納順皇后妹爲妃，而不見禮答。愉在徐州，納妾李氏，本姓楊，東郡人，夜聞其歌，悅之，遂被寵嬖。罷州還京，欲進貴之，託右中郎將趙郡李恃顯爲之養父，就之禮逆，産子寶月。〔註192〕

京兆王愉想藉著趙郡李氏之門望地位，爲其私納的妾做門第的掩飾。可以想見門第之結構已是深入人心，唯有名門背景者才能符合宗室諸王的婚配。

　　然而，重門第政策影響甚廣，各門戶之社會地位、政治地位以及現實利益等皆受此影響，諸家莫不極力爭取。因此，當初高祖太和十九年發出制定代人姓族詔之舉，畫出代人姓族門第的絕對標準，所影響者卻極爲深遠。所以，在確立基本框架等級之後，至世宗時期仍衍生出諸多問題、爭議：

> 世宗世，代人猶以姓族辭訟，又使尚書于忠、尚書元匡、侍中穆紹、尚書元長等量定之。〔註193〕

正因爲此一框架事關代人的重要權益，所以才會從高祖時期「辭訟」至世宗時期。再者，高祖之重門第政策就國家全體角度而言，更重要者在於使政治社會結構進行了重組，可說再造新的秩序與文化。這樣的發展趨勢所致總是偏禮優待門第人物，即使在基層與中央的銓選任命上，也非中央的詔令或政策所能撼動：

> （正始二年 505 年四月乙丑）詔曰：「任賢明治，自昔通規，宣風贊務，實惟多士。而中正所銓，但存門第，吏部彝倫，仍不才舉。……八座可審議往代貢士之方，擢賢之體，必令才學並申，資望兼致。」〔註194〕

即使曾經一度取消門第出任中正的優先權，但終究仍是恢復而遵循舊例：

> （正光元年 520 年）十二月，罷諸州中正，郡縣定姓族，後復。〔註195〕

〔註192〕《魏書》卷22，〈孝文五王列傳・京兆王愉傳〉頁589～90。
〔註193〕《魏書》卷113，〈官氏志〉，頁3015。
〔註194〕《魏書》卷8，〈世宗紀〉，頁198～9。
〔註195〕《魏書》卷113，〈官氏志〉，頁3004。

第三節　仕宦的延續

　　北魏拓跋政權的建立與持續發展，應在於維持一個穩定的統治階層群體並與北魏中央維持穩定的關係。因此，釐清這個統治階層群體的組成份子與仕宦延續的機制，便顯得相當重要。在史料中不斷出現一家數代或家族成員的官爵不斷或是「襲爵」現象等記載，這些瑣碎紀錄背後之重大意義，正在於政權參與的保障延續與自身政治社會地位的延續，並繼續維持他們與政權的緊密關係以及認同感。從此研究角度切入，或能反映出北魏拓跋政權在整合政治社會各方勢力的過程中，所做出政權參與機制的重大意義。

　　得以參與政權並仕宦延續的主要成員，就是代北胡族成員與漢人士族兩大群體。所以本節以他們為討論對象，本節分為：一、爵號體制的發展，二、胡族的仕宦延續，以及三、漢族的仕宦延續等。

一、爵號體制的發展

　　北魏一朝胡、漢兩大群體仕宦延續的情形很普遍，在《魏書》傳記資料中，多所記載每一家族世代為官或為爵延續的情形。此一普遍現象，正彰顯北魏政權部分的時代特質。因此，本文試圖主要透過爵位的繼承延續情形，來考察他們與北魏政權之關係。

　　先就爵位的意義論之。爵位之象徵，除了一定的社會地位以外，最主要的意義在於所屬政治體下的政治地位。透過爵位機制的運用，除了推升皇族的勢力以外，可維繫政權與基礎成員之關係並延續對政權之認同。尤其，對於政權基礎成員而言，能否獲得爵位以及能否世代延續繼承爵位，關係家族之利益與地位至為重要。相對於政權而言，為維持政權基礎之穩定，當然透過爵位等機制尋求基礎成員的忠誠與情感的凝聚。

　　就史料所見，於北魏政權有功勳者可獲得「賜爵」，由此遂得到個人政治地位的獎賞與保障。若是所獲爵位得以在家庭內世代傳襲下去，就意謂著家族獲得一定政治地位的保障。一般在沒重大特例的情況下，其家族可以世代穩定的「襲爵」下去。因此，從「賜爵」到「襲爵」的轉變，實已顯露出諸多家族與北魏政權間穩定的緊密關係，個別家族的世代「襲爵」也突顯北魏政權之穩定延續。所以，此一看似無重大政治意義而普遍出現的現象，如同潛隱的結構但強而有力地支撐北魏政權，具有多重的政治社會意義。

　　稍加縱覽北魏對爵號之運用，蓋有幾項基本特色。第一，最普遍者是基

於對北魏政權有親緣關係與功勳貢獻而班賜爵號，作爲政治地位與社會身分的標誌。此類多以代北胡族爲主。第二，對於各方來歸的降臣，爲拉攏其向心力，不忌降臣身分而打破親與功的原則，透過賜爵以提高其地位。〔註196〕第三，對於漢族門第尊重原有社會結構，故將本籍郡縣作爲爵名封賜而使其參政，更加提高政治社會地位。〔註197〕尤其第三點之操作原理不可低估其效用與意義，據 Albert E. Dien（丁愛博）以權力的文化網絡角度分析，政府銜接、吸收門第的聲望是互惠互利體系。〔註198〕

　　試觀察爵號體制的發展。在皇始元年（396年）之前，可能混用秦漢二十等級制及粗造的五等爵制。〔註199〕至皇始元年（396年）「始建曹省，備置百官，封拜五等」，〔註200〕隨後，在天興元年（398年）「詔吏部郎鄧淵典官制，立爵品」，蓋是仿晉朝建立公、侯、伯、子、男五等爵制雛型。至天賜元年（404年）有重要的發展：

> 　　九月，減五等之爵，始分爲四，曰王、公、侯、子，除伯、男二號。皇子及異姓元功上勳者封王，宗室及始蕃王皆降爲公，諸公降爲侯，侯、子亦以此爲差。於是封王者十人，公者二十二人，侯者七十九人，子者一百三人。王封大郡，公封小郡，侯封大縣，子封小縣。王第一品，公第二品，侯第三品，子第四品。〔註201〕

〔註196〕早在皇始二年（397年），即對後燕來歸的降臣如閔亮、崔逞、孫沂、孟輔等賜拜職爵各有差。

〔註197〕川本芳昭，〈封爵制度〉，收入氏著，《魏晉南北朝時代の民族問題》（東京：汲古書院，1998年11月發行），頁258～9曾對世祖神䴥四年出任而有封爵的18名士族進行研究，發現有13人的封爵與其籍貫有密切的關係。

〔註198〕Albert E. Dien, "Preface," *State and Society in Early Medieval China*（中國中世紀早期的國家與社會）（California: Stanford University Press, 1990），文中提出觀察，當一些人有較高的聲望時，他們的參政使人們對國家機器尚有能力正常運轉產生信心。政府於是獲得社會團體中重要部分的支持，這在中國的情形可稱之爲王朝的正統性。唯其如此，每一個朝廷總是要羅致聲望卓著者，這樣朝廷就可以陶醉在臣下的榮光中，而朝廷有能力吸引這樣的人士，又賦予了正統性。

〔註199〕嚴耀中，《北魏前期政治制度》，頁175～6。

〔註200〕宮崎市定著，韓昇、劉建英譯，《九品官人法研究—科舉前史》（北京：中華書局，2008年3月第1版），頁234解讀此項措施認爲，解散部族剝奪部族酋長役使部落民的權力，可能爲減緩造成的衝擊，故始設五等爵給予相當的利權，因此，部族的離散「對於建立勳功成爲王室周圍的新興勢力而言，恐怕不是什麼大的打擊」。

〔註201〕《魏書》卷113，〈官氏志〉，頁2973。

減五等爵爲王、公、侯、子四等，新設王爵而除伯、男二號。此次改革的重要意義，是北魏首次針對政權基礎成員集體封拜官爵，賦予明確的身分地位，〔註202〕封爵對象是政權基礎成員之「舊臣」，主要就是代北胡族群，共有二百一十四人。而且，此次封爵等級應該是與官職互相對等的，所以，此次大規模分置眾職與封爵，可謂北魏政治組織結構之初步確立。

在此套爵制下，王爵冠以大郡名、公用小郡名、侯用大縣名與子用小縣名。王、公、侯、子對應於一品、二品、三品與四品，可能主要的意義在於區分出爵號之高低等級，大概就是用於出仕官職時，根據所襲爵號而給予對等的官職。如此的設計傾向，使榮譽性的爵號與政府的官制結合，而享有一定的政治利益與地位，因此，遂與北魏政權深相結合。再者，雖減爲四等爵，但根據可擁有的臣吏人數似又區分爲五等。〔註203〕

至於，「皇子及異姓元功上勳者封王，宗室及始蕃王皆降爲公」一事，不可忽視其政治意義。當北魏由部落聯盟政權跨入帝國政權，逐步提高皇權崇高的地位與對政權的主導性，故必須降低創業過程有功宗室及部落諸王的地位爲「公」，朝向君主制型態發展。因此，帝室子孫開始尊居「王」爵，給予特權保障，實有「君尊臣卑」意義。而「異姓元功上勳者封王」，應是北魏政權之能建立並穩定擴張，主要依靠個人之政軍功勳之表現，故對於有過高度功勞「上勳」的異姓必須給予相應的回報，並藉此鼓勵此一務實體制的延續。〔註204〕更進一步思之，這是源自部落軍事化社會環境，依循舊有之部落優勢與特質，所醞釀產生整合政治力與社會力於北魏政權架構下，而建立成功組合人群的設計。因此，此舉是承繼傳統且發揮傳統之特長。

隨後，爵號體制再擴大實施範圍及於各宗黨諸部：

（天賜元年404年）十有一月，上幸西宮，大選朝臣，令各辨宗黨，保舉才行，諸部子孫失業賜爵者二千餘人。〔註205〕

〔註202〕《魏書》卷2，〈太祖紀〉，頁41~42載：「帝臨昭陽殿，分置眾職，引朝臣文武，親自簡擇，量能敘用；制爵四等，曰『王、公、侯、子』，除伯、男之號；追錄舊臣，加以封爵，各有差。」

〔註203〕《魏書》卷113，〈官氏志〉，頁2974載：「（天賜元年）十二月，詔始賜王、公、侯、子國臣吏，大郡王二百人，次郡王、上郡公百人，次郡公五十人，侯二十五人，子十二人。」

〔註204〕嚴耀中，《北魏前期政治制度》，頁178~9亦有論於此。

〔註205〕《魏書》卷2，〈太祖紀〉，頁42。

此舉等於擴大政權基礎之範圍，維繫部落之關係感情，不因帝國體制新實施而「失業」的部落民被排除於我群之外。此一封爵可能僅是榮譽性質的散爵，但是，具有十足的政治社會意義。相對地，漢族人士並未被包含在此一賜爵範圍內，顯然北魏意在凝聚其部落民。爵號實施至此，除了早期零星幾位漢人受封以外，〔註206〕幾乎都是以拓跋宗室或其部落重臣為主要封賜對象。由此封爵角度觀之，北魏政權之基礎蓋已構建完成。

　　至太宗之時，崔浩曾論五等郡縣之是非，「以復五等為本」，企圖恢復以門第社會為基礎的五等爵制。其背後實是追求東漢儒家大族之政治理想，必須高官加博學，如此改革實以門第之利益為依歸。此點陳寅恪所論甚詳，早已被學界知悉。然而，崔浩以五等爵制挑戰現行建基於部落社會之爵制，當然違背現行爵號體制下受惠之代北胡族的利益，且欲扭轉北魏已經構建完成的統治基礎，故最終必是挫敗收場。崔浩所倡之五等爵制，已違背原有爵號體制之精神，實為一深度的文化衝突。此後，未再有挑戰北魏爵號體制者出現。〔註207〕

　　由魏初爵號體制的創建可見，顯是偏向保障代北胡族參政權的取向。然而，行之久遠遂成濫用之特權，反成侵蝕政權的基礎。故在顯祖時出現：

　　　　（天安元年466年）秋七月辛亥，詔諸有詐取爵位，罪特原之，
　　削其爵職。其有祖、父假爵號貨賕以正名者，不聽繼襲。諸非勞進
　　超遷者，亦各還初。不以實論者，以大不敬論。〔註208〕

「詐取爵位」應是有利可圖所致，然而，削爵與不襲爵僅是限縮、控制的手段，企圖改善此時濫爵的情況。但至高祖初年情況似乎更嚴重：

　　　　延興二年（472年）五月，詔曰：「非功無以受爵，非能無以受
　　祿，凡出外遷者皆引此奏聞，求乞假品。在職有效，聽下附正，若
　　無殊稱，隨而削之。舊制諸鎮將、刺史假五等爵，〔註209〕及有所貢

〔註206〕如早期投奔的衛操及其宗屬鄉親，桓帝都賜封侯爵；許謙於魏初得到侯爵；
　　　　燕鳳遲至世祖時才得到侯爵；皇始二年（397年）滅燕投降而來的幕僚則「賜
　　　　拜職爵各有差」等。

〔註207〕關於五等爵制，楊光輝在《漢唐封爵制度》（北京：學苑出版社，2004年5
　　　　月第3版）頁10指出，在世祖時期一度恢復伯、男爵，故又成為六等爵。「但
　　　　（世祖）太武帝之後至太和十六年（492年），重新開設五等封爵，伯、男爵
　　　　卻再無一次封賜例證，估計又被廢置」。

〔註208〕《魏書》卷6，〈顯祖紀〉，頁126。

〔註209〕由此「五等爵」來看，天賜元年（404年）以後雖曾減為四等爵，但可能仍
　　　　行五等爵，故後來崔浩才會提出「以復五等為本」。又，根據高祖太和十年載：

獻而得假爵者，皆不得世襲。」〔註210〕

至此，除了指出爵號的授與有不實的情況，也凸顯出北魏一向強調實務功勳表現的重要，必須有功才能受爵。此詔是針對外任鎮將、刺史而來，已訂出嚴厲的「不得世襲」規定，可以想見爵號體制已演變至必需改革的地步才能因應現實狀況。

北魏爵號體制之改變，最終來自於內部改革，高祖於太和十六年提出：〔註211〕

> 舊制，諸以勳賜官爵者子孫世襲軍號。十六年（492年），改降五等，始革之，止襲爵而已。〔註212〕

> （太和十六年正月）制諸遠屬非太祖子孫及異姓爲王者，皆降爲公，公爲侯，侯爲伯，子男仍舊，〔註213〕皆除將軍之號。〔註214〕

北魏奠基於代北胡族軍人，素來重視將軍號是極爲自然的，正代表其武治的傾向，所以，將軍號也等於是一種具指標意義的爵號。舊制將軍號得以世襲於子孫，正凸顯北魏部落政權之特質。如今廢除將軍號的世襲，如同終止代北胡族之一大政治特權，不再完全保障其家族仕宦之延續。且，此點可能與舊有重要的體制密切相關，值得再加以探究。〔註215〕雖然此一改革最主要的意義，可能是高祖企圖轉向於文治的方向，然而，對於代北胡族而言，卻是舊日政治社會體緊密結合一體感的破壞。〔註216〕

再者，高祖之改革幾乎將全體既有爵號降一等，很顯然是集權中央以主導政治社會體之改造，故對諸多「遠屬非太祖子孫及異姓爲王者，皆降爲公」，區別界線明確定在北魏開國君主太祖之直系。所謂「異姓爲王者」，應即是天賜元

「給尚書、五等品爵已上朱衣、玉珮、大小組綬」來看，此「五等品爵」也可能如宮崎市定之推論，指「除去王爵的公以下五等」。

〔註210〕《魏書》卷113，〈官氏志〉，頁2975。

〔註211〕這些爵號之改革是針對統治階層，此外從太和十七年到太和廿一年也有針對普遍漢民實施民爵制度，意在區別其社會身份。參閱康樂，〈民爵與民望〉，收入氏著，《從西郊到南郊》。

〔註212〕《魏書》卷113，〈官氏志〉，頁2976。

〔註213〕兩則史料加以對照，顯然此時實行的是六等爵：王、公、侯、伯、子、男。或許，世祖時期恢復伯、男爵以後，並未如楊光輝所言「（世祖）太武帝之後至太和十六年（492年）……又被廢置」。

〔註214〕《魏書》卷7下，〈高祖紀〉，頁169。

〔註215〕此點與雷家驥師面談討論時，提醒世襲軍號與世領部落或部落兵是否有關，若能論證於此的話，應能有所突破。

〔註216〕川本芳昭，〈封爵制度〉，《魏晉南北朝時代の民族問題》，頁274。

年（404 年）所創定「異姓元功上勳者封王」的傳統。此一重大改革，很顯然是君尊臣卑政策的進一步發展，彰顯出高祖皇權之極力擴張與主導全局的姿態。經高祖改革以後，〔註217〕世宗於永平二年（509 年）十二月下詔：

> 五等諸侯，〔註218〕比無選式。其同姓者出身：公正六下，侯
> 從六上，伯從六下，子正七上，男正七下。異族出身：公從七上，
> 侯從七下，伯正八上，子正八下，男從八上。清修出身：公從八下，
> 侯正九上，伯正九下，子從九上，男從九下。可依此敍之。〔註219〕

「同姓」當指元氏宗室，「異族」應是代北元氏宗室以外的其他胡族，「清修」當是漢士族。這是「目前所能見到的最完整的封爵起家官制」。〔註220〕五等爵位按民族的差別、關係的遠近與爵位的高低等條件，分別依序規定各爵位起家出身的官等。即使授予的出身官多是散官，這仍是爵位與官制的明確結合，確立世襲任官的條件。由此來看，北魏末期對政治地位的保障與延續，明確區分出三大階，依序是元氏宗室、代北胡族與漢士族。顯然是優禮於元氏宗室與廣泛的代北胡族，而漢士族的起家品階頗低。由此觀之，北魏政權以穩固、凝聚政權舊有基礎成員為主要的考量。

綜覽北魏爵號體制之發展，雖也用以整合來歸降臣與漢族門第，或者整頓、刪減既有爵號之利益，但終究以元氏宗室與廣泛的代北胡族為主要實施、保障的對象，顯然可見為維繫基礎成員政治認同之設計。

二、胡族的仕宦延續

在研究官僚制度的過程中，鄭欽仁曾觀察到襲爵與任官間的緊密關係，〔註221〕因此，透過爵位世襲現象的觀察，應能提供對仕宦延續產生一定的理解。

觀察爵制之指標在於是否繼承延續，由此來觀察與北魏政權之關係。試

〔註217〕高祖的爵號改革尚包括區分實封與散爵，主要差別在有無封邑與租秩。兩者利益雖有差別，但散爵可以世襲，依舊深具政治意義。基於此，故本文所論爵號並未特別加以區分，實封與散爵仍是符合本文所論述仕宦延續的義涵。

〔註218〕顯見經高祖改革以後，王爵已有特別尊崇的地位與意義，此時所謂五等爵僅指公、侯、伯、子、男。

〔註219〕《魏書》卷8，〈世宗紀〉，頁209。

〔註220〕楊光輝，《漢唐封爵制度》，頁166。

〔註221〕鄭欽仁，《北魏官僚機構研究》，頁165載：「（中散）遷官之例中，有關襲爵者不可不留意。或任他官，因襲爵而得遷中散；或以襲爵隨即起家為中散。……由此看來，襲爵制度與任子制有關。」

以最高等級的王爵而論，最能彰顯獲爵者的身分地位，這些人多居於政治中心的上層。清人萬斯同已編有〈魏諸王世表〉、〈魏異姓諸王世表〉與〈魏外戚諸王世表〉，張鶴泉再補充遺漏資料並試作探討。〔註222〕據統計整理高祖改革前封王爵共有八十七人，其中皇子、宗室王爵得繼承延續者有三十七人，異姓諸王爵位得繼承延續者有一十四人，外戚王爵得繼承延續者有四人，共有五十五人王爵得繼承延續，約佔總量63%。

　　63%的比例似乎比想像來的低。檢視當初被封王爵者的身分，都是北魏政權基礎的重要成員，都與北魏有著密切的關係。王爵都被後代所繼承，既代表北魏政權允許其家庭政治地位的延續，也代表社會上持續存在著一群穩定支持北魏政權的力量。於理兩相合成，便利於北魏統治之穩定持續。因此，必須進一步究明其中的原因。

　　所謂繼承延續王爵，是指二世以上得封王爵。其它不得延續者，亦有明確原因存在。第一，異姓諸王爵降爵繼承。這是世祖末年左右實施的措施，此時已經討平北方統一全境，可能因此背景開始限縮開國異姓元功上勳家族之地位。由此可見北魏君主個人意志、權力之展現，能隨時勢變化而彈性調整天賜元年（404年）「異姓元功上勳者封王」的基本原則：

　　　　（長孫道生）孫觀，少以壯勇知名，後襲祖爵上黨王。時異姓
　　　諸王，襲爵多降為公，帝以其祖道生佐命先朝，故特不降。〔註223〕
因此，北魏之降爵調整措施至晚在世祖末年（長孫道生卒於正平元年451年）已經部分實施，並非至高祖太和十六年（492年）才全面實施。〔註224〕世祖時期被降王爵繼承的有：宜城王奚斤子奚他觀、〔註225〕平陽王長孫翰子長孫平成、〔註226〕丹陽王叔孫建子叔孫隣、〔註227〕廣陵王樓伏連子樓眞等。〔註228〕

〔註222〕張鶴泉，〈北魏前期諸王爵位繼承制度探討〉，《河北學刊》2010年第3期。
〔註223〕《魏書》卷25，〈長孫道生傳〉，頁646。
〔註224〕（清）趙翼，《廿二史箚記》（台北：世界書局，1988年4月第10版）卷14，頁187「異姓封王之濫自後魏始」條，誤以為長孫觀之不降在太和十六年。且，以為世祖封9位異姓為王後，「自是功臣無有不王者」，故以為北魏異姓封王過於浮濫，但忽略北魏征戰形勢之需要，需藉此以維繫傳統部族大人之認同並酬賞之。
〔註225〕《魏書》卷29，〈奚斤傳〉，頁700，因奚斤「關西之敗，國有常刑」，故他觀降爵。
〔註226〕《魏書》卷26，〈長孫肥傳〉，頁653，長孫翰功勳高，未載明降爵原因。
〔註227〕《魏書》卷29，〈叔孫建傳〉，頁706，有一家只能一人封王爵的限定，「俊既為安城王，俊弟隣襲父爵，降為丹陽公」。
〔註228〕《魏書》卷30，〈樓伏連傳〉，頁717，未載明降爵原因。

　　第二，無後代終止繼承。少部份無直系後代的宗室諸王，北魏實施了終止王爵繼承的措施，此舉並無太大政治意義。此類事例僅有長樂王處文、〔註229〕安定王彌、〔註230〕晉王伏羅等。〔註231〕

　　第三，犯罪被奪爵。對諸王爵位繼承最有限制作用，不僅本人犯罪奪爵，連繼承的藩王若犯罪也同樣被奪爵。此項措施彰顯北魏維持官爵之品質與公平正義之原則，也凸顯北魏為維持政權穩定之因應策略。此類事例達十餘例，包括宗室南安王壽樂、東陽王丕、衛王儀、清河王紹等，宗室以外有太原王乙渾、濟南王慕容白曜、襄城王韓頹、京兆王杜元寶等。此類數量較多，對整體比例應有相當影響。

　　無論如何仍有63%過半的比例繼承延續王爵，可略作討論。第一，太祖所封諸王爵傳承世代多為久遠，他們都是北魏立國前諸君的後代，意在追念祖先的功勳，如高涼王孤一系。〔註232〕太祖首創北魏帝國便分封王室與宗室的王爵，並確立其子孫繼承王爵的體制，一直持續至高祖朝。此體制之構想，太祖是確立的關鍵時期。對於諸王爵的「失職」或是「坐事」，即使暫時奪爵，但都因追念其先祖對帝國有功，又讓子孫「襲爵」。此一延續性之長，或可說是拓跋政權內部強烈內聚力、認同感的表徵。除了先祖子孫王爵的延續以外，太祖自己子孫王爵的傳承也甚為久遠，例如陽平王熙一系自魏初傳至魏末。似乎帝室之後只要有子嗣延續，王爵便可世襲傳承下去，即使沒有顯赫的軍功成績亦無妨。

　　第二，相對於少量無後代被終止繼承，更多的王爵支脈斷子嗣時，則由中央為其立定同宗子孫為嗣，由此而繼承延續宗脈並得延續原有王爵。此類案例所見甚多，有廣陽王嘉、〔註233〕南陽王良、〔註234〕略陽王羯兒、

〔註229〕《魏書》卷16，〈道武七王列傳‧長樂王處文傳〉，頁399。
〔註230〕《魏書》卷17，〈明元六王列傳‧安定王彌傳〉，頁414。
〔註231〕《魏書》卷18，〈太武五王列傳‧晉王伏羅傳〉，頁418。
〔註232〕《魏書》卷14，〈神元平文諸帝子孫列傳‧高涼王孤傳〉頁349～50載：「高涼王孤，平文皇帝之第四子也。……太祖時，以孤勳高，追封高涼王，諡曰神武。(孤之子)斤子樂真，頻有戰功，後襲祖封。……子禮，襲本爵高涼王。……子那，襲爵。拜中都大官。驍猛善攻戰。正平初，坐事伏法。顯祖即位，追那功，命子紇紹封。……子大曹……高祖時，諸王非太祖子孫者，例降爵為公。以大曹先世讓國功重，曾祖樂真勳著前朝，改封太原郡公。」《北史》卷15，〈魏諸宗室列傳‧高涼王孤〉頁546所載類同。
〔註233〕《魏書》卷18，〈太武五王列傳‧廣陽王建傳附〉，頁428。
〔註234〕《魏書》卷15，〈昭成子孫列傳‧秦明王翰傳〉，頁371。

〔註 235〕南平王渾、〔註 236〕濟陰王誕、〔註 237〕廣平王匡、〔註 238〕城陽王鸞、〔註 239〕章武王彬、〔註 240〕樂陵王思譽、〔註 241〕河間王琛等。〔註 242〕由此可見，北魏政權對於王室與宗室諸子王爵地位之延續給予特別的保障與恩惠，這是繼絕世政策與王爵延續政策的結合，使諸王爵支脈得以延續並保持高度的政治地位，北魏此舉實以穩固政權之生存為主要考量。〔註 243〕

第三，世祖所封異姓諸王爵位延續者最多。共有五位，有北平王長孫嵩、〔註 244〕宜都王穆壽〔註 245〕與上黨王長孫道生等，〔註 246〕三者都是在世祖時期戰功卓著而封王爵，後來都是太和中依例降爵。譙王司馬文思〔註 247〕與司馬楚之〔註 248〕自南方來降，為拉攏其心而封王爵。

第四，高祖朝所封諸王爵位數量最多。包括有宗室的廣川王略、齊郡王簡、安豐王猛、咸陽王禧、趙郡王幹、廣陵王羽、高陽王雍、彭城王勰、北海王詳等九位，異姓有魏郡王陳建（代人）、中山王王叡（恩倖）、宋王劉昶（南來降臣）、高平王王琚（閹官）、河內王趙黑（閹官）等五位，共十四位。這些王爵可能都是文明太后所主導，尤其恩倖與閹官身分入王爵可反映出此一痕跡。故後來高祖大規模刪減王爵資格與數量，應與前此增加王爵數量並無矛盾之處。

整體而言，63%過半比例繼承王爵，代表北魏封授諸王爵位大部份仍為後世所繼承，在社會上一直保持有相當穩定數量支持北魏政權的基礎成員。如

〔註 235〕《魏書》卷 16，〈道武七王列傳・河間王脩傳〉，頁 399。
〔註 236〕《魏書》卷 16，〈道武七王列傳・廣平王連傳〉，頁 400。
〔註 237〕《魏書》卷 19 上，〈景穆十二王列傳・濟陰王小新成傳〉，頁 448。
〔註 238〕《魏書》卷 19 上，〈景穆十二王列傳・廣平王洛侯傳〉，頁 452。
〔註 239〕《魏書》卷 19 下，〈景穆十二王列傳・城陽王長壽傳〉，頁 509。
〔註 240〕《魏書》卷 19 下，〈景穆十二王列傳・章武王太洛傳〉，頁 513。
〔註 241〕《魏書》卷 19 下，〈景穆十二王列傳・樂陵王胡兒傳〉，頁 516。
〔註 242〕《魏書》卷 20，〈文成五王列傳・河間王若傳〉，頁 529。
〔註 243〕在王室與宗室的王爵以外，代人胡族得繼絕世政策而延續者僅有澄城縣開國侯奚鑒 29／701、即丘侯王斤 30／711、常山郡開國公于永超 31／746 等，更未見有漢人的事例，由此可見北魏鞏固政權之用心。
〔註 244〕《魏書》卷 25，〈長孫嵩傳〉，頁 644～5。事實上，元功上勳長孫嵩在世祖時曾被責以貪污，「使武士頓辱」，但隨即又遷太尉，顯有迴護之意。至其孫長孫敦又「坐黷貨，降為公」，至高宗時，「自頌先世勳重」而又得恢復王爵。由此顯見立國元功上勳之背景，保有特殊的政治地位與特權。
〔註 245〕《魏書》卷 27，〈穆崇傳〉，頁 665～6。
〔註 246〕《魏書》卷 25，〈長孫道生傳〉，頁 644～7。
〔註 247〕《魏書》卷 37，〈司馬休之傳〉，頁 854。
〔註 248〕《魏書》卷 37，〈司馬楚之傳〉，頁 855～7。

此，各家族穩定的保持王爵傳承下去，北魏的統治便能得到穩定的支持力量。

　　除了最高等級的王爵以外，再從北魏尚武重實效的立國形勢來考察胡族的仕宦延續現象。北魏政權之發展，在優先考量政權之擴大發展的基本原則上，極為重視個人貢獻的成就取向，故能超越種族、血緣與地域等條件的限制。因此，在現實面的事功上能不斷搏成、累積人力與成效，北魏政權遂能以胡族背景而穩定擴展，也由此能將各方不同出身背景者整合於北魏政權下。

　　諸如此類的事例頗多，例如和跋原是部落酋長出身，太祖擢為外朝大人且屢有功績，故「太祖寵遇跋，冠於諸將」。但因「跋好修虛譽，眩曜於時，性尤奢淫」以致被刑殺。又其家庭南奔投靠，故太祖「誅其家」，唯少子和歸可能因年幼而免刑。〔註 249〕後來世祖赦免其家之後，便又開始任用和歸。和歸屢有軍功之表現，故又使其家族得以襲爵仕宦延續。因此，和跋家罪殺之後又被收攏恢復成為北魏政權之基礎成員。

　　在重視政軍功勞的前提下，父祖的功勳往往使家族仕宦得以延續。例如宿沓干戰沒，「世祖悼惜之，詔求沓干子，時石年甫十一，引見，以幼聽歸。年十三，襲爵，擢為中散」。〔註 250〕另有庾業延之例，庾業延曾有功勳雖為太祖所誅，「後世祖討赫連氏，經其墓宅，愴然動容，遂下詔為立廟，令一州之民，四時致祭。求其子孫任為將帥者，得其子陵。從征有功，聽襲爵」。〔註 251〕當時如此的官爵延續現象，一般多載以「以其勳臣子」、「以功臣子」與「著勳先朝」等，諸如此類事例還有呂文祖、〔註 252〕于洛拔、〔註 253〕屈拔、〔註 254〕王定州等。〔註 255〕

　　此外，也是在重視父祖政軍功勞的前提下，子孫得以出任內侍職官。因與皇室維持親近關係是政治權力來源，也代表政治地位的崇高，且北魏自部落時代即有內侍制度，故後來得「以父任」而內侍於皇帝左右或是未來繼承的太子身邊，代表家族政治地位的延續。此類事例有穆壽、〔註 256〕穆紹、

〔註 249〕羅新，〈北朝墓志叢札（一）〉，《北大史學》第九期（2003 年 1 月）。
〔註 250〕《魏書》卷 30，〈宿石傳〉，頁 724。
〔註 251〕《魏書》卷 28，〈庾業延傳〉，頁 685。
〔註 252〕《魏書》卷 30，〈呂洛拔傳〉，頁 732。
〔註 253〕《魏書》卷 31，〈于栗磾傳〉，頁 737。
〔註 254〕《魏書》卷 33，〈屈遵傳〉，頁 778。
〔註 255〕《魏書》卷 34，〈王洛兒傳〉，頁 800。
〔註 256〕《魏書》卷 27，〈穆崇傳〉，頁 665。

〔註257〕屈道賜、〔註258〕盧內與盧統等。〔註259〕還有，北魏仍會考量自身或其先祖曾有的功勳，即使有罪黜後仍得復爵、復仕，例如長孫頹、〔註260〕古弼、〔註261〕、奚斤、〔註262〕丘堆（由子跋復爵）、〔註263〕陸琇等。〔註264〕

再就中散官此一職官的角度試論。前論政權參與出任「中散」者多爲鮮卑人，因此官本爲胡族而設計。而此官之任用多爲「以功臣子」或「以父任」的方式出現，代表即爲一種「任子制」，刻意保障其政治權位。中散爲甚高的五品官，成爲起家官的一種，如長孫平成：

> （長孫翰子）平成，少以父任爲中散，累遷南部尚書。〔註265〕

此外，得出任中散官也與襲爵密切相關，如來大千：

> 大千驍果，善騎射，爲騎都尉。永興初，襲爵，遷中散。〔註266〕

因此，川本芳昭推論有一原則存在：爵品等於所出任職官的官品，不無道理。〔註267〕綜合觀之，得出任中散官者多爲胡族官僚的後代，「以父任」或是「襲爵」，皆爲取得出任資格的意思，其意義是君主同意家庭政治地位的延續。從諸多中散官之世代延續，可爲北魏統治階層穩定之一種佐證。另外，「侍御中散」的情況也類似於「中散」，多爲「以功臣子」的「任子制」而得起家出任，如于洛拔：

> （于栗磾）子洛拔，襲爵。少以功臣子，拜侍御中散。〔註268〕

由此來看，頗有世襲官僚的意味。

再就軍職角度試論。北魏政權實爲以部落軍人爲基礎所創建、維持的國家，因此，軍職的地位頗爲崇高受到重視。而且，在太和以前沒有俸祿，利益所得主要是依靠軍事征戰的賞賜，因此，軍職的繼承對各家族是極爲重要

〔註257〕《魏書》卷27，〈穆崇傳〉，頁671。
〔註258〕《魏書》卷33，〈屈遵傳〉，頁778。
〔註259〕《魏書》卷34，〈盧魯元傳〉，頁802。
〔註260〕《魏書》卷25，〈長孫嵩傳〉，頁645。
〔註261〕《魏書》卷28，〈古弼傳〉，頁690。
〔註262〕《魏書》卷29，〈奚斤傳〉，頁700。
〔註263〕《魏書》卷30，〈丘堆傳〉，頁720。
〔註264〕《魏書》卷40，〈長孫嵩傳〉，頁905～6。
〔註265〕《魏書》卷26，〈長孫肥傳〉，頁653，此外，長孫肥家族中共有六例出任中散。
〔註266〕《魏書》卷30，〈來大千傳〉，頁725。
〔註267〕川本芳昭，〈封爵制度〉，《魏晉南北朝時代の民族問題》，頁273。
〔註268〕《魏書》卷31，〈于栗磾傳〉，頁737載：「子洛拔，襲爵。少以功臣子，拜侍御中散。」

的。故前述爵制發展曾言：「舊制，諸以勳賜官爵者子孫世襲軍號。」顯然也是北魏仕宦延續重要體制之一。透過爵位與軍職結合繼承的方式，使得某些重要軍職得以在同一家庭範圍內穩定延續下去。以代人勳貴的陸麗來說，因功勳官爵至撫軍大將軍、平原王：

> 麗之亡也（465 年），叡始十餘歲，襲爵撫軍大將軍、平原王。〔註269〕

另一代人勳貴源氏亦是如此，源賀官爵至征南將軍、隴西王，次子懷於：

> 高宗末，為侍御中散。父賀辭老，詔懷受父爵，拜征南將軍。〔註270〕

此一軍職與爵位結合而延續的體制，也是北魏彈性運用的方式之一。此制到太和十六年被廢止，使勳貴功臣喪失了一項重要特權。〔註271〕

三、漢族的仕宦延續

　　就制度面看漢人的仕宦延續現象，一個很特出明顯的現象就是中書學的門閥化與世襲化。中書博士與中書學生多為漢族所出任，幾乎全是出身門第舊族的漢人，例如清河崔氏、趙郡李氏、渤海高氏、京兆韋氏、河東柳氏、范陽盧氏、廣平游氏、太原張氏與滎陽鄭氏等，如高允於〈徵士頌〉所說的「皆冠冕之冑，著問州邦」。由此來看，中書博士與中書學生頗有為門閥設置之意味。

　　世襲化的現象可從中書學生的層面來看，往往是因為父兄為中書官員而使其子弟優先取得資格。在世祖時期已經出現「詔以（谷）渾子孫十五以上悉補中書學生」，在高宗時期延續此項措施，「興安二年（453 年），高宗引見侍郎、博士之子，簡其秀儁者欲為中書學生」。顯見中書學機構基層中書學生的設置，是北魏培育漢人官僚的起始點。這個體制已規劃出能持續發展的路線、進程，故高宗敢對李安世說：「汝但守此至大，不慮不富貴。」〔註272〕

〔註269〕《魏書》卷40，〈陸俟傳〉，頁911。
〔註270〕《魏書》卷41，〈源賀傳〉，頁923。
〔註271〕事實上，多由代北胡族出任的內侍諸職官、侍御中散與中散等，這些職官在太和〈後令〉中都消失了。對於此，宮崎市定指出這是「起家制度」發生很大的變化（《九品官人法研究—科舉前史》頁278）。此事更重要必須揭示的意義在於，高祖對代北胡族仕宦延續的改革。關於此點，當可做進一步的探索，可了解高祖之改革對北魏政治社會結構的影響情況。
〔註272〕《魏書》卷53，〈李孝伯傳〉，頁1175。

世襲化的現象擴大到中書學相關職官的層面來看，形成祖孫兄弟子侄相繼出仕於中書職官。在上述中書學生資格世襲化的基礎上，在中書相關職官的圈子裡幾乎都是漢人的天下，他們仕途的升遷多在此一範圍內，遂也形成特殊的仕宦延續現象。這樣的事例頗多，如鄭羲先為中書博士，遷中書侍郎，後又為中書令。子鄭道昭初為中書學生，後為中書侍郎。兄鄭小白亦為中書博士，其子鄭胤伯自中書博士遷中書侍郎。〔註273〕崔辯拜中書博士，子景儁亦拜中書博士。〔註274〕高允先拜中書博士，後遷侍郎，久任二十七年而升中書令，從叔高濟亦為中書博士。〔註275〕從祖弟高祐由中書學生，再為中書博士、中書侍郎，祐子和璧亦拜中書博士。祐弟欽也曾為中書學生。〔註276〕允族孫高聰先為中書博士，積十年，轉中書侍郎等。〔註277〕漢族之所以頻頻出任於中書學相關職官，除了整體政策上的規劃以外，不可忽視士族群體知識文化能力之深厚與綿延之傳承而有以致之。

再就仕宦遷官的延續性來看。中書學生按慣例遷為秘書中散，這是漢人官僚子弟起家出仕的重要管道。秘書中散大多採用漢人，也是依循「任子制」的原則，例如鄧靈珍、谷季孫、高欽、李蘊、裴修、李沖、李虔、韋纘、崔振等皆是。秘書中散主要是在禁中職掌文事工作，〔註278〕而漢人門第素來重文，故多用漢人官僚子弟出任而利用其專長。而中書博士的遷官，如上述祖孫兄弟子侄相繼出仕於中書職官所示，按慣例多遷為中書侍郎。這也與此官執掌文事工作的取向有關，這是傳統門第中人所擅長者，故多為漢人士族背景。〔註279〕

綜合上述所論胡、漢之仕宦延續，都僅是就一爵位或一職官的角度而觀察到的某些層面，但也頗能反映出時代特質。若放大官爵的標準，只要各家族世代能仕宦延續，無論任職中央或地方、文職或武職、或高或低的職官等，都視為是仕宦延續。如此廣泛觀察的話，則諸多家族是自魏初延續至魏末，

〔註273〕《魏書》卷56，〈鄭羲傳〉，頁1237～43。

〔註274〕《魏書》卷56，〈崔辯傳〉，頁1250～1。

〔註275〕《魏書》卷48，〈高允傳〉，頁1067～92。

〔註276〕《魏書》卷57，〈高祐傳〉，頁1259～63。

〔註277〕《魏書》卷68，〈高聰傳〉，頁1520。

〔註278〕《魏書》卷53，〈李沖傳〉，頁1179載：「典禁中文事，以修整敏惠，漸見寵待。」

〔註279〕嚴耀中，〈北魏中書學及其政治作用〉，《魏晉南北朝史考論》，頁199。據嚴耀中的歸納整理，由中書博士直接轉任中書侍郎的情形頗多，佔所考見的八十八個中書博士的三分之一強，且推論史料足夠的話，比例應該更高。

代北胡族有穆崇、〔註280〕穆崇宗人穆醜善、〔註281〕和跋、〔註282〕陸俟、〔註283〕源賀、〔註284〕羅結、〔註285〕于栗磾等，〔註286〕將逐代仕宦紀錄連貫起來，仍可見其仕宦的延續性強。

　　如上所論，北魏在各層面多所保障胡族群體的仕宦延續，且多有產生制度性的運作。但論及漢族的仕宦延續，看似不及胡族群體仕宦延續之穩固與權重。但，粗觀漢人據地方勢力的仕宦家族（包括門第士族與地方豪族），不考量歷代所任官職高低的話，其家族歷代仕宦延續性也強，多與北魏政權相始終。這樣的家族並非個案而已，而是普遍的現象，在《魏書》中很多此類記載，如：渤海高氏 32／756（以卷次／頁數方式呈現紀錄出處）、清河崔氏 32／759、渤海封氏 32／760、趙郡李氏 36／829、隴西李氏 39／885、河東薛氏 42／941、上谷寇氏 42／946、京兆韋氏 45／1009、河東裴氏 45／1021、隴西辛氏 45／1025、河東柳氏 45／1029、高陽許氏 46／1036、范陽李氏 46／1043、范陽盧氏 47／1052、渤海高氏 48／1092、趙郡李氏 49／1098、博陵崔氏 49／1104、趙郡李氏 53／1167、彭城劉氏 55／1219、滎陽鄭氏 56／1237、渤海高氏 57／1259、博陵崔氏 57／1263、恒農楊氏 1279、河東裴氏 69／1528、東清河崔氏 67／1487 等皆是。

　　試作上述胡、漢仕宦延續現象的比較。當然，胡、漢仕宦延續數量上的不成比例，必須考量到整體人口相對的比例。此外，進一步試以「勳臣八姓」為例來考察胡族的情況。〔註287〕著有功勞的「勳臣八姓」雖有制度性的保障，尤其是先祖官爵的蔭任影響不小，但相較於漢族諸多仕宦延續之不斷，則仍顯現其仕宦延續性較弱。胡族早期與皇室血緣關係的親近與能以擅長之軍功表現而歷位榮顯，但隨國勢由武治轉向文治，即使有制度性蔭任的保障，後來之仕宦仍漸趨衰落而難有表現。因此，胡族仕宦延續頗多中斷的原因，恐與北魏整

〔註280〕《魏書》卷 27，〈穆崇傳〉，頁 661～76。
〔註281〕《魏書》卷 27，〈穆崇傳附〉，頁 676～8。
〔註282〕《魏書》卷 28，〈和跋傳〉，頁 681～2。
〔註283〕《魏書》卷 40，〈陸俟傳〉，頁 901～17。
〔註284〕《魏書》卷 41，〈源賀傳〉，頁 919～37。
〔註285〕《魏書》卷 44，〈羅結傳〉，頁 987～9。
〔註286〕《魏書》卷 31，〈于栗磾傳〉，頁 746。《北史》卷 23，〈于栗磾傳〉，頁 845 所載稍有不同：「自栗磾至勁，累世貴盛，一皇后，四贈公，三領軍，二尚書令，三開國公。」
〔註287〕林恩辰，《「勳臣八姓」與北魏政局研究》（嘉義：中正大學歷史研究所，未刊本碩士論文，2010 年 8 月）。

體局勢轉變有關以外，而且，傳統軍功能力的漸趨衰微應有密切關係。

此外，試從漢族門第的角度來看，胡族沒有漢族融入政治經驗、知識之門第家學的傳承，故其政治能力應較容易中斷衰微。另在家族的社會基礎勢力層面，胡族本以同姓部民為社會基礎，但解散部落後，他們就依附於政權中央，遂脫離了原先的社會基礎，也逐漸喪失軍事之專長，故其表現遂不及緊密結合地方社會之漢族。而且，在漢族門第內支援性強，除了救恤宗族的困苦以外，更進一步地牽引援助於官爵的獲取：

> （李沖）顯貴門族，務益六姻，兄弟子姪，皆有爵官，一家歲祿，萬匹有餘，是其親者，雖復癡聾，無不超越官次。〔註288〕

> （楊津）其家貴顯，諸子弱冠，咸繫王爵。〔註289〕

相對的，在胡族史傳資料中，則幾乎未見如漢族在家族官爵上的經營與爭取。所以，胡族憑藉親緣關係、個人政軍能力與蔭任保障等方式以獲取官爵，在家族的仕宦延續仍不及於漢族門第，其原因之一可能即是對家族官爵的經營著力未深。

關於上述漢族家庭仕宦延續現象的普遍，北魏似有制度性管道而有以致之，以下試論。北魏多任命門第士族為地方首長，應是考量士族群體深厚的社會基礎便於行事。在這個層面上透露出也有漢人仕宦延續的慣例，在世宗、肅宗時期：

> （邢）晏篤於義讓，初為南兗州刺史，例得一子解褐，乃啟其孤弟子子慎，年甫十二，而其子已弱冠矣。後為滄州，復啟孤兄子昕為府主簿，而其子並未從官。世人以此多之。〔註290〕

邢晏的事例，「例得一子解褐」若是一普遍情況，則使我們對仕宦延續的了解大為增進。由此，士人每任一地首長便可推薦一位家族成員入仕，換至另一地擔任首長時，又可推薦一位家庭成員。若有此慣例的話，則仕宦的門第之家自然容易使家族群體的仕途延續下去，只要任職至州刺史一職即可。又約在肅宗之時，房亮的事例也印證了此一仕宦延續的慣例：

> （房亮）遷前將軍、東荊州刺史。……時邊州刺史例得一子出身，亮不言其子而啟弟子超為奉朝請。〔註291〕

〔註288〕《魏書》卷39，〈李沖傳〉，頁1187。
〔註289〕《魏書》卷58，〈楊播傳〉，頁1300。
〔註290〕《魏書》卷65，〈邢巒傳〉，頁1449。
〔註291〕《魏書》卷72，〈房亮傳〉，頁1621。

高謙之的事例也是如此。他雖被李神軌設計冤死獄中，後來「永安中，贈征虜將軍、營州刺史，諡曰康，又除一子出身，以明冤屈」。〔註292〕即使人已死，在重獲清白之後仍可再有一子出身任官。甚至，也可彈性將出身機會推薦給自家子弟以外的人：

> （張）普惠不營財業，好有進舉，敦於故舊。冀州人侯堅固少時與其遊學，早終，其子長瑜，普惠每於四時請祿，無不減贍給其衣食。及爲豫州，啓長瑜解褐，攜其合門拯給之。〔註293〕

最後，在諸項仕宦延續體制以外，尚需注意置身政治場域中士族的因應之道。楊椿在訓誡子孫的文中清楚說出政治經驗：

> 我家入魏之始，即爲上客，給田宅，賜奴婢、馬牛羊，遂成富室。自爾至今二十年，二千石、方伯不絕，祿恤甚多。……吾自惟文武才藝、門望姻援不勝他人，一旦位登侍中、尚書，四歷九卿，十爲刺史，光祿大夫、儀同、開府、司徒、太保，津今復爲司空者，正由忠貞，小心謹愼，口不嘗論人過，無貴無賤，待之以禮，以是故至此耳。……汝家仕皇魏以來，高祖以下乃有七郡太守、三十二州刺史，內外顯職，時流少比。汝等若能存禮節，不爲奢淫驕慢，假不勝人，足免尤誚，足成名家。……（吾）所以孜孜求退者，正欲使汝等知天下滿足之義，爲一門法耳，非是苟求千載之名也。〔註294〕

北魏給予豐厚條件入仕以後，楊家得以仕宦延續不斷，在於能遵行數項基本原則，如忠貞謹愼、不論人過、待人以禮、不奢淫驕慢與知滿足等。事實上，這些都包括在其所論的禮節之中，也塑造成爲一家之門法。由此可見，士族因應於政治社會脈動所產生的經驗、智慧，已被他們長期融會於家庭的禮法中，後代子孫遂知如何回應於複雜的政治社會情勢。如此一代傳一代，逐步累積、傳承，即使政局變化萬千，其家族仍得仕宦延續不斷。此一因應政治社會情勢而創造之政治文化，與融會外在世界脈動的家庭禮法，是漢人士族之重要憑藉，也是其珍貴的傳統。

〔註292〕《魏書》卷77，〈高崇傳〉，頁1712。
〔註293〕《魏書》卷78，〈張普惠傳〉，頁1746。
〔註294〕《魏書》卷58，〈楊播傳〉，頁1289～91。

第五章 北魏政治社會交互作用之社會力量

　　社會力量，指主要源自社會領域內所具有的各種能量。此種力量自身會源源不絕地持續在社會群體中生存發展、擴充，且以各種形式、管道呈現，例如在血緣關係、婚姻關係、族群關係、群體勢力或是知識文化領域裡等等。尤其在政治社會板塊的互動過程中常扮演重要的角色，對政治社會脈動的發展影響甚鉅。因此，本章立基於社會力量由下而上的發展且考察上下的交互影響，來觀察北魏時代複雜性的歷史發展。在北魏政治社會互動的發展裡，本文認為在兩大領域皆產生重大影響的社會力主要有婚姻、地方勢力、士族群體等。因此，本章規劃以下三節予以討論。

第一節　婚姻的聯結

一、聯姻策略的發展 〔註1〕

　　婚姻本身就是一種包含多項因素的複雜交換、連結機制，尤其，更是政治力與社會力交流互動的重要平台。本節透過對北魏聯姻策略及發展過程的考察，來進一步掌握政治力與社會力交互作用的發展。首先，謹以同屬東胡種烏丸的婚俗來輔助了解拓跋鮮卑民族婚俗的特點：

　　　　貴少賤老，其性悍驁，怒則殺父兄（自殺其父兄無罪），而終

〔註1〕本文採用當代名詞「聯姻」，來描述拓跋政權早期透過通婚方式以擴展政治社會勢力，以及立國後持續與各方的通婚狀況。

> 不害其母，以母有族類，父兄以己爲種，無復報者故也。……其嫁
> 娶皆先私通，略將女去，或半歲百日，然後遣媒人送馬牛羊以爲聘
> 娶之禮。壻隨妻歸，見妻家無尊卑，旦起皆拜，而不自拜其父母。
> 爲妻家僕役二年，妻家乃厚遣送女，居處財物，一出妻家。故其俗
> 從婦人計，至戰鬭時，乃自決之。〔註2〕

很顯然地，不論具有掠奪婚與勞役婚的色彩，從此婚姻所建立起男女雙方部落
的關係至爲重要，尤其婦女的角色尤爲關鍵。從「爲妻家僕役二年」開始，男
方置身於女方家族親屬中，到「妻家乃厚遣送女，居處財物，一出妻家」至男
方家，以財物來表現重視婦女在男方部落的地位，極可能大量的支援供給遂轉
移爲婦女地位的保障，遂在男方部落衍生造成「其俗從婦人計」的婦女主控諸
多事務局面。因此，在婦女所屬部落的強力支撐下，當所生之子在族內衝突嚴
重至殺父兄時，因在母親背後有著部落力量依靠的條件下「終不害其母」，代
表對母親地位之重視與尊崇，也是對其所屬部落的敬重。也可說，婚姻是兩個
游牧民族結合的重要管道，雙方關係密切而又有類似契約式的合同。

　　檢視拓跋政權建國前的聯姻的情形，〔註3〕婦女在聯姻中的重要地位，在
始祖拓跋力微與沒鹿回部的關係裡展露無遺。原本大人竇賓之女是兩部落合
併的平台，但因其兄弟不願合併於拓拔部，結果出現：

> 及賓卒，速侯（竇賓子）等欲因帝（始祖）會喪爲變，語頗漏
> 泄，帝聞之，知其終不奉順，乃先圖之。於是伏勇士於宮中，晨起
> 以佩刀殺后，馳使告速侯等，言后暴崩。速侯等驚走來赴，因執而
> 殺之。〔註4〕

設計「后暴崩」的突發情況，造成「速侯等驚走來赴」的情狀，可見竇賓之
女對於沒鹿回部非常重要。相對的，竇賓之女對拓跋部的擴展勢力亦是極其
關鍵。所以，透過此例的分析可知，部落社會的聯姻帶著高度的政治性，關
係著兩部落勢力之間的聯合、合併或是互動影響。又「后」角色之重要在獻
明皇后賀氏之例中亦可證明：

〔註2〕 《三國志》卷30，〈烏丸鮮卑東夷傳〉，頁832 注引王沈《魏書》。《後漢書》
　　　　卷90，〈烏桓鮮卑列傳〉，頁2979 所載類同。

〔註3〕 李明仁，〈拓跋氏早期的婚姻政策〉，《史原》第20期（1997年5月），指出拓
　　　　跋政權透過聯姻吸收母妻族力量，這是拓跋政權得以成立的關鍵力量之一。

〔註4〕 《魏書》卷13，〈皇后列傳·神元皇后竇氏傳〉，頁322。《北史》卷13，〈后
　　　　妃列傳上·神元皇后竇氏傳〉，頁490 所載較簡略。

　　　獻明皇后賀氏，……少以容儀選入東宮，生太祖。……後后弟
　　染干忌太祖之得人心，舉兵圍逼行宮，后出謂染干曰：「汝等今安所
　　置我，而欲殺吾子也？」染干慚而去。〔註5〕

正因爲「后」此一關鍵樞紐，使得染干企圖吸收取代拓跋部落的勢力，顯示
出聯姻兩部落間存在著相當彈性的合併空間。但當皇后賀氏強勢以母親的角
色介入捍衛拓拔部落時，又足以阻擋兩部落間政治衝突，應證了「后」角色
的高度影響力。

　　此外，至太祖拓跋珪建國之際，歷代憑藉「后」的角色更是充分運用聯
姻的多樣功能，由此可見拓跋政權在拓展勢力過程中的積極與彈性。例如桓
帝后祁氏得以「攝國事」而被稱爲「女國」，可能即是依靠其部落力量的支撐。
平文帝后王氏亦扮演重要角色，由「烈帝之崩，國祚殆危，興復大業，后之
力也」來看，蓋是王氏所屬部落支持而有以致之。昭成帝后慕容氏與獻明帝
后賀氏，也代表著與慕容部落及賀蘭部落的交結。後來，太祖拓跋珪分別納
慕容氏與劉氏爲后，則是企圖吸收慕容部落的勢力以及與敵對的獨孤部落維
繫關係。

　　由此可見，在部落政權時期拓跋宗室之婚姻角色，素與政治社會的發展
局勢緊密相連。再對照〈官氏志〉所載，獻帝之時「七分國人，使諸兄弟各
攝領之，乃分其氏」，這些氏族單位實是拓跋政權逐漸擴大、整併而形成的部
落聯盟基礎單位。此一人爲力量塑造的高度政治性質氏族單位，「凡與帝室爲
十姓，百世不通婚」。如此除了避免過度近親婚姻以外，更重要者在於政權集
團的基礎成員與其他內附的部落聯姻，藉以增強、維繫彼此的關係。或者，
與其他尚未歸附的部落聯姻，以吸收加入政權集團。透過如此擴大範圍的聯
姻，也擴大了拓跋政權的基礎與勢力範圍，此即是氏族範圍內不通婚的族外
婚。與帝室十姓此一政權集團成員聯姻的部落對象，大概主要是〈官氏志〉
所載「神元皇帝時，餘部諸姓內入者」等。

　　拓跋政權建國以後的聯姻情況，仍須先以整體國情狀況爲了解的基本背
景，這是因爲拓跋政權素來運用婚姻於控制、調整各方勢力爲主要考量。〔註6〕

〔註5〕《魏書》卷13，〈皇后列傳・獻明皇后賀氏傳〉，頁324。《北史》卷13，〈后
　　　　妃列傳上・獻明皇后賀氏傳〉，頁492所載同。

〔註6〕本文所論重心在拓跋政權透過聯姻與各方之關係，至於對內部份，尤其聚焦
　　　　於「子貴母死」議題者頗多，有田餘慶，〈北魏後宮子貴母死之制的形成和演
　　　　變〉，收入氏著，《拓跋史探》（北京：三聯書店，2003年3月北京第1版）；

魏初一段對話透露出此時對婚姻的思考與策略：

> 太祖曾引（崔）玄伯講《漢書》，至婁敬說漢祖欲以魯元公主
> 妻匈奴，善之，嗟歎者良久。是以諸公主皆釐降於賓附之國，朝臣
> 子弟，雖名族美彥，不得尚焉。〔註 7〕

政權皇室的公主如同此一政權的代表，背後擁有多項的資源與崇高的地位，其價值高故自然爲各方勢力所爭取聯姻。又，拓跋政權立國中原地區，相較於周遭地區政權，其皇室公主之價值當爲最高。這是公主角色在價值面所必須瞭解者。

當時，拓跋政權初立國於中原地區，北有柔然南有劉宋的對峙，又週邊地區還有夏、後秦、北燕等小政權林立。因此，拓跋政權欲成爲中原統一帝國的話，首要問題即在對外關係的維持上。對外關係又是相當複雜的，可能以和或以戰等，透過公主與賓附之國聯姻，則可拉緊彼此關係並維持平衡狀態等。因此，當北魏前期基礎、勢力尚未穩定的情況下，希望多吸收周邊小國或部落加入其帝國體系，遂以政治力主導聯姻關係，企圖吸收更多各方勢力來擴張、鞏固政權。

關於北魏公主婚姻的研究已有不少，〔註 8〕因各自資料掌握、研究角度與分類之不同，結果也有不同。今嘗試綜合討論，以了解其聯姻策略之演變。

高祖太和十五年是北魏改革婚姻政策的結果呈現，〔註 9〕故以太和十五年爲界來分前後時期討論，於後再進一步說明討論。整體來說，北魏公主於前期主要是嫁與「賓附之國」，〔註 10〕例如正當世祖擴展征戰之時，爲維持與割

　　　蔡幸娟師，〈北魏立后立嗣故事與制度研究〉，《成功大學歷史學系歷史學報》
　　　第 16 號（1990 年 3 月）；〈北朝后妃選擇與入宮方式研究〉，《成功大學歷史學
　　　系歷史學報》第 22 號（1996 年 12 月）；〈時論與北朝女主政治〉，《成功大學
　　　歷史學系歷史學報》第 25 號（1999 年 12 月）；張繼昊，〈北魏「子貴母死」
　　　問題的再探討〉，《空大人文學報》第 12 期（2003 年 12 月）等。

〔註 7〕《魏書》卷 24，〈崔玄伯傳〉，頁 621。

〔註 8〕按時間順序有：逯耀東，〈拓跋氏與中原士族的婚姻關係〉（1965 年），收入氏
　　　著，《從平城到洛陽》（台北：聯經出版事業公司，1979 年 3 月初版）；施光明，
　　　〈《魏書》所見北魏公主婚姻關係研究〉，《民族研究》1989 年第 5 期；康樂，
　　　〈拓跋魏的國家基礎〉（1990 年），收入氏著，《從西郊到南郊》；高詩敏，〈北
　　　朝皇室婚姻關係的嬗變與影響〉，《民族研究》1992 年第 6 期等。

〔註 9〕即指高祖爲「六弟聘室」一事。

〔註 10〕逯耀東與康樂之文並無考慮時間上的區分，高詩敏與施光明之文考量到不同
　　　　時間上的變化。

據政權之關係，將諸位公主嫁與柔然主吳提、後秦姚黃眉、夏主赫連昌、北涼沮渠牧犍與武都王楊宗保等。這些多是在正面軍事衝突前，為緩和彼此關係而進行聯姻的。其次，對各方歸附之部落帥為維繫其向心力而嫁與公主，如稽根稽拔父子、萬振萬安國父子、乙瓌乙乾歸父子、閭大肥等。第三，拉攏自南方歸降者，如司馬楚之司馬曜父子、劉昶等。

就公主前期的婚姻而言，確實主要是聯姻於北方這些已經或尚未「賓附之國」與部落帥，符合於太祖初期所立「釐降於賓附之國」之方針。若是以民族背景來說，將歸附之部落帥視為同屬「代人集團」的話，則代北胡族也是重要的聯姻對象。因為他們於北魏之創建與進軍中原皆有功勳，必須酬賞且掌控之。

再就前期皇帝所選后妃來看，主要仍是來自「賓附之國」，包括：太祖納後燕慕容寶女為后、太宗納後秦姚興女為后、世祖納夏赫連屈丐女為后、世祖又以柔然吳提女為左昭儀以及北涼沮渠蒙遜女為右昭儀、恭宗納柔然郁久閭氏、高宗納北燕馮文通孫女為文明后等。前期所選后妃與北魏公主所嫁相較，是相當一致結合於北魏國勢拓展之所需。

當然，北魏皇室前期的聯姻仍是以政治為主要考量因素，仍與傳統部落聯盟時代一樣充分運用婚姻之政治功效。由此時期聯姻民族種類的多樣來看，可說在政治功效考量的前提下，遂出現如此開放性的聯姻策略。畢竟，聯姻之後血緣上的融合，確有凝聚成為共同體之效。

其次，就後期北魏皇室整體概觀，聯姻主要對象由前期的「賓附之國」轉為漢人士族群體。〔註11〕在前期與士族聯姻是少有的，進入後期則大量增加，這與北魏國勢重心轉與中原社會的密切接合趨勢有關以外，還有高祖所推動的重門第政策有以致之。聯姻的對象頗多名門，但仍較多集中於范陽盧氏、隴西李氏、滎陽鄭氏、清河與博陵崔氏以及趙郡李氏這些第一等門第。稍後於第二部份「與士族群體聯姻」再討論。

除了漢人士族群體以外，後期仍舊有延續前期與「賓附之國」的聯姻，但此時轉以江南的歷朝宗室司馬氏、劉氏與蕭氏以及僑姓士族王肅為主，不

〔註11〕高詩敏，〈北朝皇室婚姻關係的嬗變與影響〉，《民族研究》1992年第6期，頁93載：「在皇室的婚配中，同漢士族通婚多達36例，佔總數的39%多，處於領先地位。如再將一般皇族成員和中原望族聯姻也估算在內，其所佔比率更大了。可見這一階段的婚姻政策，已由賓附之國轉為與漢士族通婚為主了，這是北魏姻媾關係的一大轉變。」

再以北方少數民族爲主，顯示了國勢重心之南向發展。其次，與代北胡族勳貴之聯姻仍舊重要，主要集中於穆、陸、于三姓，尤其穆氏次數最多高達八人。若擴大時間至前期，自太宗時期的穆觀至高祖時期共聯姻有十二人，代表穆氏與皇室關係之深厚以外，更表露出拓跋政權與代人集團的深相結合以及代人集團的無可取代性。〔註 12〕第三，後期因政權頻由外戚與權臣介入掌控，故也頗多與外戚馮氏、〔註 13〕高氏、胡氏以及權臣尒朱榮與高歡等聯姻。

　　進一步觀察之，北魏公主與鮮卑族子弟的聯姻，涉及穆氏、乙氏、萬氏、嵇氏、陸氏、賀氏等六個家族，他們有共同的特點：都非十姓之內而屬於內入諸姓與四方諸姓，家族先世都曾統領部落，在拓跋政權入主中原過程都立有赫赫戰功。因此，顯見拓跋政權透過聯姻與非十姓部落鞏固關係，並對功臣給予禮遇、殊榮。〔註 14〕且，北魏公主與漢族通婚呈現上升趨勢。自世祖後期開始出現，至顯祖開始漸以漢族高門爲主。〔註 15〕

　　整體而言，從北魏公主、后妃觀察其聯姻策略顯示，前期以「賓附之國」爲主要的聯姻對象以穩定國勢的擴張。後期隨著國勢之深入中原社會，轉以漢人士族爲主要聯姻對象以擴大社會基礎。但，對政權基礎的代北胡族始終維持緊密的聯姻關係，並未因逐步深入漢人社會而忽略胡族社會。

二、與士族群體聯姻

　　對北魏政權而言，面對出自相同文化背景的胡族部落社會，畢竟是較爲熟悉且容易溝通與認同的組織群體，所以，自然彼此間維持著一定的聯姻關係。可是，面對龐大的漢人社會畢竟是異文化的、陌生的，彼此間又充滿著利益、文化、權力等複雜因素的衝突，因此，如何面對無法避免的漢人社會挑戰，其實是拓跋政權的最大課題。在如此的大環境情勢下，透過與漢人門第士族的聯姻，大概是與漢人社會產生連結並鞏固關係的最直接方式之一。

〔註 12〕 J. Holmgren, "Wei-shu Records the Bestowal of Imperial Princesses during the Northern Wei Dynasty," (《魏書》關於北魏王室公主賜婚的記載)*Papers on Far Eastern History*, N.27, March. 1983.

〔註 13〕 魯才全，〈長樂馮氏與元魏宗室婚姻關係考—以墓志爲中心〉，《北朝研究》1995 年第 4 期。

〔註 14〕 施光明，〈《魏書》所見北魏公主婚姻關係研究〉，《民族研究》1989 年第 5 期，頁 107～8。

〔註 15〕 施光明，〈《魏書》所見北魏公主婚姻關係研究〉，《民族研究》1989 年第 5 期，頁 111。

　　雖然上述討論北魏聯姻漢人士族至後期才相對地明顯突出，可是，考察在實際過程中產生的實質意義更為重要。且，就大環境形勢來看，胡、漢聯姻之所以穩定增加的最基本原因，蓋是漢人士族具有胡族統治階層所沒有的種種社會資源與能量，而胡族統治階層希望加以吸收、結合。以下試從過程中探求其意義。

　　胡漢聯姻正式搬上政治檯面進行是在高祖太和十五年（491 年）：

　　　　於時，王國舍人應取八族及清修之門，（咸陽王）禧取任城王隸戶為之，深為高祖所責。詔曰：「……婚者，合二姓之好，結他族之親，上以事宗廟，下以繼後世，必敬慎重正而後親之。夫婦既親，然後父子君臣、禮義忠孝，於斯備矣。太祖……以後，其風漸缺，皆人乏窈窕，族非百兩，擬匹卑濫，舅氏輕微，違典滯俗，深用為歎。以皇子茂年，宜簡令正，前者所納，可為妾媵。將以此年為六弟聘室。長弟咸陽王禧可聘故潁川太守隴西李輔女，次弟河南王幹可聘故中散代郡穆明樂女，次弟廣陵王羽可聘驃騎諮議參軍滎陽鄭平城女，次弟潁川王雍可聘故中書博士范陽盧神寶女，次弟始平王勰可聘廷尉卿隴西李沖女，季弟北海王詳可聘吏部郎中滎陽鄭懿女。」〔註16〕

從「王國舍人應取八族及清修之門」的「應取」一辭來看，應該在皇室範圍內已有規定婚娶的對象範圍，即代人勳貴群的「八族」與漢人士族「清修之門」。就高祖詔文所論，意在追求漢人禮教的理想，即以漢文化衡量、評判其族人之婚姻狀況。尤其指出「人乏窈窕，族非百兩，擬匹卑濫，舅氏輕微」，就是婚娶對象的地位與宗室不對等。或許，胡族傳統婚姻並未有強烈的門第等級、貴賤區分的觀念。因此，高祖以皇帝身分直接指定聯姻對象，又傾向依循漢文化禮法，對胡、漢社會而言，其實即為重大之改創，意義非凡。從士族所佔比例之高來看，正彰顯高祖之傾向依循漢文化禮法，而這些漢人士族家庭的禮法基礎深厚。

　　「為六弟聘室」實為北魏聯姻的重大里程碑。更進一步地，回顧政策面演變過程以深入瞭解問題。早在世祖時首先提出管理婚姻的奢靡過度，〔註17〕

〔註16〕《魏書》卷 21 上，〈獻文六王列傳〉，頁 534～5。
〔註17〕《魏書》卷 4 下，〈世祖紀〉，頁 103 載：「（太平真君九年 448 年）冬十月……癸卯，以婚姻奢靡，喪葬過度，詔有司更為科限。」

至高宗之時高允專論頗深：

> 允以高宗纂承平之業，而風俗仍舊，婚娶喪葬，不依古式，允乃諫曰：前朝之世，屢發明詔，禁諸婚娶不得作樂，及葬送之日歌謠、鼓舞、殺牲、燒葬，一切禁斷。雖詔旨久頒，而俗不革變。……今諸王納室，皆樂部給伎以爲嬉戲。……今諸王十五，便賜妻別居。然所配者，或長少差舛，或罪入掖庭，而作合宗王，妃嬪藩懿。失禮之甚，無復此過。……今皇子娶妻，多出宮掖。〔註18〕

高允所諫除了舊俗的奢靡、作樂嬉戲以外，更重要者在於批評諸王「賜妻」與皇子娶「宮掖」對象的嚴重不當，視其爲「失禮之甚，無復此過」。應該是受高允所諫的影響，故高宗隨後在和平四年（463 年）二天連下二條詔令，都主要是針對高允所諫婚娶對象不當這點而發：

> 十有二月辛丑，詔曰：「名位不同，禮亦異數，所以殊等級，示軌儀。今喪葬嫁娶，大禮未備，貴勢豪富，越度奢靡，非所謂式昭典憲者也。有司可爲之條格，使貴賤有章，上下咸序，著之于令。」
> 壬寅，詔曰：「夫婚姻……尊卑高下，宜令區別。然中代以來，貴族之門多不率法，或貪利財賄，或因緣私好，在於苟合，無所選擇，令貴賤不分，巨細同貫，塵穢清化，虧損人倫，將何以宣示典謨，垂之來裔。今制皇族、師傅、王公侯伯及士民之家，不得與百工、伎巧、卑姓爲婚，犯者加罪。」〔註19〕

「貴賤有章，上下咸序」與「尊卑高下，宜令區別」旨意類同，成爲北魏宗室婚姻的指導原則。這應是借自漢人門第社會而來的精神，不僅企圖落實北魏宗室之婚娶，且還要推廣至「皇族、師傅、王公侯伯」等群體。因此，這是一深具意義的新婚姻政策。在區別貴賤的社會框架原則下，那麼，貴不能與賤而只能與貴婚姻，貴的「皇族、師傅、王公侯伯」等便必須互爲婚姻。除了胡族勳貴之間婚姻以外，自然會導向胡族勳貴與漢人門第產生越來越多聯姻的趨勢。若由此而論高允的諫議，其所推動的發展趨勢，意義甚爲重大。

再觀察高祖時期的發展：

> （太和二年 478 年）五月，詔曰：「……迺者，民漸奢尚，婚葬越軌，至貧富相高，貴賤無別。又皇族貴戚及士民之家，不惟氏

〔註18〕《魏書》卷48，〈高允傳〉，頁 1073～4。
〔註19〕《魏書》卷5，〈高宗紀〉，頁 122。

族，下與非類婚偶。先帝親發明詔，爲之科禁，而百姓習常，仍不
肅改。朕今憲章舊典，祇案先制，著之律令，永爲定準。犯者以違
制論。」〔註20〕

從和平四年（463 年）到太和二年（478 年），十五年的時間對於風俗的修改顯
然是不夠久的。對於婚俗依舊「貴賤無別」，試作推測性解釋。第一，本來婚娶
行爲的產生，據《三國志·烏丸鮮卑東夷傳》所載是「嫁娶皆先私通」〔註21〕，
部落首領應是不加以干預。而今，北魏拓跋政權已逐漸走入漢族式的國家社會
體制，皇帝亦認同於漢族式貴賤尊卑的理念，所以，一再透過行政力量企圖迫
其改變，但無動於部落傳統力量之堅固。第二，代北胡族應該是瞭解新局勢的
來臨，他們之所以一再「下與非類婚偶」，恐有原因存在。因爲，若選擇皇帝所
劃定範圍的對象，胡族貴族的數量畢竟仍是比例中的少數，可選擇的機會不多。
因此，勢必有許多胡族貴族被迫必須與漢人貴族婚姻。如此的推論，也符合上
述對高宗時期政策的解釋。因此，可能胡族貴族仍然相當排斥漢人門第及其社
會規範，寧願選擇與「非類婚偶」。但，由此政策已顯現高祖堅定的改革意志，
欲「著之律令，永爲定準」。後來，又禁絕「同姓之娶」，〔註22〕自然又縮小胡
族統治階層與部落群的聯姻範圍，顯有促逼走向與漢人士族聯姻之作用。

　　因此，政策面的演變過程中，有高允的推動也有政府政策的限制，加上高
祖堅強的改革意志，遂在太和十五年才會有上述大張旗鼓爲六弟聘室的新做
法。高祖透過皇室諸子聯姻的示範，意圖確立出以追求禮法、區別貴賤爲目的
的胡漢聯姻模式。〔註23〕此事被提升至政策的層面，實爲高祖所推動改革之一
環。此事是歷經世祖、高宗、顯祖與高祖共數十年的改革，在遷都洛陽之前已
經逐步推出完成。因此，高祖太和十五年以後陸續出現皇室諸王與漢人士族的
聯姻現象，就是在上述聯姻政策趨向下出現，其目的以區別貴賤爲主。

　　以下再以高祖太和十五年正式改革婚俗爲概略界線，討論前後時期與士

〔註20〕《魏書》卷 7 上，〈高祖紀〉，頁 145。
〔註21〕《三國志》卷 30，〈烏丸鮮卑東夷傳〉，頁 832 注引王沈《魏書》。
〔註22〕《魏書》卷 7 上，〈高祖紀〉，頁 153 載：「（太和七年 483 年）淳風行於上古，
　　　　禮化用乎近葉。夏殷不嫌一族之婚，周世始絕同姓之娶。斯皆教隨時設，治
　　　　因事改者也。皇運初基，中原未混，撥亂經綸，日不暇給，古風遺樸，未遑
　　　　釐改，後遂因循，迄茲莫變。……自今悉禁絕之，有犯以不道論。」
〔註23〕本文從政策演變過程討論北魏政權的婚姻政策，陳爽〈"四姓"辨疑—北朝
　　　　門閥體制的確立及其歷史意義〉（《國學研究》第四卷 1997 年）從辨析四姓說
　　　　角度入手，所見也能映證於高祖推行的重門第政策。

族聯姻的具體發展情況：

（一）太和十五年以前

太和十五年以前胡漢聯姻的紀錄甚少，如代人勳貴陸氏與漢人士族的聯姻：

> （陸）麗二妻，長曰杜氏，次張氏。長子定國，杜氏所生；次
> 叡，張氏所生。……初，定國娶河東柳氏，生子安保，後納范陽盧
> 度世女，生昕之。二室俱為舊族而嫡妾不分。定國亡後，兩子爭襲
> 父爵。僕射李沖有寵於時，與度世子淵婚親相好。沖遂左右申助，
> 昕之由是承爵尚主，職位赫奕。安保沉廢貧賤，不免飢寒。〔註24〕

陸麗的父兄連續兩代掌管選部，可能因此甚早與漢人官僚多所接觸。而且，陸麗擔任太子太傅時，「好學愛士，常以講習為業。其所待者，皆篤行之流，士多稱之」。因此，陸麗很可能甚早即與漢人士族往來甚密，故有可能與漢族聯姻。陸麗約在高宗崩逝（和平六年465年）不久隨即為乙渾所害，所以，他與杜氏、張氏的聯姻時間約在太宗至世祖時期。杜氏無從判斷，雖然張氏「本恭宗宮人，以賜麗」，仍難以判定是否為漢人門第。但，比較於後來陸定國聯姻的河東柳氏與范陽盧氏此等顯赫名族來看，可能杜氏與張氏只是名望不顯赫的漢族而已。因此，代人勳貴陸氏應是相當早即與漢人開始聯姻。再看第二代陸定國的聯姻情況，他於太和八年（484年）卒，所以合理的聯姻時間應該是高宗至顯祖時期，也是早於高祖時期甚早。陸定國所聯姻的河東柳氏與范陽盧氏確為名門，符合高宗和平四年（463年）所下詔令，「貴賤有章，上下咸序」的原則。

於漢人社會常理而言，「二室」即為以正式婚禮所娶的妻，又河東柳氏與范陽盧氏「俱為舊族」社會地位相當而導致「嫡妾不分」。由此透露出，漢人士族門第之力量在政治場合中的競爭角逐。「兩子爭襲父爵」之發生，可能陸定國在過逝前未指定繼承爵位的世子而有以致之。無論如何，代人勳貴已與漢人一等門第展開聯姻，意義不小。

陸麗另一子陸叡也與漢人名族博陵崔氏聯姻：

> （陸）麗之亡也（465年），叡始十餘歲……沉雅好學，折節下
> 士。年未二十，時人便以宰府許之。娶東徐州刺史博陵崔鑒女，鑒
> 謂所親云：「平原王才度不惡，但恨其姓名殊為重複。」時高祖未改
> 其姓。〔註25〕

〔註24〕《魏書》卷40，〈陸俟傳〉，頁908～9。
〔註25〕《魏書》卷40，〈陸俟傳〉，頁911。

由此推論，陸叡與博陵崔鑒女的聯姻時間應在顯祖時期至高祖初期，也是
早於高祖推動胡漢聯姻措施之前。同樣的，陸氏是代人中的一等勳貴，博
陵崔氏是漢人中的名族，彼此地位相當而願意互爲姻家。〔註 26〕陸叡與兄
陸定國之所以如此早期聯姻於漢人門第，關鍵應在於漢人門第的龐大社會
資源與崇高社會地位。相對地，漢人崔鑒是願意與代人勳貴聯姻的，由此
家族得到北魏的政治性資源。崔鑒雖有「恨其姓名殊爲重複」之遺憾，但
不致於排斥、貶低胡人而不欲聯姻，僅因原來的胡人姓名確實標誌著陸叡
的胡人身分，在漢人社會不易得到認同，但是，在崔鑒與陸叡的聯姻過程
裡，已經可以跨越民族的藩離了。而且，在這個胡漢接觸的問題點上，可
能反映出漢人社會已有胡人改姓名的呼聲，由此，便凸顯高祖改胡人姓氏
爲漢姓的重大意義了。

此外，於北魏最有競爭實力的始終是南方政權，因此，對於傳統社會地
位崇高的南方大族，一向是北方各界積極爭取的聯姻對象，中央皇室亦參與
競逐：

> （司馬文思子彌陀）以選尚臨涇公主，而辭以先取毗陵公竇瑾
> 女。〔註 27〕

司馬彌陀是晉皇室之後的名門，對南方具有政治號召力，所以，北魏理當積
極爭取此一門聯姻。頓丘竇瑾卻想藉著與河內司馬氏的關係來拓展自身門戶
的社交網絡與提高地位，此舉無異是與北魏爭奪婚姻資源，遂招來殺身之禍：

> （高宗）興光初（454 年），瑾女婿鬱林公司馬彌陀以選尚臨涇
> 公主，瑾教彌陀辭託，有誹謗呪詛之言，與彌陀同誅。〔註 28〕

主要原因恐在於竇瑾冒犯北魏王室的政治威權，阻斷北魏所主導政治力與社
會力之交流、融和。由此顯見北魏對南方大族之重視。南方大族司馬楚之又
是一例：

> （司馬）楚之後尚諸王女河內公主，生子金龍……金龍初納太
> 尉、隴西王源賀女，生子延宗，次纂，次悅。後娶沮渠氏，生徽亮，

〔註 26〕宮崎市定著，韓昇、劉建英譯，《九品官人法研究—科舉前史》（北京：中華
　　　書局，2008 年 3 月第 1 版），頁 239～40 從漢族門戶對等的婚姻原則解讀此事，
　　　婚姻成爲確定門第的重要標準，所以，「陸氏得以同漢族名門通婚，表明他已
　　　經被漢人貴族社會所接納，獲得很高的地位」。
〔註 27〕《魏書》卷 37，〈司馬休之傳〉，頁 854。
〔註 28〕《魏書》卷 46，〈竇瑾傳〉，頁 1036。

即河西王沮渠牧犍女，世祖妹武威公主所生也。〔註29〕

北魏皇室、代北勳貴與漢人大族交錯的聯姻，欲使彼此深相結合。北魏皇室與司馬氏的聯姻，還有司馬金龍弟躍尚趙郡公主，司馬悅子胐亦尚世宗妹華陽公主等。總計司馬楚之這一房支，在四代之中有三代與皇室之間以尚公主的方式維持著相當親近的關係。顯然地，北魏極力於拉攏南方大族司馬氏。〔註30〕

康樂對此從拓跋王朝的權力結構予以解釋，司馬氏作為歸附的「客」，「當時拓跋人剛從『部落』轉向一個『國家』，君權正處於發展階段，因此，君主常有意地將一些重要的職務委託給『客』，以牽制原有部落貴族的力量。……東晉為劉裕所亡後，出身晉王室的司馬楚之對北魏而言，當然具有相當的利用價值，他之得以封王、尚公主實不足為奇。但是，只有在我們瞭解『客』的身分在當時拓跋權力格局中所具有的微妙的平衡作用，我們才能了然他們父子何以能受到如此寵遇的緣由」。〔註31〕若由此權力平衡的格局來看，無可否認地，拓跋政權彰顯出優異的操控能力。他們並不因代人集團作為政權基礎而一味偏袒，反而吸收外在的社會力量來平衡權力格局，突顯出相當彈性的包容力。北魏政權能達成權力架構穩定平衡，就是善於利用聯姻機制，故皇室聯姻自然總是充滿政治味。

在高祖改革前胡漢聯姻事例雖少，且有試探性聯姻與平衡權力之用意。但，由上述討論中所見的政治與社會意義不可低估，應能擴散產生相當的效應。

（二）太和十五年以後

陳寅恪指出北魏朝的婚宦制度在高祖時期產生改變，時間點應在高祖太和十五年推動改革的前後，「選舉與婚姻由既問姓族，又問人倫（既問家世，又問個人）轉到只問姓族，不問個人，是觀念與制度上的一個很大的

〔註29〕《魏書》卷37，〈司馬楚之傳〉，頁857。

〔註30〕若再從官職任命的角度評估北魏與司馬氏之聯姻關係，尚有可說者。首先，司馬楚之歸附後，拜侍中、鎮西大將軍、雲中鎮大將、朔州刺史長達二十餘年。後來，司馬金龍襲爵，也是拜侍中、鎮西大將軍、雲中鎮大將、朔州刺史。而且，司馬金龍的弟弟躍又「代兄為雲中鎮將、朔州刺史」。司馬氏父子擔任此要職長達五十年，這是北魏歷史上少見的，非常值得關注。因為，眾所周知北魏立基於平城，藉著北邊鎮戍控制四方交通，所以這些邊鎮對北魏政權至為重要，往往非跋拓王室或者勳臣八姓才會被派任駐守。然而，司馬楚之卻以一個南方歸附的孤臣得以駐守核心重鎮的雲中鎮，且父子相承達五十年。由此來看，其受拓跋政權寵信的程度不低於跋拓王室與勳臣八姓。

〔註31〕康樂，〈司馬金龍墓〉，《從西郊到南郊》，頁293。

變化」。〔註 32〕進而解釋高祖考慮的原因在於，「正是從鮮卑貴族尚無文化的實際情況出發的，目的在使鮮卑貴族的政治社會地位，能與北方漢人崔、盧、李、鄭等大姓，迅速一致起來」。對於上述的觀察結果，本文嘗試加以論證。

　　首先，從高祖本身看起。他與士族聯姻雖僅止於夫人或是嬪，但聯姻對象都是名族：隴西李氏、〔註 33〕京兆韋氏、〔註 34〕滎陽鄭氏（二次）、〔註 35〕清河崔氏、〔註 36〕博陵崔氏、〔註 37〕范陽盧氏、〔註 38〕太原王氏等。〔註 39〕即使他為太子恂所納僅是孺子，也都是傳統名族彭城劉氏與滎陽鄭氏。〔註 40〕因此，聯姻的士族都是漢人門第大家，顯然高祖之意確實著重於「姓族」的條件。

　　其次，太和十五年他為六弟聘室之舉，即使所聘並非成為正室，仍可看出打破拓跋宗室與中原大族原來各自的婚姻圈，企圖使胡、漢社會銜接、連結起來。此一突破於胡、漢雙方都有重大意義可言，如毛漢光師所言：「宗室與大士族著房之聯姻，不僅僅是兩者之間的婚姻關係，同時也意味著政治與社會最高階層之結合。從宗室立場而言，與大士族著房聯姻將可獲得社會領袖對政權之支持；從大士族著房而言，與宗室聯姻將可因此分享部分政權，或更穩固地保持其官僚體系中的地位。」〔註 41〕高祖以政權中央的主導角色，透過聯姻機制，使北魏主要的政治力（胡族）與社會力（漢族）所進行的是多層面關係的整合。若擴大時間與民族的視野來看此事，可使複雜多民族的北魏政治社會體逐步得到整合、融合，由此趨向減少差異而增加凝聚認同。因此，為六弟聘室之舉仍是著重「姓族」的條件。而且，在「姓族」條件背

〔註 32〕萬繩楠整理，《陳寅恪魏晉南北朝史講演錄》（合肥：黃山書社，1987 年 4 月第 1 版），頁 265。

〔註 33〕《魏書》卷 53，〈李沖傳〉，頁 1181。

〔註 34〕《魏書》卷 45，〈韋閬傳〉，頁 1012。

〔註 35〕《魏書》卷 56，〈鄭羲傳〉，頁 1239、1243，頁 1239 載文明太后在太和十四年死前即為高祖納鄭羲女為嬪，此例是高祖依周禮置夫、嬪實施之前。

〔註 36〕《魏書》卷 69，〈崔休傳〉，頁 1525。

〔註 37〕《魏書》卷 57，〈崔挺傳〉，頁 1264。

〔註 38〕《魏書》卷 47，〈盧玄傳〉，頁 1053。

〔註 39〕《魏書》卷 38，〈王慧龍傳〉，頁 878。

〔註 40〕《魏書》卷 55，〈劉芳傳〉，頁 1226～7。

〔註 41〕毛漢光師，〈中古大族著房婚姻之研究〉，《史語所集刊》第 54 本第 3 分（1983年），頁 626。

後不僅是階級、地位而已，更重要者是具有驅動胡、漢兩大社會結合之意義。

第一部分結論曾論及「後期隨著國勢之深入中原社會，轉以漢人士族為主要聯姻對象以擴大社會基礎」。此一絕大轉變，除了整體國勢重心的轉變以外，恐還有政治、社會、經濟、文化等多層面的因素有待討論而闡發之。今先以名門著姓為討論對象。

前說高祖自身所娶以及為太子所娶隴西李氏、京兆韋氏、滎陽鄭氏、清河崔氏、博陵崔氏、范陽盧氏、太原王氏與彭城劉氏等，這些門第是當時北魏中央認為具聲望、地位與社會基礎的漢人大族。北魏皇室所以與門第聯姻，就是為銜接、吸收其所擁有的社會能量與地位：〔註42〕

> 魏主雅重門族，以范陽盧敏、清河崔宗伯、滎陽鄭羲、太原王瓊四姓，衣冠所推，咸納其女以充後宮。隴西李沖以才識見任，當朝貴重，所結姻連，莫非清望；帝亦以其女為夫人。〔註43〕

他們為「衣冠所推」或是隴西李氏聯姻「莫非清望」，正凸顯他們門第崇高的社會地位與價值。因此，北魏政權以政治資源掌控者身分與漢人社會門第的聯姻，最重要的是政治力與社會力整體大規模交換、交流，彼此皆能有所獲益。若從聯姻次數的角度來看，這些門第與皇室的持續聯姻，形成為一固定成員的婚姻圈，彰顯出政權與名門著姓間的緊密關係。〔註44〕

試從門第的角度看此事。隴西李氏原非中原社會領袖，之所以能後來崛起而超越中原舊門第與北魏政權關係最緊密且聯姻最多，關鍵之處唐長孺已經言明，「決定隴西李氏為第一流高門的主要因素是當代官爵。特別是由於李沖的寵遇」。〔註45〕此即〈李寶傳〉所言：「李氏自初入魏，人位兼舉，因沖寵遇，遂為當世盛門。」〔註46〕因此，李沖得以屢居權任參與諸項大政而使

〔註42〕陳爽，〈"四姓"辨疑—北朝門閥體制的確立及其歷史意義〉，《國學研究》第四卷（1997年），便以北魏政權聯姻士族的角度，論證從「四姓」到「五姓」的發展形成。

〔註43〕《通鑑》卷140，〈齊記六〉，明帝建武三年（496年）正月條，頁4393。

〔註44〕毛漢光師，〈中古大族著房婚姻之研究〉，《史語所集刊》第54本第3分（1983年），頁645。據此文研究，五姓著房（崔、盧、李、鄭、王）與北魏宗室的婚姻關係，從史傳與墓誌中搜集高祖時期以後的聯姻紀錄，共得五十三例。隴西李氏十五例，范陽盧氏十一例，滎陽鄭氏十例，清河崔氏七例，趙郡李氏五例，博陵崔氏二例，太原王氏二例，不確定者一例。

〔註45〕唐長孺，〈論北魏孝文帝定姓族〉，收入氏著，《魏晉南北朝史論拾遺》（北京：中華書局，1983年5月第1版），頁86。

〔註46〕《魏書》卷39，〈李寶傳〉，頁898。

隴西李氏成為政治新貴。隴西李氏與北魏宗室如同政治共同體利害與共，表現在聯姻上便是交互重疊深相結合的關係。〔註47〕不僅如此，如上述《通鑑》所言李沖以「當朝貴重」的身分，「所結姻連，莫非清望」，聯姻的大門第以〈魏故使持節假黃鉞侍中太師領司徒都督中外諸軍事彭城武宣王妃李氏（媛華）墓誌銘〉〔註48〕所載李沖六女的聯姻對象有：滎陽鄭氏、清河崔氏、范陽盧氏、宗室元氏等。綜合來看，隴西李氏充分運用聯姻創造血緣的緊密結合，不僅與北魏宗室也與士族大門第成為利益與生命的共同體。對北魏政權而言，透過隴西李氏而又姻結更多大門第。

　　前論范陽盧氏在太和十五年以前已經與代北勳貴聯姻，陸定國納范陽盧度世女，反映了盧氏較其他門第先行經營政治關係。此外，尚有一事被忽略但可凸顯盧氏重要的社會地位。在與陸定國聯姻之前，尚因姻家崔浩事件而被迫逃亡南方，但是，世祖態度轉變極快而史料並未載明，僅載「世祖詔東宮赦度世宗族逃亡及籍沒者。度世乃出」。而且，隨後「赴京，拜中書侍郎，襲爵」。此一由罪臣反轉為官僚的過程，必定有相當的原因存在其間而未言明，或許包括世祖與太子對此事的態度不同等，但可確定盧氏深厚的社會地位與勢力。故，由此過程來看後來陸定國納范陽盧度世女，可謂北魏主動重新修好於范陽盧氏。而且，盧度世雖然仕途並不順遂，但都能平安度過，或與其家世背景應有相當的關係。〔註49〕

　　後來，盧氏能持續與北魏維持緊密的婚姻關係，關鍵在與僕射李沖的聯姻：

　　　　（盧）淵與僕射李沖特相友善。沖重淵門風，而淵祗沖才官，故
　　結為婚姻，〔註50〕往來親密。至於淵荷高祖意遇，頗亦由沖。〔註51〕

〔註47〕 如李沖三女分別嫁與高祖、彭城王勰與宗室元季海，長子延寔女聯姻城陽
　　　　王徽，彭城王勰長子又聯姻李沖孫女，彭城王勰女豐亭公主聯姻李沖孫李
　　　　彧等。

〔註48〕 趙超，《漢魏南北朝墓誌彙編》（天津：天津古籍出版社，1992年6月第1版），
　　　　頁148。

〔註49〕 盧度世復出後，出使南方應對失當而禁劾經年乃釋，再出任齊州刺史又坐事
　　　　囚繫，久之，還鄉里。尋又再徵赴京，除平東將軍、青州刺史，未拜即卒。

〔註50〕 此李盧聯姻應是指盧淵子盧道裕娶李沖女李令妃，見於《漢魏南北朝墓誌彙
　　　　編》，頁148〈魏故使持節假黃鉞侍中太師領司徒都督中外諸軍事彭城武宣王
　　　　妃李氏（媛華）墓誌銘〉：「……亡父諱沖，……姐令妃，適故使持節撫軍青
　　　　州刺史文子范陽盧道裕。」

李沖得到文明太后與高祖的寵用，且他敢於「顯貴門族，務益六姻」，故在他的援助下使昕之承爵尚主以外，其他高祖納盧敏女爲嬪、盧神寶女爲高陽王妃以及「一門三主，當世以爲榮」的情況，〔註52〕可能都是李沖之援助而成。尤其，二位皇帝的三位公主都嫁給同一家門，這種情形在漢人士族中極爲罕見，這對范陽盧氏名望的提升必定有相當影響力。此外，還與皇室與宗室共有十起聯姻，高居門第之首位，故聯姻關係對促成范陽盧氏成爲冠冕之首應具有重要的作用。〔註53〕

　　滎陽鄭氏自東漢即以經學成爲名家，至魏晉時期確立爲門閥世族的地位，即使歷經朝代的改變，在河南地區應累積了相當的聲望與勢力。但是，在北魏前期鄭氏卻仕宦不顯，〔註54〕甚至世祖於431年徵天下名士盧玄等人時，其中並無包括滎陽鄭氏，顯與其社會地位不符。這種現象的形成，可能與北魏國策、滎陽的地域因素以及鄭氏的政治態度有關。〔註55〕鄭氏關鍵的轉變又與李沖有關，「及李沖貴寵，與羲姻好，乃就家徵爲中書令」。〔註56〕而李沖與滎陽鄭氏產生密切聯繫，可能源自隨長兄李承出任滎陽太守。〔註57〕因此，在李沖的援助以及隨高祖朝國勢往南的發展情勢下，代表河南地方勢力的滎陽鄭氏遂開始受到北魏政權的重視。滎陽鄭氏政治社會地位的上升，

〔註51〕《魏書》卷47，〈盧玄傳〉，頁1050。

〔註52〕《魏書》卷47，〈盧玄傳〉，頁1062。都是盧度世的孫子，包括盧道裕尚顯祖女樂浪長公主，盧道虔尚高祖女濟南長公主，盧元聿尚高祖女義陽長公主。

〔註53〕高詩敏，〈北朝范陽盧氏形成冠冕之首的諸因素〉，《首都師範大學學報（社會科學版）》1997年第2期。

〔註54〕《魏書》卷56，〈鄭羲傳〉，頁1237～8所載鄭羲父鄭曄不仕，鄭羲於高宗時拜中書博士，於顯祖時任幕僚參軍事，僅高祖初年「以羲河南民望，爲州郡所信，遣羲乘傳慰諭」。後來，任中山王叡師傅，「歷年不轉，資產亦乏，因請假歸，遂盤桓不返」。

〔註55〕陳爽，《世家大族與北朝政治》（北京：中國社會科學出版社，1998年12月第1版），頁140～1載：「北魏前期，武力征討的重點主要集中在西部與北部，南部邊境主要維持在河洛一線，守軍多爲北逃降將，滎陽鄭氏與後燕政權淵源較深，又遠離北魏統治中心代郡，與鮮卑權貴以及其他河北大族有著先天的隔膜，……種種跡象表明，在北魏前期的相當一段時期內，滎陽鄭氏基本上游離於北魏上層統治集團之外，整個家族保持著可南可北的態勢。」

〔註56〕《魏書》卷56，〈鄭羲傳〉，頁1238。

〔註57〕《魏書》卷53，〈李沖傳〉，頁1179載：「沖沉雅有大量，隨兄至官。是時牧守子弟多侵亂民庶，輕有乞奪，沖與承長子韶獨清簡皎然，無所求取，時人美焉。」

遂完全表露於與王室、宗室的頻繁聯姻。包括：高祖納鄭羲、鄭胤伯女爲嬪，北海王詳納鄭懿女爲妃，廣陵王羽納鄭平城女爲妃，廢太子恂納鄭懿女爲孺子，鄭幼儒娶高陽王雍女，鄭伯猷娶安豐王延明女等。

　　除了北方士族以外，北魏政權對南來大族也特別重視聯姻，與統一全境的基本國策密切相關。自高宗時代開始積極地將皇室公主賜與南來大族以維繫親近的關係，上述司馬彌陀、司馬楚之事例即是。太和十五年以後仍舊積極整合、吸收南方的勢力，直至魏末持續聯姻於南方大族之劉昶、蕭寶夤與王肅等。劉昶是劉義隆的第九子，所以北魏政權極爲禮遇之，連續賜與三位公主：

> 朝廷嘉重之，尚武邑公主，拜侍中、征南將軍、駙馬都尉，封丹陽王。歲餘而公主薨，更尚建興長公主。……公主復薨，更尚平陽長公主。〔註58〕

透過賜公主所維繫的關係，北魏政權將其延續至第二代。劉昶的適子承緒，是公主所生，「尚高祖妹彭城長公主」，又次子輝，「正始初，尚蘭陵長公主，世宗第二姊也。」〔註59〕

　　還有世宗時期才南來的蕭寶夤，他是蕭鸞的第六子，蕭寶卷的母弟。他的身分本是充滿著敵對背景的，但北魏政權也極力拉攏之，不僅賜與南陽長公主，又使其長子烈「尚肅宗妹建德公主」。即使後來蕭寶夤反叛於北魏時，其兄蕭贊亦得以尚孝莊帝姊壽陽長公主。另有王導後代的王肅，他深得高祖的信任與重用。在劉昶子劉承緒死後，彭城長公主改名賜與王肅，「詔肅尚陳留長公主，本劉昶子婦彭城公主也。」〔註60〕除此之外，「世宗納其女爲夫人，肅宗又納（王肅子）紹女爲嬪」。〔註61〕

三、士族之間的聯姻

　　至於漢人士族之間的聯姻，首先必須瞭解意義。在北魏之前，北方也大抵是「士庶天隔」的門閥社會，婚姻往往是保持士庶間區隔的最好方法之一。尤其北方經歷過諸多胡族政權的侵襲之後，社會結構不免產生鬆動，分化社會的門閥制度也遭受打擊，所以，士族們不得不以婚姻關係來維持門閥制度的存在，同時也藉此來鞏固彼此的團結。也可以說，士族透過聯姻的關係彼

〔註58〕《魏書》卷59，〈劉昶傳〉，頁1307～8。
〔註59〕《魏書》卷59，〈劉昶傳〉，頁1311。
〔註60〕《魏書》卷63，〈王肅傳〉，頁1410。
〔註61〕《魏書》卷63，〈王肅傳〉，頁1412。

此交換、累積各在政治與社會層面的資源與勢力。

　　首先，就北魏整體狀況概略觀察，在高祖以前的婚姻狀況來看，呈現出清河崔氏、趙郡李氏與范陽盧氏三者成為大士族婚姻圈的主要核心。〔註62〕之所以形成如此突出的現象，蓋應北魏前期崔玄伯、崔浩父子相繼居高官受重用，推薦起用過許多中原士人，政治地位最高，儼然是中原士大夫的領袖。所以，清河崔氏自然成為大士族的婚姻中心。清河崔氏與范陽盧氏及趙郡李氏聯姻，應該是彼此的社會地位相當，在政治地位上也相差無幾。所以，三大士族彼此聯姻的次數較多，成為前期婚姻圈的核心。

　　其次，在高祖以後的婚姻狀況來看，隴西李氏取代清河崔氏成為婚姻圈的新中心。如此變化的關鍵在世祖年間發生的二事：一是太平真君三年（442年）「李暠孫寶據敦煌，遣使內附」。一是太平真君十一年（450年）「誅司徒崔浩」。先說崔浩之事。自清河崔氏崔浩被誅殺以後，使崔氏主支蒙受重大打擊，范陽盧氏亦因與崔浩姻親而被波及。李寶原是西陲一個具有獨立性的勢力，自從歸附北魏以後，使北魏在西方政治、軍事與疆域諸方面獲益良多。所以，隴西李氏不似其他中原領袖的社會性質，而是帶有濃厚的政治性質，可評為政治型的大士族。文明太后及高祖皆極為器重李沖，因政治目的而特別捧隴西李氏。而隴西李氏也刻意與中原大士族頻繁聯姻，遂形成隴西李氏取代清河崔氏，與范陽盧氏、趙郡李氏成為這時期的婚姻中心。

　　若以聯姻次數來做初步觀察，僅是以量來表示其發展概略趨勢。接著，從個案實例來探索其意義。前說北方原是區分等級的門閥社會，此一結構也反映於婚姻中：

　　　　（盧）崇兄弟官雖不達，至於婚姻，常與玄家齊等。〔註63〕

即使盧崇兄弟沒有顯赫的官職，但因范陽盧氏郡望已經具有崇高的社會地位，所以，仍能聯姻到的門戶「齊等」於盧玄家聯姻的大士族。此「齊等」即是指聯姻門戶的等級相當，但其內涵不僅僅是社會地位而已，應該是總體條件的總和評估的結果。如趙郡李氏與傳統名門滎陽鄭氏聯姻亦是如此：

　　　　鄭羲，字幼驎，滎陽開封人，魏將作大匠渾之八世孫也。曾祖豁，慕容垂太常卿。父曄，不仕，娶于長樂潘氏，生六子，粗有志氣，而羲第六，文學為優。弱冠舉秀才，尚書李孝伯以女妻之。〔註64〕

〔註62〕 毛漢光師，〈中古大族著房婚姻之研究〉，《史語所集刊》第54本第3分（1983年）。
〔註63〕 《魏書》卷47，〈盧玄傳〉，頁1062。
〔註64〕 《魏書》卷56，〈鄭羲〉，頁1237。

兩家聯姻之時皆非擔任顯職高官，甚至鄭羲才剛舉秀才而已。由此可見，士族之間聯姻之出現，非全以當朝官職高低爲判斷標準，而是以受到評價的等級爲抉擇的依據，即趙郡李氏與滎陽鄭氏被認可爲同等級地位的門戶。因此，士族彼此之間聯姻的發生，最主要的意義在於總體條件的交換、擴張等。因此，各家族自會追求最佳利益、地位與條件而進行聯姻，也會評估整體最佳條件而抉擇聯姻對象：

> （高）允將婚于邢氏，（游）雅勸允娶于其族，允不從。雅曰：
> 「人貴河間邢，不勝廣平游。人自棄伯度，我自敬黃頭。」貴己賤
> 人，皆此類也。〔註65〕

> （李）神儁喪二妻，又欲娶鄭嚴祖妹，神儁之從甥也。盧元明
> 亦將爲婚，遂至紛競，二家鬩於嚴祖之門。鄭卒歸元明，神儁惆悵
> 不已，時人謂神儁鳳德之衰。〔註66〕

此時紛紜的聯姻現象背後，莫不是孜孜於政治社會總體資源的競奪，遂衍生出諸多糾紛。所以，被視爲較具地位、價值之家族，便成爲被追逐聯姻的對象，如清河崔氏：

> 郭祚，字季祐，太原晉陽人，魏車騎郭淮弟亮後也。祖逸，州
> 別駕，前後以二女妻司徒崔浩，一女妻浩弟上黨太守恬。〔註67〕

郭逸積極地連續將三個女兒嫁給崔浩與崔恬，應是崔浩正位居權任且清河崔氏條件、聲望極佳。又如公孫氏積極於聯姻勃海封氏，經二代努力而成功：

> 公孫表，字玄元，燕郡廣陽人也。……初，表與勃海封愷友善，
> 後爲子求愷從女，愷不許，表甚銜之。……（公孫表子）軌終得娶
> 于封氏，生（叡）……叡妻，崔浩弟女也。〔註68〕

但是，勃海封氏則是屬意於門第較佳的清河崔氏與范陽盧氏：

> 中書侍郎清河崔覽妻封氏，勃海人，散騎常侍愷女也。〔註69〕

> （封）懿從兄子愷，字思悌，弈之孫也。父勸，慕容垂侍中、太
> 常卿。愷，給事黃門侍郎、散騎常侍。……愷妻，盧玄姊也。〔註70〕

〔註65〕《魏書》卷54，〈游雅傳〉，頁1195。
〔註66〕《魏書》卷39，〈李寶傳〉，頁897。
〔註67〕《魏書》卷64，〈郭祚傳〉，頁1421。
〔註68〕《魏書》卷33，〈公孫表傳〉，頁782～5。
〔註69〕《魏書》卷92，〈列女傳·崔覽妻封氏傳〉，頁1978。
〔註70〕《魏書》卷32，〈封懿傳〉，頁763。

然而，士族之間競逐於聯姻的背後，確實所得的資源會影響其家族之發展。
如上述公孫氏積極聯姻勃海封氏即爲一典型例子：

> 遷、叡爲從父兄弟，而叡才器小優，又封氏之生，崔氏之婿，
> 遷母雁門李氏，地望縣隔。鉅鹿太守祖季眞，多識北方人物，每云：
> 「士大夫當須好婚親，二公孫同堂兄弟耳，吉凶會集，便有士庶之
> 異。」〔註71〕

祖季眞所說「士大夫當須好婚親」的觀念，即是不同等級門第所得資源、價
值大爲不同，故值得追求之。〔註72〕因此，士族之間的婚姻網絡，實是各家
族未來發展的重要憑藉所在，自會努力建構發展。以曾據政權核心的崔浩所
擴展的網絡爲例，充分展示出人爲力量的設計、安排：

> 初，崔浩弟恬聞慧龍（太原）王氏子，以女妻之。……（王慧
> 龍子）寶興少孤，事母至孝。尚書（范陽）盧遐妻，崔浩女也。初，
> 寶興母及遐妻俱孕，浩謂曰：「汝等將來所生，皆我之自出，可指腹
> 爲親。」及婚，浩爲撰儀，躬自監視。謂諸客曰：「此家禮事，宜盡
> 其美。」〔註73〕

崔浩兄弟分別將女兒嫁給范陽盧氏與太原王氏，由此已將清河崔氏、范陽盧
氏與太原王氏的社會網絡建立起來。更進一步地，崔浩將與范陽盧氏與太原
王氏所生第三代子女先「指腹爲親」，視其爲「我之自出」而主導聯姻起來，
視之爲崔氏的「家禮事」。如此來看，當時第一等門第之間的交互聯姻，彰顯
出崔浩個人的主導力量與以清河崔氏爲中心網絡關係的延續發展。由此觀
之，當時漢人士族門第的交錯聯姻網絡，使得各大姓的社會力量整合起來，
其背後確有著士人的積極主導而有以致之。

由上述所論可知，各士族之社會力量確可經由聯姻而匯整凝聚，其影響
不可忽視。而這些社會基礎深厚的士族當觸及政治領域時，爲政權中央視爲
同一共同體而會遭禍：

> 司徒崔浩，（盧）玄之外兄。……（盧玄子）度世後以崔浩事，
> 棄官逃於高陽鄭羆家，羆匿之。……世祖臨江，劉義隆使其殿中將
> 軍黃延年朝貢。世祖問延年曰：「范陽盧度世坐與崔浩親通，逃命江

〔註71〕《魏書》卷33，〈公孫表傳〉，頁786~7。
〔註72〕宮崎市定著，韓昇、劉建英譯，《九品官人法研究—科舉前史》，頁264指出
對漢人社會而言，婚姻關係更能正確地反應門第，故特別受到重視。
〔註73〕《魏書》卷38，〈王慧龍傳〉，頁875~7。

表，應已至彼？」延（年）對曰：「都下無聞，當必不至。」世祖詔
東宮（恭宗）赦度世宗族逃亡及籍沒者。度世乃出。赴京，拜中書
侍郎，襲爵。〔註74〕

　　（廣平列人宋）弁父叔珍，（趙郡平棘李順長子）李敷妹夫，
因敷事而死。〔註75〕

崔浩與范陽盧氏之間的聯姻關係，是崔浩將女兒嫁給盧遐所建立起來，且崔
浩曾經推薦盧度世爲助教。因此，崔氏與盧氏兩家互動關係密切而遭禍。廣
平宋氏與趙郡李氏之例類同。但是，在未遭遇政治災難時，士族彼此聯姻的
功能有彼此賑恤：

　　（郭祚）祖逸……父洪之，坐浩事誅，祚亡竄得免。少而孤貧，
姿貌不偉，鄉人莫之識也。……太原王希者，逸妻之姪，共相賙恤，
得以饒振。〔註76〕

太原王希的「共相賙恤」，彰顯出姻親關係的社會功能。更重要的目的恐是謀
求政治仕途的發展與支援，最典型的就是「隴西李沖以才識見任，當朝貴重，
所結姻連，莫非清望」。李沖與盧淵、鄭義等聯姻，可說是各擁社會、政治資
源的結合而共圖於仕途的發展。透過婚姻的聯繫，各士族門第便可廣結門第
而建立起綿密的社交網絡，如：

　　張彝，字慶賓，清河東武城人。……高祖初，襲祖侯爵，與盧
淵、李安民等結爲親友，往來朝會，常相追隨。淵爲主客令，安民
與彝並爲散令。〔註77〕

盧淵、李安民與張彝結爲親友，在政壇「往來朝會，常相追隨」，便是以彼此
社會力量的串連而擴及進入政治上的互相援助。

　　此外，在聯姻過程中可觀察到政治力與社會力交匯的現象，即使政治力
豐厚未必能爲名門所接受。范陽盧氏素有獨立、崇高的社會地位與價值，故
當朝顯宦企圖聯姻：

　　（盧義僖）以母憂去職……李神儁勸其干謁當途。義僖曰：「學
先王之道，貴行先王之志，何能苟求富貴也。」孝昌中，除散騎常

〔註74〕《魏書》卷47，〈盧玄傳〉，頁1045～6。
〔註75〕《魏書》卷63，〈宋弁傳〉，頁1414。
〔註76〕《魏書》卷64，〈郭祚傳〉，頁1421。
〔註77〕《魏書》卷64，〈張彝傳〉，頁1427～8。

> 侍。時靈太后臨朝，黃門侍郎李神軌勢傾朝野，求結婚姻。義僡慮
> 其必敗，拒而不許。〔註78〕

然而，政治的權勢吸引力與風險的抉擇之間，並不能改變盧義僡對范陽盧氏
地位、價值的堅持。此外，滎陽鄭氏也是有獨立、崇高的社會地位與價值，
故當朝貴寵的李沖也主動結姻好：

> 中山王叡，寵幸當世，並置王官，（鄭）義爲其傅。是後歷年
> 不轉，資產亦乏，因請假歸，遂磐桓不返。及李沖貴寵，與義姻好，
> 乃就家徵爲中書令。〔註79〕

因此，名門大族憑藉累積發展的龐大社會資源，容易透過聯姻得到政治上的
奧援而進入仕途發展。但是，他們的社會地位也素有其獨立性，並非絕對需
依賴政治而生存，依舊能自主發展且始終是政治力所企圖吸收者。

綜論本節。拓跋政權建國前母妻族勢力雖造成頗多政治動盪，拓跋政權
仍以婚姻來聯盟各方勢力，以維繫政權的穩定與擴張。建國後聯姻主要的對
象，雖由「賓附之國」轉爲漢人士族，但依然是隨國勢發展而做的政治性考
量。面對漢人群深厚的社會勢力，聯姻是最直接有效的方式之一。太和十五
年高祖「爲六弟聘室」，是北魏婚姻政策轉彎的具體結果。在演變過程中，已
融入漢人區別尊卑貴賤的禮法精神。且在太和十五年以前，已有胡、漢聯姻
而突破民族的藩籬。太和十五年後，高祖更是儘量與漢人門第廣泛聯姻，使
政治力與社會力達到高度的統整。對南來名族，北魏始終極力拉攏聯姻，以
對南方宣揚政權的正統性。至於漢人士族間的聯姻，本也是自身總體社會力
的交換、聯繫與擴大機制。前期的清河崔氏或是後期的隴西李氏，更藉政治
權勢之便而擴大聯姻各大門第，使彼此的社會力與政治力互抬聲勢。然而，
士族門第之間的聯姻，在門第社會傳統下，仍存在著諸多基本原則以及保持
著政治力之外的相當獨立性。

第二節　地方勢力的對抗

種種社會力量中，最爲直接且能具體呈現者，就是紮根於各地方鄉里與
邊境地區而表現出來的群體勢力。這些大小地方勢力分佈各地角落，勢力性

〔註78〕《魏書》卷47，〈盧玄傳〉，頁1053。
〔註79〕《魏書》卷56，〈鄭義〉，頁1238。

質也各不相同，但都有一共同傾向就是與北魏政權對抗或是衝突。他們的力量可能大到阻斷賦稅徵收，操控一定地域空間的資源與秩序，或是直接與地方行政體系、軍隊衝突對抗等，所以，這些都危及北魏政權之社會基礎，絕非北魏政權可忽視的。對政權而言，追求目標就是將其整合融入國家的政治體系，並能長久得到效忠與認同。對地方勢力而言，未必最佳狀況是與國家政治體系連結起來，且往往企圖繼續保持地方勢力的獨立性。在如此複雜的環境裏，中央與地方或說政治力與社會力間遂產生複雜的互動關係。總之，地方勢力所代表的這支社會力影響深遠，必須給予關注、討論。〔註80〕

　　為瞭解這些地方勢力的樣態與影響，故以下略分為三部份加以討論：一、地方勢力的類型，先歸納資料而將地方勢力的屬性加以分類，由此瞭解這些社會力量的性質與狀態。二、地方勢力的整合，觀察北魏政權如何統整、如何吸收各類不同地區的地方勢力，又與北魏政權發生如何的關係。三、地方勢力的反叛，了解地方勢力為何走向反叛對抗，並分析其影響與意義。

一、地方勢力的類型

　　先對十六國時期的地方勢力作一整體瞭解。漢族部分，蓋從東漢末年孕育出來，形成宗族鄉里式的地方勢力，堡塢豪帥與官僚士大夫便以此為基礎，被各胡族政權委任為地方官或參加其政府。〔註 81〕胡族部份，蓋從東漢末年以來各族不斷內遷，加上各政權以及北魏等持續的遷徙政策，所以，胡族幾乎遍佈北方各地。然而，胡族與各政權關係產生較多的衝突、對立與戰爭等。

　　北魏所面對的是多樣的民族及其勢力，彼此形成的民族關係至為重要，先試以早期出現的反叛地方勢力來了解問題的關鍵。天興二年（399 年）的中山太守仇儒與趙郡盜匪趙淮的結合、前清河太守傅世的聚黨千餘家以及范陽人盧溥的聚眾海濱等。這些地方勢力之所以聚結形成，就是針對新成立的北魏政權而起，中央與地方關係形成衝突、對立。將這些勢力加以攤開解析之，包括地方首長與理應敵對的盜匪結合，退任地方首長轉而招聚地方勢力，或是地方名族人物之聚集勢力等。當時在新政治力的威脅下，各種地方勢力重

〔註80〕於理而言，本章第三節所論的士族群體也是一種地方勢力，理應置於此討論。
　　　　但是，士族群體與北魏政權的互動關係，不似所論各種地方勢力產生直接的
　　　　衝突、對抗，遂依據其特性而另立章節討論。

〔註81〕唐長孺，〈晉代北境各種「變亂」的性質及五胡政權在中國的統治〉，收入氏
　　　　著，《魏晉南北朝史論叢》，頁 187。

新組合凝聚，企圖與新政權對抗。當時，就北魏政權立場的解讀，視之爲對政權正統性、合法性的挑戰：

> 狂狡之徒，所以顛蹶而不已者，誠惑於逐鹿之說，而迷於天命也。故有蹈覆車之軌，蹈釁逆之蹤，毒甚者傾州郡，害微者敗邑里，至乃身死名頹，殃及九族，從亂隨流，死而不悔，豈不痛哉！〔註82〕

各地方勢力的反叛依「逐鹿之說」而企圖與北魏爭「天命」，應是北魏中央方面的解讀。但，事實確實是廣大地方社會力對北魏政權提出了否認與不認同，這是極具政治意義的訊息。這些群體憑藉凝結於各地方角落的勢力，而展現其主觀的政治意志。因此，更多樣地方勢力所展露者，實有政治、社會之訊息與意義。以下先略分地方勢力型態來討論。

（一）地方的豪右

地方豪右是扎根固定於地方社會，〔註83〕在地方上有著強大的影響力與勢力，往往與北魏政權在地方統治的得失成敗有密切的關係。這些地方豪右應該是普遍的現象，即在各地都存在著這樣的勢力。更重要的是，他們在地方社會的網絡關係錯綜複雜，絕非只是單純與政府對抗的勢力而已。所以，地方豪右的勢力是北魏政權在難以落實政治力於地方社會的侷限下，相當難以應付統整的一股勢力。

首先，在太宗永興五年（413年）就已下詔：「分遣使者巡求儁逸，其豪門強族爲州閭所推者，……各令詣京師，當隨才敘用，以贊庶政。」〔註84〕既然是至各地巡求，則這些「豪門強族爲州閭所推者」應就是分居各地的豪右。值得注意的是，此舉應是中央首次直接派遣使者前往地方徵敘，顯然是中央企圖掌控地方勢力。然而，這件詔徵地方豪右的事情並不順利且頗爲複雜：

> 太宗以郡國豪右，大爲民蠹，乃優詔徵之，民多戀本，而長吏逼遣。於是輕薄少年，因相扇動，所在聚結。〔註85〕

事實上，在中央的眼光裡這些郡國豪右是「大爲民蠹」，表面上「優詔徵之」，實際上卻是欲拔之而後快。可是，豪右的地方勢力盤根錯節，可能扇動輕薄少年聚結生事或鼓動盜賊起事等。甚至，地方守宰都與他們存在著一定的關

〔註82〕《魏書》卷2，〈太祖紀〉，頁37。
〔註83〕此處「地方豪右」所指，主要是漢族社會而言。
〔註84〕《魏書》卷3，〈太宗紀〉，頁52。
〔註85〕《魏書》卷24，〈崔玄伯傳〉，頁622。

係，所以，自然不可能依賴地方首長的力量能討平他們。因此，地方社會複
雜的情勢絕非北魏政權所容易掌控的，其勢力也非政治力所容易介入。

面對地方豪右的問題，北魏太宗在朝堂上也公開討論解決的辦法：

> 太宗乃引（崔）玄伯及北新侯安同、壽光侯叔孫建、元城侯元
> 屈等問曰：「前以兇俠亂民，故徵之京師，而守宰失於綏撫，令有逃
> 竄。今犯者已多，不可悉誅，朕欲大赦以紓之，卿等以爲何如？」屈
> 對曰：「民逃不罪而反赦之，似若有求於下，不如先誅首惡，赦其黨
> 類。」玄伯曰：「王者治天下，以安民爲本，何能顧小曲直也。譬琴
> 瑟不調，必改而更張；法度不平，亦須蕩而更制。夫赦雖非正道，而
> 可以權行，自秦漢以來，莫不相踵。屈言先誅後赦，會於不能兩去，
> 孰與一行便定。若其赦而不改者，誅之不晚。」太宗從之。〔註86〕

可見地方豪右造成的動亂規模相當大，致使太宗退而以大赦來緩和解決。很
顯然代人元屈不了解地方勢力的生態，崔玄伯支持大赦的策略，很顯然就是
不趕盡殺絕，讓豪右保有原有的地方勢力組織，以換取不作亂地方。但是，
事實上這是無可奈何的消極策略，彰顯出北魏政權之妥協。

之所以如此難以解決豪右的問題，一個基本結構必須了解。豪右人物主
要的活動區域就是在郡縣，而他們又因其地位而往往擔任郡縣的大吏，所以，
使得地方首長與官吏之間常出現衝突對立或是競爭的局勢，且又與中央政策
間多所衝突對抗。因此，在北魏歷史記載上，大量出現地方行政體系失控的
現象，很可能就是與地方複雜的勢力生態密切相關，絕非只是單一的地方首
長與中央的對抗關係，其背後必有強大地方勢力的支持。因此，聚焦於地方
豪右亦顯示出政治力與社會力的交互作用。

因此，地方豪右實際上應是相當複雜的地區勢力，例如有與國境之外勢
力勾結者如豫州城豪胡丘生，〔註87〕有因地方首長壓迫而反叛者如益州王賈
諸姓，〔註88〕有反抗北魏統治者如青州土民崔祖螭，〔註89〕有河北郡劫掠鄉
里的韓馬兩姓，〔註90〕有相州廣平強宗李波等，〔註91〕有自稱天子的司馬小

〔註86〕《魏書》卷24，〈崔玄伯傳〉，頁622。
〔註87〕《魏書》卷15，〈昭成子孫列傳·秦明王翰傳〉，頁373。
〔註88〕《魏書》卷16，〈道武七王列傳·陽平王熙傳〉，頁394。
〔註89〕《魏書》卷19下，〈景穆十二王列傳·安定王休傳〉，頁520。
〔註90〕《魏書》卷42，〈薛辯傳〉，頁943。
〔註91〕《魏書》卷53，〈李安世傳〉，頁1176～7。

君與劉舉，〔註92〕有屯保林野的冀州八家，〔註93〕而最頻繁出現的是民眾的聚黨扇眾與反叛等等。〔註94〕很顯然地，在寬廣地域且環境複雜的情況下，地方豪右的勢力是難以掌控的。又，對於政治支配力有限的北魏政權而言，在政治力難以到達地方的侷限下，又需顧慮地方社會難以改變的權力結構及維持穩定的需求，所以，一般多依賴其為地方首長撫集地方。因此，中央與地方彼此間又隨形勢變化而需有聯繫、合作等關係，並非永遠是對立衝突關係。但是，不可否認地，地方豪右勢力總是能以獨立於政治勢力之外的姿態矗立社會各個角落。

（二）各民族的勢力

北魏政權雖以精銳的代人群體為統治全境的軍事基礎，但隨政權之擴張建立過程中，仍面臨漢族以外諸多民族勢力的挑戰。顯然北魏軍隊實力不足以全盤掌控全境的穩定，常面對政治力與軍事力難以落實之廣闊地域上各民族的對抗。由諸多各民族勢力對抗北魏的現象來看，在北魏政治力未及的邊區或空隙地區，恐怕仍多為各少數民族的勢力活動範圍。

關於北魏與少數民族之關係，周一良曾列出的民族有四大類：（一）丁零與敕勒（高車）、（二）四種胡（山胡、盧水胡、契胡、焉耆胡）、（三）羌、（四）氐蠻巴僚蜀等。〔註95〕除此以外，尚有與匈奴有關的民族如屠各、羯胡與烏丸等。〔註96〕但，檢視史料還有徒何、〔註97〕蠕蠕、〔註98〕吐谷渾，〔註99〕還有可能與拓跋政權南下的諸多歸附的代北部落等。〔註100〕這些部落散居北

〔註92〕《魏書》卷16，〈道武七王列傳‧河南王傳〉，頁396。

〔註93〕《魏書》卷18，〈太武五王列傳‧臨淮王傳〉，頁427。

〔註94〕這方面資料有：齊州民扇動三齊 21／584；懷州民伊祁苟初謀反 24／616；章武民劉牙與昌黎王慕容伯兒的聚黨謀反 29／698；高平民屯聚林藪 30／720；洛州民田智度聚黨謀逆 30／730；咸陽民與雩縣民聚黨以叛 30／731；清河人攻陷郡縣 43／976；徐州城人叛 58／1286；瀛洲民劉宣明謀反 58／1292；秦州城人謀反 59／1322；徐州降人郭陸聚黨做逆 66／1466 等等。

〔註95〕周一良，〈北朝的民族問題與民族政策〉，收入氏著，《魏晉南北朝史論集》（北京：北京大學出版社，1997年6月第1版）。

〔註96〕唐長孺，〈魏晉雜胡考〉，收入氏著，《魏晉南北朝史論叢》（北京：三聯書店，1955年7月第1版）。

〔註97〕徒何見於《魏書》2／32、3／56〜7、3／58、30／720 等。

〔註98〕蠕蠕見於《魏書》頗多，但因位居北方邊境，屬北魏之外敵，故暫不予討論。

〔註99〕見於《魏書》4／88 等，吐谷渾屬西方邊境之國，故亦暫不予討論。

〔註100〕這些部落多見於北魏初期，見於《魏書》2／20、2／22、2／23、2／25、2／26、2／29、2／35、2／39、2／40、3／53 等。

方各地，可能包含有各種民族而非都屬鮮卑族。在北魏初創政權時期多所征討，也可視爲與北魏對抗、衝突的地方勢力，但常被忽略。這些部落包括：護佛侯部、乙弗部、庫莫奚、解如部、叱突隣部、袁紇部、賀蘭部、紇突隣、紇奚、叱奴部、豆陳部、黜弗部、侯呂隣部、類拔部、薛干部、庫狄部、宥連部、侯莫陳部、破多蘭部、素古延部、越勤部、尉遲部等。

　　這些位處代北地區的各部落民族不足與北魏對抗，故多在太祖時期已被征服，最晚征服的就是在太宗時期的越勤部。這些部落可能欲維持部落型態而不願被倂入北魏政權，故成爲北魏政權之反對勢力。但因這些部落保有不少畜產、人口，故北魏初期積極征討兼併，如「奚斤等破越勤倍泥部落於跋那山西，獲馬五萬匹，牛二十萬頭，徙二萬餘家於大寧，計口受田」。〔註101〕

　　丁零已先於拓跋族入居中原而處於北燕境內，當太祖平中山入主中原時，便轉由北魏統治了。他們主要散居於今天的河北、山西等地，依分佈地區有西山丁零、定州丁零、并州丁零（上黨丁零）、密雲丁零、榆山丁零、西河丁零、朔州丁零與代郡丁零等。〔註102〕丁零勢力與北魏之對抗，與北魏一朝相始終。從與北魏的互動關係過程來看，可謂北魏與各民族關係的縮影。雖在北魏初入中原時，丁靈帥翟同隨同其他民族歸附北魏，〔註103〕但後來各地區丁零多與北魏衝突、對抗不斷，〔註104〕至北魏末年六鎮亂起之際，丁零也參與響應這場摧毀北魏的動亂。〔註105〕

〔註101〕《魏書》卷3，〈太宗紀〉，頁53。

〔註102〕周偉洲，《敕樂與柔然》（桂林：廣西師範大學出版社，2006年5月第1版），頁47。

〔註103〕《魏書》卷2，〈太祖紀〉，頁36天興二年（399年）八月，西河胡帥護諾于、丁靈帥翟同、蜀帥韓䡾，並相率內附。

〔註104〕包括：天興五年（402年）二月沙門張翹自號無上王，與丁零鮮于次保聚黨（定州）常山之行唐。夏四月，太守樓伏連討斬之。……十一月遣左將軍莫題討上黨群盜秦頗、丁零翟都於壺關。……都走林慮。2/39～40；泰常二年（417年）四月榆山丁零翟蜀率營部遣使通劉裕。……十一月詔（長孫）嵩遣娥清、周幾等與叔孫建討西山丁零翟蜀、洛支等，悉滅餘黨而還。3/57～8；神䴥元年（428年）定州丁零鮮于臺陽、翟喬等二千餘家叛入西山，劫掠郡縣。州軍討之，失利。詔鎮南將軍、壽光侯叔孫建擊之。……（二年正月）丁零鮮于臺陽等歸罪，詔赦之。4/74；高宗即位（452年）……時丁零數千家寇竊并、定。30/730；太安二年（456年）二月丁零數千家匿井陘山，聚爲寇盜。詔定州刺史許宗之、并州刺史乞弗成龍討平之。5/115、30/730等。

〔註105〕《魏書》卷68，〈甄琛傳〉，頁1517載：「（孝昌二年526年正月）鮮于脩禮、毛普賢等率北鎮流民反於（定）州西北之左人城，屠村掠野，引向州城。州

　　所謂四種胡中的山胡，即史料中所見的「離石胡」、「西河胡」、「吐京胡」與「并州胡」等，他們主要的活動區域在并州、汾州。山胡勢力與北魏的對抗，如天興元年（398 年）「三月，離石胡帥呼延鐵、西河胡帥張崇等聚黨數千人叛」。〔註106〕永興五年（413 年）七月「西河胡曹龍、張大頭等，各領部，擁眾二萬人，來入蒲子，逼脅張外於研子壘。外懼，給以牛酒，殺馬盟誓，推龍為大單于」，〔註107〕可見其以部落型態聚結勢力。此一地區的情勢複雜且勢力龐大，故山胡與北魏之衝突、對抗也多。〔註108〕大概在高祖朝以後，山胡的反抗勢力已趨於和緩。

　　再說河東蜀薛永宗與盧水胡蓋吳構成極大的反叛勢力。先說薛永宗，蜀民遷居河東以後，陸續歸附內屬於北魏。〔註109〕河東與河西區域本是多民族雜居的狀態，蜀民的陸續歸附且數量增加，可能代表北魏政治力的逐步進入以及此區生存之困難。且，河東蜀民之中，以薛姓勢力最為龐大。

　　二十餘年後至太平眞君六年（445 年）十一月，因為平南將軍、泰州刺史周觀「撫馭失和，民薛永宗聚眾於汾曲以叛」。〔註110〕並且，「聚黨盜官馬數千匹，驅三千餘人入汾曲，西通蓋吳，受其位號」，〔註111〕頗有串成龐大叛亂勢力的趨勢。北魏以泰州刺史周觀就近討伐不成以後，改命當地另一支河東

城之內，先有燕恒雲三州避難之戶，……脩禮等聲云欲收此輩，共為舉動。」至四月之時，還有「朔州城人鮮于阿胡、庫狄豐樂據城反」以響應之。

〔註106〕《魏書》卷2，〈太祖紀〉，頁32。

〔註107〕《魏書》卷3，〈太宗紀〉，頁53。

〔註108〕包括：永興五年（413 年）將軍元屈、會稽公劉潔、永安侯魏勤等，擊吐京叛胡。3／53；神瑞元年（414 年）西河胡曹成、吐京民劉初原攻殺屈子所置吐京護軍及其守三百餘人。3／54；神瑞二年（415 年）西河飢胡屯聚上黨，推白亞栗斯為盟主，號大將軍，反於上黨，自號單于，稱建平元年，以司馬順宰為之謀主。3／55；泰常元年（416 年）飢胡劉虎等聚黨反叛，公孫表等為虎所敗。太宗假（叔孫）建前號安平公，督表等以討虎，斬首萬餘級。餘眾奔走，投沁而死，水為不流，虜其眾十萬餘口。29／703 等。其他尚見於《魏書》4／74、4／84、4／88、4／98、4／101、4／102、5／118、27／666、69／1529、69／1531～2 等。

〔註109〕包括：天興二年（399 年）八月，西河胡帥護諾于、丁靈帥翟同、蜀帥韓鸞，並相率內附；永興三年（411 年）夏四月，河東蜀民黃思、郭綜等率營部七百餘家內屬；永興五年（413 年）夏四月，河東民薛相率部內屬；泰常三年（418 年）正月，河東胡、蜀五千餘家相率內屬；泰常八年（423 年）正月，河東蜀薛定、薛輔率五千餘家內屬等。

〔註110〕《魏書》卷30，〈周觀傳〉，頁728。

〔註111〕《魏書》卷4下，〈世祖紀〉，頁99。

薛的勢力來討伐，命薛謹的長子薛洪祚「糾合宗鄉，壁於河際，斷二寇往來之路」，〔註112〕使兩大勢力不得串聯擴大。後在隔年（446 年）正月世祖親征，「圍薛永宗營壘。永宗出戰，大敗，六軍乘之，永宗眾潰。永宗男女無少長赴汾水死」，〔註113〕薛永宗的反叛勢力遂被結束。可注意者在於，北魏拉攏另一支河東薛的勢力以制衡阻擋，是極爲重要的策略。

再說蓋吳，在太平眞君六年（445 年）九月「盧水胡蓋吳聚眾反於杏城」。蓋吳反叛勢力顯然更大於薛永宗，當十月長安鎮副將元紇率眾討伐反被蓋吳殺後，「吳黨遂盛，民皆渡渭奔南山。於是詔發高平敕勒騎赴長安，詔將軍叔孫拔乘傳領攝兵并、秦、雍兵屯渭北」。〔註114〕蓋吳的勢力已擴大至渭水以北地區，故北魏擴大調集附近軍隊圍堵。「（十一月）蓋吳遣其部落帥白廣平西掠新平，安定諸夷酋皆聚眾應之，殺汧城守將。吳遂進軍李閏堡，分兵掠臨晉巴東。將軍章直與戰，大敗之，兵溺死於河者三萬餘人。吳又遣兵西掠至長安，將軍叔孫拔與戰於渭北，大破之，斬首三萬餘級」。〔註115〕後來，再增派兵力征討，「詔殿中尚書乙拔率五將三萬騎討蓋吳，西平公寇提三將一萬騎討吳黨白廣平」。

待太平眞君七年（446 年）正月世祖征滅薛永宗以後，遂轉向征討陝西地區的蓋吳。但是，因蓋吳勢力串聯的民族多且範圍廣，更有藉佛教信仰以凝聚群眾，〔註116〕故逼使北魏再增防兵力與擴大防守範圍。「六月甲申，發定、冀、相三州兵二萬人屯長安南山諸谷，以防越逸。丙戌，發司、幽、定、冀四州十萬人築畿上塞圍，起上谷，西至于河，廣袤皆千里」，〔註117〕終至八月平定了蓋吳勢力。

蓋吳黨徒勢力之擴大串聯，終成北魏之一大威脅，實與此地區險要複雜的人文地理形勢相關。當時陸俟出任都督秦雍二州諸軍事、平西將軍、長安鎮大將，與高涼王那一起征討蓋吳。他提出的觀察，正反映出該地區的特質：「夫長安一都，險絕之土，民多剛強，類乃非一。清平之時，仍多叛動，今

〔註112〕《魏書》卷 42，〈薛辯傳〉，頁 942。
〔註113〕《魏書》卷 4 下，〈世祖紀〉，頁 100。
〔註114〕《魏書》卷 4 下，〈世祖紀〉，頁 99。
〔註115〕《魏書》卷 4 下，〈世祖紀〉，頁 99。
〔註116〕劉淑芬師，〈從民族史的角度看太武帝滅佛〉，原刊《史語所集刊》第 72 本第 1 分（2001 年），收入氏著，《中古的佛教與社會》（上海：上海古籍出版社，2008 年 1 月第 1 版）。
〔註117〕《魏書》卷 4 下，〈世祖紀〉，頁 101。

雖良民，猶以爲懼，況其黨與乎？」〔註118〕因此，地方勢力崛起所結合的複雜條件，常有政治力難以克服者。

（三）宗教團體勢力

北魏時期宗教信仰興盛，尤其是佛教信仰。〔註119〕通常藉進行各種信仰行爲往往使群眾聚結在一起，若其與政府對抗之時，此一宗教團體遂增添了反抗勢力的色彩。而且，所宣揚之信仰義理無論是否爲正確的信仰，都是凝聚信徒的主要憑藉。通常在現實惡劣環境的絕望下，他們相信未來能夠創造出一個美好的聖王治世，因此，宗教團體遂持此理念與現實的政治力產生衝突、對抗。沙門聚眾謀反與北魏政權形成衝突、對立，就《魏書》所見多在高祖朝以後，〔註120〕愈至後期愈演愈烈，到延昌四年（515 年）發生沙門法慶龐大之亂事等。

北魏雖曾限制佛教活動甚至滅佛，〔註121〕但後來從中央到地方仍盛行佛教，不僅皇室講經崇佛，地方首長也多崇佛建寺，彼此交結的關係極深且複雜。〔註122〕劉淑芬師還探討鄉村佛教信仰之盛行，可能與太宗以「沙門敷導

〔註118〕《魏書》卷 40，〈陸俟傳〉，頁 902。

〔註119〕這方面以塚本善隆爲代表性的研究學者，主要著作收入氏著，《支那佛教史研究─北魏篇》（東京：弘文堂，1942 年）。此外，尚有佐藤智水，〈北朝造像銘考〉，《史學雜誌》86 卷 10 期（1977 年 10 月）；唐長孺，〈北朝的彌勒信仰及其衰落〉，收入氏著，《魏晉南北朝史論拾遺》（北京：中華書局，1983 年 5 月第 1 版）；張繼昊，〈北魏的彌勒信仰與大乘之亂〉，《食貨月刊》16 卷 3、4 期（1986 年 12 月）；劉淑芬師，〈五至六世紀華北鄉村的佛教信仰〉，《史語所集刊》第 63 本第 3 分（1993 年）等。

〔註120〕包括：天興五年（402 年）二月沙門張翹自號無上王，與丁零鮮于次保聚黨常山之行唐。夏四月，太守樓伏連討斬之。2 / 40（記載卷次頁數）：延興三年（473 年）十二月沙門慧隱謀反，伏誅。7 / 140：太和五年（481 年）二月沙門法秀謀反，伏誅。7 / 150、31 / 737、44 / 994、94 / 2032：太和十四年（490 年）五月沙門司馬惠御自言聖王，謀破平原郡。擒獲伏誅。7 / 166：永平二年（509 年）正月涇州沙門劉慧汪聚眾反。8 / 207：永平三年（510 年）二月秦州沙門劉光秀謀反。州郡捕斬之。8 / 209：延昌三年（514 年）十一月幽州沙門劉僧紹聚眾反，自號淨居國明法王。州郡捕斬之。8 / 215 等。

〔註121〕太延四年（438 年）三月罷沙門年五十已下，太平眞君五年（444 年）正月禁私養沙門，太平眞君七年（446 年）三月詔諸州坑沙門，毀諸佛像，最後在興安元年（452 年）十二月初復佛法。

〔註122〕有兩例可做說明，《魏書》卷 55，〈劉芳傳〉，頁 1219～20 載：「芳常爲諸僧傭寫經論（十數年）……時有南方沙門惠度以事被責，未幾暴亡，芳因緣關知，文明太后召入禁中，鞭之一百。」這是北魏中央與佛教複雜關係之反應，

民俗」有關，〔註123〕以及世祖毀滅佛法使許多僧尼匿居潛藏鄉間而促使廣為流佈。〔註124〕然而，北魏雖推行佛教但也頗為防範，唯恐其藉宗教信仰而聚結大量民眾推翻政府，因此，在北魏時期政、教關係頗為複雜。當政、教關係惡劣而爆發為大規模亂事，原因恐亦雜有政治、宗教與經濟等複雜因素，如世祖時期盧水胡蓋吳之反叛，劉淑芬師已經從宗教角度加以深入剖析。〔註125〕又如肅宗延昌四年（515年）發生沙門法慶之亂事：

> 時冀州沙門法慶既為祅幻，遂說勃海人李歸伯，歸伯合家從之，招率鄉人，推法慶為主。法慶以歸伯為十住菩薩、平魔軍司、定漢王，自號「大乘」。殺一人者為一住菩薩，殺十人為十住菩薩。又合狂藥，令人服之，父子兄弟不相知識，唯以殺害為事。於是聚眾殺阜城令，破勃海郡，殺害吏人。刺史蕭寶夤遣兼長史崔伯驎討之，敗於煮棗城，伯驎戰沒。凶眾遂盛，所在屠滅寺舍，斬戮僧尼，焚燒經像，云新佛出世，除去舊魔。詔以（元）遙為使持節、都督北征諸軍事，帥步騎十萬以討之。法慶相率攻遙，遙並擊破之。遙遣輔國將軍張蚪等率騎追掩，討破，擒法慶并其妻尼惠暉等斬之，傳首京師。後擒歸伯，戮於都市。〔註126〕

從元遙「帥步騎十萬以討之」與「多所殺戮，積尸數萬」來看，〔註127〕此一「大乘」佛教團體所聚結的勢力必定不小。李歸伯是信仰佛教的勃海大族，故有能力「招率鄉人」動員社會力量而擴大規模。此事之重要意義在於，如

在地方上可見於《魏書》卷64，〈張彝傳〉，頁1428載：「（世宗時張彝）為國造佛寺（於秦州）名曰興皇，諸有罪咎者，隨其輕重，謫為土木之功，無復鞭杖之罰。」可見佛教與政治結合之深。

〔註123〕《魏書》卷114，〈釋老志〉，頁3030載：「太宗踐位，遵太祖之業，亦好黃老，又崇佛法，京邑四方，建立圖像，仍令沙門敷導民俗。」

〔註124〕劉淑芬師，〈五至六世紀華北鄉村的佛教信仰〉，《史語所集刊》第63本第3分（1993年），頁509。

〔註125〕劉淑芬師，〈從民族史的角度看太武滅佛〉，《中古的佛教與社會》，頁33～34提出清楚的說明：「佛教有什麼可令主政者畏怖的？簡單的說，就是它代表一種社會勢力，有時候甚至是一種經濟勢力。由於僧人擁有眾多的信徒，而具有組織信徒的管道與能力；同時，部分寺院或個別僧人也具有相當的經濟實力，使得僧人成為一種不可忽視的社會、經濟勢力。……又，著名的僧人往往有很多僧人追隨─甚至多達數百人，從他們問學或修習禪法，加上他們有數目龐大的俗家信徒，隱然成為一種社會勢力。」

〔註126〕《魏書》卷19上，〈景穆十二王列傳·京兆王傳〉，頁445～6。

〔註127〕《魏書》卷64，〈張彝傳〉，頁1433。

何的環境條件促使他們結合而冒危險與北魏政權攻戰殺伐？〔註128〕

　　就現實因素而言，從「殺阜城令，破勃海郡，殺害吏人」來看，顯然針對北魏政府而來，可能北魏之統治使他們難以生存，故勃海大族李氏得「招率鄉人」共赴之。他們藉宗教信仰共赴危難，更能堅定其行動之決心。就宗教因素而言，從其「屠滅寺舍，斬戮僧尼，焚燒經像」來看，是對現行宗教信仰之撲殺。他們主張「新佛出世，除去舊魔」之「新佛」，是標榜其追求的彌勒信仰，〔註129〕「舊魔」所指除了現行宗教信仰以外，還可能包括深相結合的北魏政權。如此，基於政權的合法定位與統治的穩定，北魏勢必出兵征討。此一龐大的宗教勢力並未一戰即滅，直至熙平二年（517年）正月時，「大乘餘賊復相聚結，攻瀛州。刺史宇文福討平之」。〔註130〕

　　除了中原地區的宗教亂事以外，又肅宗正光五年（524年）在汾州也發生宗教亂事：

> 時有五城郡山胡馮宜都、賀悅回成等以妖妄惑眾，假稱帝號，服素衣，持白傘白幡，率諸逆眾，於雲臺郊抗拒王師。（章武王）融等與戰敗績，賊乘勝圍城。（裴）良率將士出戰，大破之，於陣斬回成，復誘導諸胡令斬送宜都首。又山胡劉蠡升自云聖術，胡人信之，咸相影附，旬日之間，逆徒還振。〔註131〕

「服素衣，持白傘白幡」是彌勒信仰的特徵，〔註132〕「山胡劉蠡升自云聖術」，恐也是藉宗教信仰之名以聚眾。宗教團體之勢力不易瓦解，實藉信仰之倡導又得以凝聚。然而，在高祖朝以後宗教勢力與政治力爆發頗多的衝突，恐是長時間、多原因的累積而漸成。在高祖初年，北魏已經試圖掌控宗教團體的勢力：

> 延興二年（472年）夏四月，詔曰：「比丘不在寺舍，遊涉村落，交通姦猾，經歷年歲。令民間五五相保，不得容止。無籍之僧，精加隱括，有者送付州鎮，其在畿郡，送付本曹。若為三寶巡民教化

〔註128〕張繼昊，〈北魏的彌勒信仰與大乘之亂〉，採綜合整體分析指出動亂原因有：河北地區原本佛教即已蓬勃發展、民眾面臨諸多生活困境、天災與飢饉、地方吏治問題、僧徒的良莠不齊、信仰的偏狹與追求利益等。

〔註129〕唐長孺，〈北朝的彌勒信仰及其衰落〉，收入氏著，《魏晉南北朝史論拾遺》（北京：中華書局，1983年5月第1版），頁204。

〔註130〕《魏書》卷9，〈肅宗紀〉，頁225。

〔註131〕《魏書》卷69，〈裴延儁傳〉，頁1531。

〔註132〕唐長孺，〈北朝的彌勒信仰及其衰落〉，《魏晉南北朝史論拾遺》，頁205。

者，在外齎州鎮維那文移，在臺者齎都維那等印牒，然後聽行。違
者加罪。」〔註133〕

很顯然地，宗教僧侶的勢力久已從寺廟跨入地方社會，連結成一北魏政權所
擔憂的勢力。此種發展趨勢的形成，已非北魏設宗教行政管理機構道人統（後
改稱沙門統）所可掌控了。又，對關隴聚集複雜民族地區的宗教活動，盧淵
早在高祖末年即關注此點，有遠見地提出諫言：

臣又聞流言，關右之民，自比年以來，競設齋會，假稱豪貴，
以相扇惑。顯然於眾坐之中，以謗朝廷。無上之心，莫此之甚。……
育其微萌，不芟之毫末，斧斤一加，恐蹈害者眾。〔註134〕

藉著「競設齋會」的宗教性場合裡，煽惑導引民眾毀謗朝廷，由此逐漸能凝
聚廣大民眾之力，終形成爲與政治力對抗的強大社會力。

二、地方勢力的整合

在廣大的國境土地上，北魏政權多以軍事征戰的方式來直接達成對地方
勢力的掌控。在軍事征戰以後，北魏也多以軍隊武力鎮守的方式來統治地方。
此一統治體制的對象多爲少數民族，派遣「護軍」而統治掌控之。最早出現
的事例，在太祖天賜元年（404年）「遣離石護軍劉託率騎三千襲蒲子」，可見
離石護軍劉託率有一定數量的騎兵，常駐於離石以監控、征討地方勢力。這
地區即是民族複雜、勢力強大的區域，無怪乎北魏設護軍以統治。此一地區
稍延伸往南即僻近關中，當時尚有其他政權勢力競爭於此，故永興二年（410
年）「平陽民黃苗等，依汾自固，受姚興官號。并州刺史元六頭討平之。二月
癸未朔，詔將軍于栗磾領步騎一萬鎮平陽」。〔註135〕北魏派重兵駐守，除了監
控地方勢力以外，也有防備其他政權之意。

北魏政權以部落民軍隊爲立國的武力基礎，當面對廣大統治區域紛起的
地方勢力時，解決問題的最佳憑藉仍是優勢的軍隊武力。爲彌補空間過大而
行政力難以掌控之局限，遂派軍隊駐守於行政區之間的空隙地帶，另設「鎮」
以整合控制地方勢力。嚴耕望曾言北魏時代「軍鎮制度之重要性遠在州郡縣
制度之上」，〔註136〕此制是推行於全國各地區各民族，故對地方勢力的掌控上

〔註133〕《魏書》卷114，〈釋老志〉，頁3038。
〔註134〕《魏書》卷47，〈盧玄傳〉，頁1048。
〔註135〕《魏書》卷3，〈太宗紀〉，頁50。
〔註136〕嚴耕望，《中國地方行政制度史乙部—魏晉南北朝地方行政制度下冊》（台北：

必須考量此一體制的重要性。軍鎮雖亦擔負行政功能，但仍是以軍事武力為其職責憑藉所在，所以，「鎮」之設立對各地方勢力的掌控、整合極為重要。相關事證可見如下：

> （永興二年 410 年）詔將軍周觀率眾詣西河離石，鎮撫山胡。〔註137〕

> （永興五年 413 年五月）庚戌，遣元城侯元屈等率眾三千鎮并州。乙卯，詔會稽公劉潔、永安侯魏勤等率眾三千鎮西河。〔註138〕

> （泰常三年 418 年）五月丙午，詔叔孫建鎮廣阿。〔註139〕

> （始光四年 427 年六月）辛酉，班師，留常山王素、執金吾桓貸鎮統萬。〔註140〕

> （神麚三年 430 年十二月）關中平。壬申，車駕東還，留巴東公延普等鎮安定。〔註141〕

> （延和二年 433 年正月）丙寅，以樂安王範……鎮長安。〔註142〕

> （高宗時尉撥）出為杏城鎮將，在任九年，大收民和，山民一千餘家、上郡徒各、盧水胡八百餘落，盡附為民。〔註143〕

諸多軍鎮之設立，代表北魏以軍事統治模式來掌控各地方勢力。

事實上，太宗即位初期（410 年）并、定地區面臨「關東群盜大起，西河反叛」的強烈情勢，〔註144〕遂「詔北新侯安同等持節循行并、定二州及諸山居雜胡、丁零，問其疾苦，察舉守宰不法」。〔註145〕結果：

中央研究院歷史語言研究所專刊之四十五 B，1990 年 5 月 3 版），頁 691。

〔註137〕《魏書》卷 3，〈太宗紀〉，頁 50。
〔註138〕《魏書》卷 3，〈太宗紀〉，頁 53。
〔註139〕《魏書》卷 3，〈太宗紀〉，頁 58。廣阿鎮相關史料也見於《魏書》卷 51，〈韓茂傳〉，頁 1128～9 載：「（顯祖時）廣阿澤在定、冀、相三州之界，土廣民稀，多有寇盜，乃置鎮以靜之。以（韓）均在冀州，劫盜止息，除本將軍、廣阿鎮大將，加都督三州諸軍事。均清身率下，明為耳目，廣設方略，禁斷姦邪，於是趙郡屠各、西山丁零聚黨山澤以劫害為業者，均皆誘慰追捕，遠近震跼。」
〔註140〕《魏書》卷 4，〈世祖紀〉，頁 73。
〔註141〕《魏書》卷 4，〈世祖紀〉，頁 78。
〔註142〕《魏書》卷 4，〈世祖紀〉，頁 82。
〔註143〕《魏書》卷 30，〈尉撥傳〉，頁 729。
〔註144〕《魏書》卷 31，〈于栗磾傳〉，頁 735。
〔註145〕《魏書》卷 3，〈太宗紀〉，頁 51。

（永興三年 411 年安）同至并州，表曰：「竊見并州所部守宰，
多不奉法。又刺史擅用御府鍼工古彤爲晉陽令，交通財賄，共爲姦
利。請案律治罪。」太宗從之，於是郡國肅然。同東出井陘，至（定
州）鉅鹿，發眾四户一人，欲治大嶺山，通天門關，又築塢於宋子，
以鎮靜郡縣。〔註146〕

并、定兩州地理形勢緊密相連，各民族勢力複雜而興盛。安同的考察指出，
地方各級首長所爲深刻影響群盜的興滅。〔註147〕爲整合此區的勢力，他掌控
交通要道與建築統治據點，以此作爲掌控地方勢力的基礎。由此所見，北魏
前期對地方行政體系與地方勢力應該都難以掌控。

　　然而，北魏仍在此年八月有重要性舉動，「詔將軍、束州侯尉古眞統兵五
千，鎮西境大洛城」。此一「西境大洛城」，可能是北魏首度確立出西邊的國
境範圍，概略在夏州之北境。兩年後（413 年），太宗往西南巡察諸部落時，「遂
南次定襄大洛城」，有宣示國土疆域之意。如此，或也彰顯北魏統治關中地區
的決心。

　　除了基本的軍事統治以外，北魏企圖掌控地方勢力的基本考量，就是視
其爲稅收的對象：

泰常初（416 年），白澗、行唐民數千家負嶮不供輸稅，（周）
幾與安康子長孫道生宣示禍福，逃民遂還。于時郡縣斬叛胡翟猛雀
於林慮山，猛雀遺種竄於行唐及襄國。幾追討，盡誅之。〔註148〕

白澗、行唐民應指此區的丁零民族。當北魏政治力進入此區的具體表徵，就
是丁零民被迫繳出經濟資源並併入帝國體系裡，可能在如此政、經壓力下而
與地方領袖翟猛雀結合成爲一反抗的地方勢力。〔註149〕實際上，北魏不僅著

〔註146〕《魏書》卷 30，〈安同傳〉，頁 713。
〔註147〕這樣的事例有《魏書》卷 53，〈李孝伯傳〉，頁 1167 載李孝伯父親李曾：「太
祖時，徵拜博士，出爲趙郡太守，令行禁止，劫盜奔竄。太宗嘉之。并州丁
零，數爲山東之害，知曾能得百姓死力，憚不入境。」李曾能使「劫盜奔竄」
與并州丁零不敢東向入境，可能與其出身趙郡名門並扎根於地方基層社會有
關，他的作爲一度解決北魏前期并、定兩州地方勢力興盛的難題。因此，北
魏之地方首長採三首長制，企圖以其族人來監控地方的作法，就此現實環境
生態遂遭遇難以突破的困境了。
〔註148〕《魏書》卷 30，〈周幾傳〉，頁 726。
〔註149〕《魏書》卷 33，〈張蒲傳〉，頁 779 載：「泰常初，丁零翟猛雀驅逼吏民入白
澗山，謀爲大逆。詔（張）蒲與冀州刺史長孫道生等往討。道生等欲徑以大
兵擊之，蒲曰：『良民所以從猛雀者，非樂亂而爲，皆逼凶威，強服之耳。……』

眼於經濟資源的吸收，也是憑藉優勢政軍力量以整合各地方社會，由此以穩定社會基礎並擴大其帝國之統治範圍。

北魏對各部落勢力最充分整合運用者，在將其強大的戰鬥力轉利用於征戰與運補工作：

> （泰常）三年（418年）春正月丁酉朔，帝自長川詔護高車中郎將薛繁率高車、丁零十二部大人眾北略，至弱水，降者二千餘人，獲牛馬二萬餘頭。〔註150〕

> （延和元年432年七月）遣安東將軍、宜城公奚斤發幽州民及密雲丁零萬餘人，運攻具，出南道，俱會和龍。〔註151〕

泰常三年正月征戰一事，已經反映出北魏對少數民族已有相當的掌控，故得以動員「高車、丁零十二部大人眾」征戰以及運補攻具。或者，將其強迫遷徙而充當「營戶」，〔註152〕這是「繼承了十六國以來的營戶制，而且營戶的數量很多。北魏統治者把起義失敗後的北部敕勒遷到內地，配給軍隊作營戶，強迫他們為軍隊服務，可能主要是放牧馬匹及其他牲畜」。〔註153〕此外，充當用於戰場上的兵員也是主要的用途：

> （元嘉）二十八年（451年）正月初，（世祖拓跋）燾自廣陵北返，便悉力攻盱眙……燾與（臧）質書曰：「吾今所遣鬥兵，盡非我國人，城東北是丁零與胡，南是三秦氐、羌。設使丁零死者，正可減常山、趙郡賊；胡死，正減并州賊；氐、羌死，正減關中賊。卿若殺丁零、胡，無不利。〔註154〕

這雖有世祖在戰場上的誇大、恐嚇意味，但也確有北魏利用少數民族充當前鋒的基本事實。

此外，隨北魏西進征討赫連氏（426年）而更加深入關中地區後，後續頗

道生甚以為然，具以奏聞。太宗詔蒲軍前慰喻。乃下數千家，還其本屬，蒲皆安集之。猛雀與親黨百餘人奔逃。蒲與道生等追斬猛雀首，送京師。」
〔註150〕《魏書》卷3，〈太宗紀〉，頁58。
〔註151〕《魏書》卷4上，〈世祖紀〉，頁81。
〔註152〕包括：太平真君五年（444年）追擊北部民（即敕勒）于漠南，殺其渠帥，餘徙居冀、相、定三州為營戶；延興元年（471年）沃野、統萬二鎮敕勒叛，斬首三萬餘級，徙其餘迸於冀、定、相三州為營戶；延興二年（472年）連川敕勒謀叛，徙配青、徐、齊、兗四州為營戶等。
〔註153〕周偉洲，《敕勒與柔然》，頁58。
〔註154〕《宋書》卷74，〈臧質傳〉，頁1912。

有進展於神䴥三年（430 年）取得安定、平涼與關中，並於太平眞君四年（443
年）更西進克仇池等，但此區複雜的民族勢力恐亦難以掌控地方勢力，故彈
性運用當地領袖協助統治。例如交互利用武都氐兩系試圖羈縻掌控關中地區
複雜的形勢，結果卻造成更多的紛爭與動亂。〔註 155〕這裡的環境多所限制，
恐是北魏政治力、軍事力亦難以克服者。〔註 156〕

　　再從中央政軍力量的移動來觀察地方勢力的整合狀況。北魏皇帝常帶領
中央精銳禁旅行幸各地並舉行校獵以訓練部隊，所至之地也有鎭壓地方勢力
的目的，所以，從其行幸足跡也可看出地方勢力的狀況。北魏皇帝行幸河西
與河東地區自世祖開始至高祖初年結束，〔註 157〕世祖與高宗朝是最頻繁的時
期，正反映此地區地方勢力之活耀興盛，故中央精銳禁旅必須就近監視。其
中，太平眞君六年（445 年）發生蓋吳與薛永宗大規模叛亂，在此事件前數年
未見世祖的行幸紀錄，或許政軍力量的眞空而使其有機可乘。待至高宗朝（452
～465 年）幾乎全程兵臨，使得此區情勢穩定，後來就幾無行幸紀錄了。

　　地方勢力的整合，約在高祖時期以後漸趨於穩定，這應與當朝的新政策
有關。關鍵應是政治力已經較爲落實於地方且首長的作爲有以致之，此由汾
州之例透露出地方情勢的轉變：

　　　　（穆羆）轉征東將軍、吐京鎭將。羆賞善罰惡，深自克勵。時
　　西河胡叛，羆欲討之，而離石都將郭洛頭拒違不從。羆遂上表自劾，
　　以威不攝下，請就刑戮。高祖乃免洛頭官。山胡劉什婆寇掠郡縣，

〔註 155〕始光四年（427 年）「冬十一月，以氐王楊玄爲都督荊梁益寧四州諸軍事、假征
　　南大將軍、梁州刺史、南秦王」，意在攏絡吸收地方勢力。但，雙方關係並不信
　　睦，故延和二年（433 年）又拜「征虜將軍楊難當爲征南大將軍、儀同三司，
　　封南秦王」。後來太延二年（436 年），楊難當竊據上封時，只能承認現實而「詔
　　攝上封守」。至太延五年（439 年）又「以故南秦王（楊玄）世子楊保宗爲征南
　　大將軍、秦州牧、武都王，鎭上封」，遂引來楊難當寇上封。待太平眞君三年（442
　　年）楊難當因敗朝於行宮歸降，可是，太平眞君四年（443 年）又變成武都
　　王楊保宗謀反，兵敗後衍伸出氐、羌推保宗弟文德爲主而圍仇池。
〔註 156〕馬長壽，《碑銘所見前秦至隋初的關中部族》（北京：中華書局，1985 年 1 月
　　第 1 版）頁 41 指出北魏前期馮翊、杏城的羌豪紛紛歸降，但 426 年西進討赫
　　連氏佔領長安以後，情勢變爲「秦雍氐、羌皆叛」。但情勢依舊叛服皆有而並
　　非絕然倒轉，且原文應是「秦雍氐、羌皆叛（赫連）昌詣（奚）斤降」。
〔註 157〕據《魏書》諸帝本紀所載，行幸紀錄在世祖朝有：428 年 4 月、428 年 11 月、
　　429 年、430 年、431 年、433 年、434 年 3 月、434 年 4 月、434 年 7 月、435
　　年、436 年、437 年。高宗朝有：455 年、456 年、458 年、460 年、462 年、
　　463 年、464 年。顯祖朝有：471 年。高祖朝有：473 年。

> 羆討滅之。自是部內肅然，莫不敬憚。後改吐京鎮爲汾州，仍以羆
> 爲刺史。前吐京太守劉升，在郡甚有威惠，限滿還都，胡民八百餘
> 人詣羆請之。前定陽令吳平仁亦有恩信，戶增數倍。羆以吏民懷之，
> 並爲表請。高祖皆從焉。羆既頻薦升等，所部守令，咸自砥礪，威
> 化大行，百姓安之。州民李軌、郭及祖等七百餘人，詣闕頌羆恩德。
> 高祖以羆政和民悅，增秩延限。〔註158〕

從中央到地方維持政策的一致性，應是此時穩定地方情勢的重要助力。而且，隨著統治經驗的增加，北魏至高祖時期處理邊區勢力的策略，已掌握恩威並濟之效，不再單憑軍事武力鎮壓：

> （高祖時）涼州氐帥楊仲顯、婆羅、楊卜兄弟及符叱盤等，自以
> 居邊地險，世爲山狡。（元）澄至州，量彼風俗，誘導懷附。表送婆羅，
> 授仲顯循城鎮副將，楊卜廣業太守，叱盤固道鎮副將，自餘首帥，各
> 隨才而用之，款附者賞，違命加誅，於是仇池帖然，西南款順。〔註159〕

任城王能「量彼風俗，誘導懷附」，即任命涼州氐帥爲該地的官僚首長，透過政治性榮銜的賜與以提高他們的政治社會地位。如此，北魏便順利達成地方勢力的整合。

上述觀察複雜地方勢力的整合時，除了採行諸多臨時性的軍事征討措施以外，還需注意制度層面的因應措施，畢竟這才是固定而長期的互動關係。據史料記載，北魏前期對地方社會採行避免產生對抗勢力的措施，有世祖太延元年（435年）所下的「考課詔」：

> 自今以後，亡匿避難，羈旅他鄉，皆當歸還舊居，不問前罪。
> 民相殺害，牧守依法平決，不聽私輒報復，敢有報者，誅及宗族；
> 隣伍相助，與同罪。州郡縣不得妄遣吏卒，煩擾民庶。若有調發，
> 縣宰集鄉邑三老計貲定課，裒多益寡，九品混通，不得縱富督貧，
> 避強侵弱。〔註160〕

此詔雖旨在地方首長的考核，但也是透過地方首長此一環節企圖穩定地方秩序，如讓犯罪者回原鄉以及與地方基層「三老」協調賦役數量等。實因地方首長與社會勢力衍生與否息息相關，所以，針對地方行政首長的考核，必須

〔註158〕《魏書》卷27，〈穆崇傳〉，頁666。
〔註159〕《魏書》卷19中，〈景穆十二王列傳・任城王傳〉，頁463。
〔註160〕《魏書》卷4上，〈世祖紀〉，頁86。

與地方勢力的穩定一併考量。

　　事實上，北魏建立以來極爲困擾於地方行政體系的效能與地方社會的掌控，所以，史載詔書屢下責難於地方行政首長。如此的現象反映出，北魏的政治力無法進入縣以下的層級，尤其是地方鄉里社會。因此，高祖太和十年（486 年）實行三長制實爲一重大的改革，企圖將政治力下達到鄉里社會基層。爲達成政策效果必需更多讓步、妥協於地方社會，所以，三長取「鄉人強謹者」並給予免征戍等優待。雖然此制主要在於掌握人口進而增加國家稅收，但不可忽略其對地方社會秩序掌控的一面。後來，高閭在太和十四年（490 年）的上表中便提及此一政策，「懼蒸民之姦宄，置鄰黨以穆之」，企圖杜絕對抗性地方勢力滋生的環境。

　　對地方社會秩序以三長制因應，實是拿政治資源來與地方社會交換以製造穩定的環境，自然多少能避免對抗性地方勢力的產生。除此以外，此時尚有進一步搭配的文化性制度，即太和十一年（487 年）實施的鄉飲禮：

> 鄉飲禮廢，則長幼之敘亂。孟冬十月，民閒歲隙，宜於此時導以德義。可下諸州，黨里之內，推賢而長者，教其里人，父慈、子孝、兄友、弟順、夫和、妻柔。不率長教者，具以名聞。〔註161〕

事實上，這是恢復地方社會舊有運作的鄉黨制，尊重原有地方社會的禮治傳統。或許，此項文化性制度對極端少數的暴亂勢力無法產生穩定效果，但對普遍的地方社會應有相當的穩定效果。因此，北魏面對廣泛基層社會的治理與預防地方勢力的思考，相較於以前的軍事鎮壓策略來看，此時的策略思維頗爲寬闊而深遠。

三、地方勢力的反叛

　　北魏帝國建立於中原地區以後，不斷遭遇到各地的反叛，從初期到末期始終不斷。彼此對立、衝突的過程中，地方社會的勢力意圖獨立於北魏所創建的政治社會體之外。對此一發展趨勢，可作一整體回顧、了解。

　　北魏以軍事政權之姿入主中原，即樹立了不少敵對地方勢力的形成。在維護政權正統地位的基本原則下，遂必須傾力整治基礎深厚複雜的地方豪右、臨時聚結成或大或小的勢力集團、僻處邊區的少數民族、以信仰聚眾的宗教團體等不同勢力。北魏多以軍事武力作爲壓制地方勢力的主要手段，也多能立即收效掌控地方秩序。後來，隨經驗積累漸能採取恩威並濟方式加以掌控，並恢復

〔註161〕《魏書》卷 7 下，〈高祖紀〉，頁 162～3。

傳統鄉黨禮制，試圖在制度面來輔助管理。然而，地方叛亂仍不斷出現，表示其中頗為複雜而仍有可說者，以下就地方勢力之反叛再作檢討。

地方勢力之反叛出現，原因有地方首長統治作為之不當：

> 先是，州人楊松柏、楊洛德兄弟數為反叛，（崔）遊至州，深加招慰。松柏歸款，引為主簿，稍以辭色誘之，兄弟俱至。松柏既州之豪帥，感遊恩遇，獎諭群氐，咸來歸款，且以過在前政，不復自疑。遊乃因宴會，一時俱斬，於是外人以其不信，合境皆反。〔註162〕

> （元法僧）自太尉行參軍稍轉……益州刺史。素無治幹，加以貪虐，殺戮自任，咸怒無恒。王賈諸姓，州內人士，法僧皆召為卒伍，無所假縱。於是合境皆反，招引外寇。〔註163〕

崔遊因宴會俱斬氐族豪帥與元法僧的貪虐殺戮，都代表北魏地方首長行政效能不彰，不僅無法掌控地方的狀況，反而激起地方勢力之反彈。如此，自然無法與地方社會互動形成為生活共同體，也不能得到地方民眾的認同，走向極端者便成為地方的反叛勢力。在這對立、衝突的演變過程中，地方勢力聚結其可凝聚的內外力量，遠離於北魏政治社會體之外，而非成為北魏帝國統一架構下的社會基礎。

有因邊境阻遠成為叛亂屢起的主要因素：

> （高祖時）仇池氐羌叛逆遂甚，所在蜂起，道路斷絕。……秦益阻遠，南連仇池，西接赤水，諸羌恃險，數為叛逆。〔註164〕

> 秦人恃險，率多粗暴，或拒課輸，或害長吏，自前守宰，率皆依州遙領，不入郡縣。〔註165〕

險要的地形、斷絕的交通或是遙遠的距離等因素，都使邊區勢力敢於「恃險」對抗。此一自然環境條件的限制，即使強大的政治力也難以克服。而且，邊區地理因素以外，還有複雜的族群因素：

> 金城邊同、天水梁會謀反，扇動秦益二州雜人萬餘戶，據上邽東城，攻逼西城。……同、會復率眾四千攻城。氐羌一萬屯於南嶺，休官、屠各及諸雜戶二萬餘人屯於北嶺，為同等形援。……略陽王

〔註162〕《魏書》卷57，〈崔挺傳〉，頁1276。
〔註163〕《魏書》卷16，〈道武七王列傳・陽平王熙傳〉，頁394。
〔註164〕《魏書》卷51，〈呂羅漢傳〉，頁1139。
〔註165〕《魏書》卷70，〈劉藻傳〉，頁1550。

> 元達因梁會之亂，聚眾攻城，招引休官、屠各之眾，推天水休官王
> 官興為秦地王。〔註166〕

關隴地區民族複雜，當彼此串聯共同對抗北魏時，又是一股難以解決的複雜
地方勢力。邊岡、梁會能連結起雜人、氐、羌、休官與屠各等多種民族反叛，
顯現北魏尚無力於掌控此一地區。

　　當至世宗正始三年（506年），關隴地方勢力的公開反叛相繼出現：

> 時秦州屠各王法智推州主簿呂苟兒為主，號建明元年，置立百
> 官，攻逼州郡。涇州人陳瞻亦聚眾自稱王，號聖明元年。詔以（元）
> 麗為使持節、都督、秦州刺史，與別駕楊椿討之。苟兒率眾十餘萬
> 屯孤山，列據諸險，圍逼州城。麗出擊，大破之。〔註167〕

少數民族領袖（秦州屠各王法智）與地方官吏（州主簿呂苟兒）公開串連建
年建政，這是獨立建國式的反叛，其重要意義在於否定北魏政權的正統性，
顯現出北魏統治的嚴重危機。無怪乎，當肅宗時期北方六鎮出現反叛時，西
南邊區也馬上群起跟進反叛。而且，在正光四年（523年）北方六鎮事件爆發
後，遍及各地的對抗勢力包括了諸多民族，有六鎮的敕勒、匈奴（破六韓拔
陵）、鮮卑（萬俟醜奴）、羌（莫折太提父子）、氐（王慶雲）、漢（葛榮）與
丁零（鮮于脩禮）等，幾乎各少數民族都參與這場戰事。如此的全面反叛，
代表北魏對各民族勢力之統治已完全失效、失控。

　　又當末年六鎮動亂擴散以後，北魏軍力已不足以應付之際，邢杲所匯聚
的地方勢力是自民間崛起的：

> 初，杜洛周、鮮于脩禮為寇，瀛冀諸州人多避亂南向。幽州
> 前北平府主簿河間邢杲，擁率部曲，屯據鄭城，以拒洛周、葛榮，
> 垂將三載。及廣陽王深等敗後，杲南渡居青州北海界。靈太后詔流
> 人所在皆置命屬郡縣，選豪右為守令以撫鎮之。時青州刺史元世儁
> 表置新安郡，以杲為太守，未報。會臺申汰簡所授郡縣，以杲從子
> 子瑤資蔭居前，乃授河間太守。杲深恥恨，於是遂反。所在流人先
> 為土人淩忽，聞杲起逆，率來從之，旬朔之間，眾踰十萬。劫掠村
> 塢，毒害民人。〔註168〕

〔註166〕《魏書》卷51，〈封敕文傳〉，頁1135～6。
〔註167〕《魏書》卷19上，〈景穆十二王列傳‧濟陰王小新成傳〉，頁449。
〔註168〕《魏書》卷14，〈神元平文諸帝子孫列傳‧高涼王孤傳〉，頁355。

邢杲勢力之起是源於六鎮之亂的連鎖反應，原來純爲保衛地方的自衛團體，未與北魏形成對立。後來，只因北魏資蔭受官一事安排不當，使得邢杲由保衛地方的勢力轉爲與北魏政權對抗的勢力。邢杲勢力之反叛，爲北魏的崩潰再添壓力。

總之，在北魏政權成立並擴大空間領域的過程中，境內或是週邊地區存在著大大小小具對抗能力的勢力團體。這是因爲中央政治力難以深入掌控基層社會而自然形成的局面，所以，他們本有相當自主掌控的活動區域範圍以及支持跟隨的群眾。當北魏挾強大軍力要討滅取代他們的時候，這些勢力團體的領導者必是不願輕易臣服的。最後，多是在北魏強大的軍事武力面前，才被迫做出臣服歸降的結果。甚至，更偏遠的勢力團體因著地理形勢之險要，又擁有相當的自衛武力，多與北魏周旋纏鬥許久，少有直接願意降附的，或者因形勢利益而時叛時降。

對於企圖統治廣大空間與廣泛民族的北魏政權而言，想建構出各方對其政權的支持與認同，注定是極不容易的。這個嚴苛、複雜的現實局勢，比起太祖初年在中山之役所遭遇的「飢疫並臻」更爲艱困，而當年太祖堅定地抱持:「四海之人，皆可與爲國，在吾所以撫之耳，何恤乎無民！」如今，想使各地區勢力稍微穩定都不容易，更別說「與爲國」而得其認同了。所以，各地方群體勢力與北魏中央的互動關係，確實多是赤裸裸建立在軍隊的暴力上，不易整合吸收融入政治社會共同體。

第三節　士族群體的力量

一、社交輿論的網絡

漢人士族在各地區的力量得以增長延續，除了家庭的仕宦背景、聯姻的交結以外，另一層面也值得加以觀察注意：士族之間的社交網絡與輿論意見所產生的力量。

先觀察士族的社交網絡。社交網絡有可能由姓氏、地域、血緣、婚姻等等因素而建立起來，由此形成各種或大或小的社會組織。於漢人而言，這些組織必有存在的功能，於北魏政權而言，必須瞭解其社會影響力。

首先，必須說明士族社交圈的存在應該是極爲普遍：

（裴）陀性剛直，不好俗人交遊，其投分者必當時名勝。清白

> 任眞，不事家產，宅不過三十步，又無田園。暑不張蓋，寒不衣裘，
> 其貞儉若此。〔註169〕

裴陀是河東裴氏名族，他的行事不僅「貞儉」，還在仕宦趙郡太守時將「所得俸祿，分恤貧窮」，可說是一典型的士族人物。他所交往的對象「必當時名勝」，指與他有著一樣理念的士族名望人物。所以，在觀察士族社交現象時，必須注意他們是有著共同價值理念的社會群體。

在各地方應該多有士族社交圈的存在：

> 王顯，字世榮，陽平樂平人，⋯⋯祖父延和中南奔⋯⋯伯父
> 安上，劉義隆時板行館陶縣。世祖南討，安上棄縣歸命，與父母
> 俱徙平城，例敍陽督子，除廣寧太守。⋯⋯安上還家樂平，頗參
> 士流。〔註170〕

王顯家雖然一度南遷，並在歸附後徙居平城，但當歸老回到家鄉時，王安上仍然是相當積極地參與士族的社交網絡。這個「士流」圈應該是一直存在的，在地方社會上有著相當的功能。

崔浩及其家族是一宗族社交網絡的典型例子：

> 初，（崔）寬之通款也，見司徒浩。浩與相齒次，厚存撫之。
> 及浩誅，以遠來疏族，獨得不坐。遂家于武城，居司空（崔）林舊
> 墟，以一子繼浩弟覽妻封氏，相奉如親。〔註171〕

崔浩本在政治上透過其職權之便，廣泛交結關係是很公開的，對遠來的崔氏宗族更是「厚存撫之」。在他們崔氏宗族的社交網絡裡，更是極盡所能地彼此互相協助、照顧，凸顯出宗族社交網絡功能之強。還有高允也因同姓宗族而建立社交網絡：

> 高聰，字僧智，本勃海蓨人。⋯⋯大軍攻克東陽，聰徙入平城，
> 與蔣少遊爲雲中兵户，窘困無所不至。族祖（高）允視之若孫，大
> 加賙給。聰涉獵經史，頗有文才，允嘉之，數稱其美，言之朝廷，
> 云：「青州蔣少遊與從孫僧智，雖爲孤弱，然皆有文情。」由是與少
> 遊同拜中書博士。〔註172〕

〔註169〕《魏書》卷88，〈裴佗傳〉，頁1907。
〔註170〕《魏書》卷91，〈王顯傳〉，頁1968。
〔註171〕《魏書》卷24，〈崔寬傳〉，頁625。
〔註172〕《魏書》卷68，〈高聰傳〉，頁1520。

此外，士人之間的社交活動，多有透過學術知識的平台而形成，代表他們之間存在著知識性的探索活動。並且，這樣透過知識學習活動進而產生輿論的傳播，代表著知識在社會中具有動能與影響力，故得以形成爲流傳的輿論。這方面的事例有：

> （封）回族叔軌，字廣度。沉謹好學，博通經傳。與光錄大夫武邑孫惠蔚同志友善，惠蔚每推軌曰：「封生之於經義，非但章句可奇，其標明綱格，統括大歸，吾所弗如者多矣。」〔註173〕

另有崔亮之例：

> 時隴西李沖當朝任事，亮從兄光往依之，謂亮曰：「安能久事筆硯，而不往託李氏也？彼家饒書，因可得學。」亮曰：「弟妹飢寒，豈可獨飽？自可觀書於市，安能看人眉睫乎！」光言之於沖，沖召亮與語，因謂亮曰：「比見卿先人《相命論》，使人胸中無復恍迫之念。今遂亡本，卿能記之不？」亮即爲誦之，涕淚交零，聲韻不異。沖甚奇之，迎爲館客。沖謂其兄子彥曰：「大崔生寬和篤雅，汝宜友之，小崔生峭整清徹，汝宜敬之。二人終將大至。」沖薦之爲中書博士。〔註174〕

孫惠蔚對封軌在經義方面的推崇之詞，遂推升封軌在學術知識上的地位，也在士族社交圈中形成輿論傳播。李沖憑藉當朝權位之便，與崔光、崔亮兄弟的交結以及推崇，當更能在士族社交圈形成輿論傳播。

另外，在政治性的都城世界裡，士族群體之間似乎更容易形成爲社交圈：

> （辛）邵先內徙，家於晉陽。明敏有識量，與廣平遊明根、范陽盧度世、同郡李承等甚相友善。〔註175〕

> 初，（高）允與遊雅及太原張偉同業相友。〔註176〕

> （盧）淵年十四，嘗詣長安。將還，諸相餞送者五十餘人，別於渭北。〔註177〕

他們多是同爲中央政府下的官僚群，並且都是士族門第的出身背景，所以，彼此之間很容易形成社交活動。但是，士族群體除了因共同的背景條件而形成社交圈以外，還有著更深沉的因素存在：

〔註173〕《魏書》卷32，〈封軌傳〉，頁764。
〔註174〕《魏書》卷66，〈崔亮傳〉，頁1476。
〔註175〕《魏書》卷45，〈辛紹先傳〉，頁1025。
〔註176〕《魏書》卷48，〈高允傳〉，頁1076。
〔註177〕《魏書》卷47，〈盧淵傳〉，頁1049。

> （張）讜性開通，篤於撫恤，青齊之士，雖疏族末姻，咸相敬
> 視。李敷、李訢等寵要勢家，亦推懷陳款，無所顧避。畢眾敬等皆
> 敬重之，高允之徒亦相器待。〔註178〕

自南方劉氏政權歸來的張讜，原是冀州清河東武城人，從其父祖輩及張讜的
仕宦資歷來看，家族應是頗具地方勢力的官僚之家，曾經仕宦於不同政權。
張讜入居京師以後，很顯然得到了各方的友誼與敬重。可是，當時許多由南
方歸來者常不被北方漢人社會所接納的。張讜之所以不同於其他歸來者，應
該不是北魏政權對其禮遇亞於薛安都與畢敬眾而有以致之，而是其家族原有
地方勢力仍然存在，再加上張讜能夠「篤於撫恤，青齊之士，雖疏族末姻，
咸相敬視」。也就是說，張讜以既有的地方勢力基礎，能照顧地方人士，並以
符合禮法的謙虛態度對待之。這樣的作為，應該才是北方漢人社會接納、敬
重張讜的主要原因。且尚可注意者，張讜的禮法作為所形成的社交網絡，是
在京師地區所形成，而京師地區匯聚著來自各地的士族，所以，或可嘗試推
論說，士族的社交行為的發生是相當依循著禮法規範的。

　　再看士族群體在社交活動過程中形成輿論性力量。得以形成為輿論上的
評價，初步觀察主要是因為個人的才華，當然家庭背景也會影響輿論的形成，
以下諸例可映證：

> 高湖，字大淵，勃海蓚人也。漢太傅衰之後。祖慶，慕容垂司
> 空。父泰，吏部尚書。湖少機敏，有器度，與兄韜俱知名於時，雅
> 為鄉人崔逞所敬異。〔註179〕

> 高允，字伯恭，勃海人也。祖泰，在叔父湖〈傳〉。父韜，少
> 以英朗知名，同郡封懿雅相敬慕。為慕容垂太尉從事中郎。太祖平
> 中山，以韜為丞相參軍。早卒。允少孤夙成，有奇度，清河崔玄伯
> 見而異之，歎曰：「高子黃中內潤，文明外照，必為一代偉器，但恐
> 吾不見耳。」〔註180〕

> （韋閬族弟珍）長子纘，字遵彥。年十三，補中書學生，聰敏
> 明辯，為博士李彪所稱。〔註181〕

〔註178〕《魏書》卷61，〈張讜傳〉，頁1369。
〔註179〕《魏書》卷32，〈高湖傳〉，頁751。
〔註180〕《魏書》卷48，〈高允傳〉，頁1067。
〔註181〕《魏書》卷45，〈韋閬傳〉，頁1014。

　　（祖）瑩年八歲，能誦《詩》《書》，十二，爲中書學生。好學
耽書，以晝繼夜，父母恐其成疾，禁之不能止，常密於灰中藏火，
驅逐僮僕，父母寢睡之後，燃火讀書，以衣被蔽塞窗戶，恐漏光明，
爲家人所覺。由是聲譽甚盛，内外親屬呼爲「聖小兒」。尤好屬文，
中書監高允每歎曰：「此子才器，非諸生所及，終當遠至。」〔註182〕

綜而論之，士族之間存在著固定的社交活動，彼此對幼童的成長與才華相當重
視。從評價內容來看，基本的條件是優異的知識才藝，這也是較爲具體可見的。
還有一個較爲無形的層面是氣質與氣度，往往評以未來的無限可能發展來肯定
之。相信當時的門第之間存在著互相評論的習慣，由此互相哄抬社會地位，互
相賦予社交網絡中的地位。因此，公共輿論圈的存在，對於門第家族而言極爲
重要。透過輿論圈的管道，他們的家庭得與外界保持開放性與連結性，彼此之
間交換各種社會性資源能量，所以，自然會形成輿論圈的無形力量。

　　此外，得以成爲輿論所關注者，更深沉的原因在於這些士大夫彰顯出此
一群體所追求的崇高價值與道德，遂透過輿論機制而形成爲一股社會力量。
如房景伯：

　　顯祖時，三齊平，隨例内徙，爲平齊民。以父非命，疏服終身。
景伯生於桑乾，少喪父，以孝聞。家貧，傭書自給，養母甚謹。尚
書盧淵稱之於李沖，沖時典選，拔爲奉朝請、司空祭酒、給事中、
尚書儀曹郎。……景伯性淳和，涉獵經史，諸弟宗之，如事嚴親。
及弟妓（《北史》無「妓」字）亡，蔬食終喪，期不内禦，憂毀之容，
有如居重。其次弟景先亡，其幼弟景遠期年哭喪，亦不内寢。鄉里
爲之語曰：「有禮有義，房家兄弟。」廷尉卿崔光韶好標榜人物，無
所推尚，每云景伯有士大夫之行業。〔註183〕

又如李敷兄弟：

　　（李）敷兄弟敦崇孝義，家門有禮，至於居喪法度，吉凶書記，
皆合典則，爲北州所稱美。〔註184〕

透過輿論機制的推崇與肯定，這些士大夫遂被賦予價值與地位。他們所彰顯的
價值體系具有塑造社會群體認同的作用，而他們也成爲輿論圈的指標性人物。

〔註182〕《魏書》卷82，〈祖瑩傳〉，頁1798～9。
〔註183〕《魏書》卷43，〈房景伯傳〉，頁977。
〔註184〕《魏書》卷36，〈李順傳〉，頁834。

　　事實上，輿論圈形成力量的機制是多樣複雜的，試再進一步剖析之。如在同一地區的門第人物，因掌握較多知識、資源等條件，多容易成為輿論圈所評論的名人：

　　　　（宋弁）祖惛，與從叔宣、博陵崔建俱知名。〔註185〕

而這些輿論名人所發出的輿論意見，又能產生一定的影響力量。不僅在漢人社交圈中如此，在胡人的社交圈中亦是如此，崔光讚譽元子孝即是一例：

　　　　（元）子孝，字季業。早有令譽，年八歲，司徒崔光見而異之
　　　　曰：「後生領袖，必此人也。」〔註186〕

由此可進一步注意者，在於輿論傳播的形成過程中，關鍵是由誰掌控輿論之製造生成。就史料記載所見似乎皆掌握在漢人士族圈裡：

　　　　（崔）延壽，冀州主簿。輕財好施，甚收鄉曲之譽。〔註187〕

　　　　封懿，字處德，勃海蓨人也。曾祖釋，晉東夷校尉。父放，慕
　　　　容暐吏部尚書。兄孚，慕容超太尉。懿儁偉有才氣，能屬文，與孚
　　　　雖器行有長短，然名位略齊。〔註188〕

在這一套輿論傳播的機制裏，是包含數個層面的。首先，發表言論者多是地方上的長者或是已身任官員的士大夫官僚，由於他們已具有一定社會地位，故此事成為彰顯發表言論者的社會地位的一種方式。其次，發表言論者擁有社會聲望與形同社會領袖之姿，故其言論一旦產生，便具有社會影響力，甚至宰制著輿論圈的發展動向。因此，在地方所產生的種種人物「名聲」，其背後實代表整個輿論機制體系的力量，並非只是單純的口頭上說說之名而已。所以，當政權集團面對此一層面的社會力量時，皆知有名的人物也是社會上的指標性人物，吸收他們等於也吸收了各式社會資源、力量，故常主動接觸、吸收。這樣的事例有：

　　　　李先，字容仁，中山盧奴人也……少好學，善占相之術，師
　　　　事清河張禦，禦奇之。仕符堅，尚書郎。後慕容永聞其名，迎為謀
　　　　主。〔註189〕

〔註185〕《魏書》卷63，〈宋弁傳〉，頁1414。
〔註186〕《魏書》卷19上，〈景穆十二王列傳・陽平王傳〉，頁443。
〔註187〕《魏書》卷32，〈崔逞傳〉，頁759。
〔註188〕《魏書》卷32，〈封懿傳〉，頁760。
〔註189〕《魏書》卷33，〈李先傳〉，頁788。

> 賈彝，字彥倫，本武威姑臧人也。六世祖敷，魏幽州刺史、廣
> 川都亭侯，子孫因家焉。父為符堅鉅鹿太守，坐訕謗繫獄。彝年十
> 歲，詣長安訟父獲申，遠近歎之，僉曰：「此子英俊，賈誼之後，莫
> 之與京。」弱冠，為慕容垂驃騎大將軍、遼西王農記室參軍。太祖
> 先聞其名，嘗遣使者求彝於垂。垂彌增器敬，更加寵秩，遷驃騎長
> 史，帶昌黎太守。垂遣其太子寶來寇，大敗於參合陂，執彝及其從
> 兄代郡太守潤等。〔註190〕

此一觀點尤能助於了解北魏對名門之主動吸收。

尚有一種輿論機制的型態，不是由知名人物所主導，而是由地方基層社
會產生而來：

> 裴駿，字神駒，小名皮，河東聞喜人。父雙碩，本縣令，假建
> 威將軍、恒農太守，安邑子。……駿幼而聰慧，親表異之，稱為「神
> 駒」，因以為字。弱冠，通涉經史，好屬文，性方檢，有禮度，鄉里
> 宗敬焉。〔註191〕

當然，裴家的政治背景是促使此項地方輿論產生的助力。但是，當輿論層面
要由「親表」擴及「鄉里」時，自身當然必須有所作為，才能獲得輿論力量
的支持，裴駿因「通涉經史，好屬文，性方檢，有禮度」的作為，才使更大
範圍的鄉里產生「宗敬」的輿論動向。我們認為，從這個輿論產生的過程來
看，就是一種以士族門第為中心與地方產生交流、整合的過程，在輿論機制
力量的基礎下，進而產生出地方的名望人物、領導人物。因此，地方上輿論
的出現、存在，其背後便是地方上一種群體力量的展現。

再者，輿論圈網絡是極為廣佈的，從地方到中央皆有，往往隨士族之活
動範圍、出仕地點而產生。此一輿論圈網絡的存在，對於士族的前途發展很
重要，這樣的事例尤多：

> （裴）宣，字叔令，通辯博物，早有聲譽。少孤，事母兄以孝
> 友稱。舉秀才，至都，見司空李訢，與言自旦及夕，訢嗟善不已。
> 司空李沖有人倫鑒識，見而重之。〔註192〕

> （盧）度世，字子遷。幼而聰達，有計數。為中書學生，應選

〔註190〕《魏書》卷33，〈賈彝傳〉，頁792。
〔註191〕《魏書》卷45，〈裴駿傳〉，頁1020。
〔註192〕《魏書》卷45，〈裴駿傳〉，頁1023。

東宮。弱冠，與從兄遜俱以學行爲時流所重。〔註193〕

　　（宋）弁才學儁贍，少有美名。高祖初，曾至京師，見尚書李
沖，因言論移日。沖竦然異之，退而言曰：「此人一日千里，王佐才
也。」〔註194〕

　　李叔虎，勃海蓨人也。……叔虎好學博聞，有識度，爲鄉閭
所稱。太和中，拜中書博士，與清河崔光、河間邢巒並相親友。
〔註195〕

　　（曹世表）後轉司徒記室。與武威賈思伯、范陽盧同、隴西辛
雄等並相友善。侍中崔光，鄉里貴達，每稱美之。〔註196〕

因此，此一廣佈之輿論機制所凝聚的社會力量，不僅不小而且生生不息地延
續，定是北魏政權所不可忽略者。

　　在北魏政權之下，政治領域的權力資源雖然多爲胡族統治階層所掌握，
但在社會領域裡，因爲漢人士族優秀的知識文化能力與輿論機制的掌控，使
其成爲具備多樣文化性資源能量的領導者。對於胡族統治階層而言，與漢人
士族群體交往可爲自己製造好聲譽與輿論，也可以吸收其多樣的資源能量，
故宗室諸王多樂爲之，如彭城王勰、任城王澄：

　　（盧淵長子）道將涉獵經史，風氣謇諤，頗有文才，爲一家後
來之冠，諸父並敬憚之。彭城王勰、任城王澄皆盧襟相待。〔註197〕

以及高陽王雍：

　　（李安世子）瑒，字珺羅。涉歷史傳，頗有文才，氣尚豪爽，
公強當世。延昌末，司徒行參軍，遷司徒長兼主簿。太師、高陽王
雍表薦瑒爲其友，正主簿。〔註198〕

還有廣平王懷等：

　　（李郁）好學沉靜，博通經史。自著作佐郎爲廣平王懷友，懷
深相禮遇。〔註199〕

〔註193〕《魏書》卷47，〈盧玄傳〉，頁1045～6
〔註194〕《魏書》卷63，〈宋弁傳〉，頁1414。
〔註195〕《魏書》卷72，〈李叔虎傳〉，頁1616。
〔註196〕《魏書》卷72，〈曹世表傳〉，頁1622。
〔註197〕《魏書》卷47，〈盧玄傳〉，頁1050。
〔註198〕《魏書》卷53，〈李孝伯傳〉，頁1177。
〔註199〕《魏書》卷53，〈李孝伯傳〉，頁1178。

二、與政治的高聯繫

　　對於初入中原地區的北魏政權而言，最急迫需要者莫過於漢式帝國統治經驗的學習。對北魏君主來說，最快的方式便是找士人教授經書了。太祖與李先的一段對話，其實充分反映出胡漢文化初接觸的有趣場景：

　　　　（李先於井陘歸順以後）轉七兵郎，遷博士、定州大中正。太祖問先曰：「天下何書最善，可以益人神智？」先對曰：「唯有經書。三皇五帝治化之典，可以補王者神智。」又問曰：「天下書籍，凡有幾何？朕欲集之，如何可備？」對曰：「伏羲創制，帝王相承，以至於今，世傳國記，天文祕緯不可計數。陛下誠欲集之，嚴制天下諸州郡縣搜索備送，主之所好，集亦不難。」太祖於是班制天下，經籍稍集。〔註200〕

此時，太祖初定中原地區，面對的是比傳統游牧世界更寬廣而陌生的境域，更重要者是漢人龐大的文化體系。然而，太祖畢竟不是只會馬上治天下而不識文字的軍主而已，顯然他多少是有所備而來。透過與李先的對話，太祖可能意在確立其構想的統治理念與措施。由此，太祖必定確立了經書的知識文化地位，試圖蒐集天下的經籍。此段珍貴的史料紀載，代表北魏政權對漢人既有社會文化體系的認同與接受，而銜接的重要平臺就是漢族士人與其必讀的傳統「經書」。

　　事實上，北魏政權君主對漢族士人知識文化的重視與採用，早在正式立國前即已施行：

　　　　燕鳳，字子章，代人也。好學，博綜經史，明習陰陽讖緯。……以經授獻明帝。〔註201〕

　　　　許謙，字元遜，代人也。少有文才，善天文圖讖之學。……擢為代王郎中令，兼掌文記。與燕鳳俱授獻明帝經。〔註202〕

由燕鳳與許謙的事例來看，北魏在昭成帝時期已經開始進行太子的養成培育制度，所憑藉者即是士人與經書。這件事情對胡、漢雙方皆有著深刻意義，就經書在漢人社會的核心地位與就胡、漢統治階層的接觸、交流而言，凸顯出拓跋統治者的遠識與漢族士人及其知識文化的重要性與影響力。

〔註200〕《魏書》卷33，〈李先傳〉，頁789。
〔註201〕《魏書》卷24，〈燕鳳傳〉，頁609。
〔註202〕《魏書》卷24，〈許謙傳〉，頁610。

　　從拓跋政權建國前，已經將教授經書的活動確立於政治場合裡，待建國以後，對太子與皇室成員的教授經書已成為一項固定的體制。於此可見，漢人知識文化與北魏政權之緊密結合，以下略依時序列出相關史料：

　　　　梁越，字玄覽，新興人也。少而好學，博綜經傳，無所不通。性純和篤信，行無擇善。國初為《禮經》博士。太祖以其謹厚，舉動可則，拜上大夫，命授諸皇子經書。〔註203〕

　　　　太宗初，（崔浩）拜博士祭酒，賜爵武城子，常授太宗經書。〔註204〕

　　　　太宗世，（燕鳳）與崔玄伯、封懿、梁越等入講經傳，出議朝政。〔註205〕

　　　　盧醜，昌黎徒河人，襄城王魯元之族也。世祖之為監國，醜以篤學博聞入授世祖經。〔註206〕

　　　　（高允）尋以本官為秦王翰傅。後敕以經授恭宗，甚見禮待。〔註207〕

　　　　（李）靈以學優溫謹，選授高宗經。〔註208〕

　　　　（李訢為世祖所識）遂除中書助教博士，稍見任用，入授高宗經。〔註209〕

　　　　（高祖時，劉芳）後與崔光、宋弁、邢產等俱為中書侍郎，俄而詔芳與產入授皇太子經，遷太子庶子、兼員外散騎常侍。〔註210〕

　　　　咸陽王禧等奉申（高祖）遺旨，令（劉）芳入授世宗經。〔註211〕

　　　　世宗詔（董）徵入琁華宮，令孫惠蔚問以六經，仍詔徵教授京兆、清河、廣平、汝南四王，後特除員外散騎侍郎。〔註212〕

〔註203〕《魏書》卷84，〈梁醜傳〉，頁1843。
〔註204〕《魏書》卷35，〈崔浩傳〉，頁807。
〔註205〕《魏書》卷24，〈燕鳳傳〉，頁610。
〔註206〕《魏書》卷84，〈盧醜傳〉，頁1843。
〔註207〕《魏書》卷48，〈高允傳〉，頁1069。
〔註208〕《魏書》卷49，〈李靈傳〉，頁1097。
〔註209〕《魏書》卷46，〈李昕傳〉，頁1039。
〔註210〕《魏書》卷55，〈劉芳傳〉，頁1220。
〔註211〕《魏書》卷55，〈劉芳傳〉，頁1221。
〔註212〕《魏書》卷84，〈董徵傳〉，頁1857。

> 時太保崔光疾甚，表薦（賈）思伯爲侍講，中書舍人馮元興爲
> 侍讀。思伯遂入授肅宗《杜氏春秋》。……（賈思伯弟思同）與國子
> 祭酒韓子熙並爲侍講，授靜帝《杜氏春秋》。〔註213〕

這些授經教學的資料，足可映證由漢族士人教授經書是一項固定的體制。這些資料也證明漢人士大夫憑藉著知識文化的優勢，得以與北魏政權緊密聯繫在一起。但，究竟漢人士大夫憑藉擁有之知識文化能力產生的具體影響如何，更是值得深入探討的。

漢族士大夫在教授皇帝讀書的過程中，潛移默化地必定會產生影響的，進而對其政權的發展也一定會產生影響力。這種教學活動內容常是不公開的，不易得知的。但是，崔玄伯與太祖的一段教學對話被記錄下來，幸運地作了佐證：

> 太祖常引問古今舊事，王者制度，治世之則。玄伯陳古人製作之
> 體，及明君賢臣，往代廢興之由，甚合上意。……太祖曾引玄伯講《漢
> 書》，至婁敬說漢祖欲以魯元公主妻匈奴，善之，嗟歎者良久。是以諸
> 公主皆釐降於賓附之國，朝臣子弟，雖名族美彥，不得尚焉。〔註214〕

除了經書以外，史書也是北魏君主學習漢人制度、統治經驗的範本。在這段的記載中可見，太祖受漢代將公主妻匈奴史事的感發，遂吸收其經驗將之運用於外交的策略上。由以上教授皇帝經書與崔玄伯講《漢書》的例子，很容易觀察到：對於首次身處中原地區實行統治的北魏君主而言，在漢人士大夫的知識文化體系裡，確有可取可用之處。所以，歷代北魏君主自然積極的從中尋求統治經驗。

以漢人知識文化爲交流平臺的結合方式，至高祖之時，他對經書的熟悉、使用情況已經發展至相當深入的狀態。透過高祖朝最依賴大臣任城王的回憶，我們可以清楚看到這樣的景象：

> 臣參訓先朝，藉規有日，前言舊軌，頗亦聞之。又昔在恒代，
> 親習皇宗，熟祕序庭無闋日。臣每於侍坐，先帝未常不以《書》《典》
> 在懷，《禮經》爲事，周旋之則，不輟於時。〔註215〕

事實上，高祖不僅僅是「《書》《典》在懷，《禮經》爲事」而已，當時宮中

〔註213〕《魏書》卷72，〈賈思伯傳〉，頁1615。
〔註214〕《魏書》卷24，〈崔玄伯傳〉，頁621。
〔註215〕《魏書》卷19中，〈景穆十二王列傳·任城王傳〉，頁471。

所學習的知識文化應該是相當全面的，這個發展趨勢在高祖身上便清楚反映
出來：

> 雅好讀書，手不釋卷。《五經》之義，覽之便講，學不師受，
> 探其精奧。史傳百家，無不該涉。善談《莊》《老》，尤精釋義。才
> 藻富贍，好爲文章，詩賦銘頌，任興而作。有大文筆，馬上口授，
> 及其成也，不改一字。自太和十年已後詔冊，皆帝之文也。自餘文
> 章，百有餘篇。〔註216〕

高祖等於全面性掌握了經、史、子、集與釋學等，除了自身勤學而有以成博
學之士以外，這些知識應該都是當時皇宮中的教授傳習內容。因此，這個皇
宮中的「授經」制度應該不僅止於教授經學而已，而是包含著當時知識文化
體系裡絕大部分的知識。若此推論合理的話，可知拓跋政權核心圈習染的知
識文化是相當廣而深的。在高祖朝成長、受教育的彭城王勰便是在如此環境
中薰陶，塑造其「敏而耽學，不捨晝夜，博綜經史，雅好屬文」。〔註217〕

漢人士大夫繼承、薰陶於傳統的知識文化，最終使自己也成爲此一體系
中的組成部分。他們憑藉知識文化產生跨越政治社會領域而產生廣泛影響力
者，最具體的標誌就是上述在宮中的講經教學。但是，除此在政治的頂尖階
層容易被注意而記錄以外，在更多的領域裡，他們的知識文化能力也使其與
政治高度結合。

事實上，士族知識文化能力的產生，往往是一代接著一代累積的過程中
而逐漸產生而來。年輕一代往往承接了父祖輩的專才知識，使其具備更多的
參政條件：

> 玄伯同郡董謐。謐父京，與同郡崔康時、廣陽霍原等，俱以碩
> 學播名遼海。謐好學，傳父業。中山平，入朝，拜儀曹郎，撰朝覲
> 饗宴郊廟社稷之儀。〔註218〕

董謐憑藉著父親傳授關於朝儀制定的家業知識，以及遼海地區碩學環境的薰
陶，〔註219〕使其可以順利進入北魏官場任職。董謐的事例絕非是一個獨特的

〔註216〕《魏書》卷7下，〈高祖紀〉，頁187。
〔註217〕《魏書》卷21下，〈獻文六王列傳‧彭城王傳〉，頁571。
〔註218〕《魏書》卷24，〈崔玄伯傳〉，頁634。
〔註219〕《晉書》卷94，〈霍原傳〉，頁2435。由霍原傳可見及此一碩學環境，「年十
　　　　八，觀太學行禮，因留習之。貴遊子弟聞而重之，欲與相見，以其名微，不
　　　　欲晝往，乃夜共造焉。……高陽許猛素服其名，會爲幽州刺史，將詣之，主

個案，必有不少家庭是如此傳承著各自擅長的家業知識，就是為了進入官場而準備。另有鄧淵的事例也類似：

> 鄧淵，字彥海，安定人也。……性貞素，言行可復，博覽經書，長於《易》筮。太祖定中原，擢為著作郎。……淵明解制度，多識舊事，與尚書崔玄伯參定朝儀、律令、音樂，及軍國文記詔策，多淵所為。〔註220〕

另外在北魏國家歷史的撰寫過程中，鄧家憑其專才而得以參與。太祖時，「詔淵撰《國記》，淵造十餘卷，惟次年月起居行事而已，未有體例。……子穎，襲爵。……世祖詔太常崔浩集諸文學，撰述國書，穎與浩弟覽等俱參著作事」。〔註221〕

還有崔辯父子的例子，可以觀察到士族的知識文化能力在政治層面的影響：

> 崔辯，字神通，博陵安平人。學涉經史，風儀整峻。顯祖徵拜中書博士。……長子景儁，梗正有高風，好古博涉。以經明行修，徵拜中書博士。……高祖賜名為逸……雅為高祖所知重，遷國子博士，每有公事，逸常被詔獨進。博士特命，自逸始。〔註222〕

崔辯父子兩代連續皆以中書博士而入仕，大概家業傳承相當整密，故高祖對於具有經學專長的崔逸特別重視，故有「特命」之舉。諸如此類的事例是相當普遍而延續的，在下述士人的成學、出仕過程中，可見其緊密的關係。這些具體的事例有河間邢氏：

> （邢巒祖穎）後以病還鄉裏。久之，世祖訪穎於群臣曰：「往憶邢穎長者，有學義，宜侍講東宮，今其人安在？」司徒崔浩對曰：「穎臥疾在家。」世祖遣太醫馳驛就療。……子脩年，即巒父也，州主簿。巒少而好學，負尋師，家貧屬節，遂博覽書傳。有文才幹略，美鬚髯，姿貌甚偉。州郡表貢，拜中書博士，遷員外散騎侍郎，為高祖所知賞。〔註223〕

廣平宋氏：

> 宋世景，廣平人，河南尹翻之第三弟也。少自修立，事親以孝聞。與弟道璵下帷誦讀，博覽群言，尤精經義。族兄弁甚重之。舉

簿當車諫不可出界，猛歎恨而止。原山居積年，門徒百數，燕王月致羊酒。」
〔註220〕《魏書》卷24，〈鄧淵傳〉，頁634～5。
〔註221〕《魏書》卷24，〈鄧淵傳〉，頁635。
〔註222〕《魏書》卷56，〈崔辯傳〉，頁1250～1。
〔註223〕《魏書》卷65，〈邢巒傳〉，頁1437。

秀才，對策上第，拜國子助教，遷彭城王勰開府法曹行參軍。勰愛
其才學，雅相器敬。高祖亦嘉之。遷司徒法曹行參軍。〔註224〕

河東裴氏：

裴佗，字元化，河東聞喜人。……佗容貌魁偉，隤然有器望。
少治《春秋》《杜氏》、《毛詩》、《周易》，並舉其宗致。舉秀才，以
高第除中書博士，轉司徒參軍、司空記室、揚州任城王澄開府倉曹
參軍。〔註225〕

清河房氏：

（房）景先，字光冑。幼孤貧，無資從師，其母自授《毛詩》、
《曲禮》。年十二……晝則樵蘇，夜誦經史，自是精勤，遂大通贍。
太和中，例得還鄉，郡辟功曹。州舉秀才，值州將卒，不得對策。
解褐太學博士。時太常劉芳、侍中崔光當世儒宗，歎其精博，光遂
奏兼著作佐郎，修國史。〔註226〕

以及魏末的竇瑗等：

竇瑗，字世珍，遼西遼陽人。……年十七，便荷帙從師。遊學
十載，始爲御史。轉奉朝請、兼太常博士，拜大將軍、太原王尒朱
榮官，因是爲榮所知，遂表留瑗爲北道大行臺左丞。〔註227〕

在北魏一朝中，漢人士大夫憑藉知識文化而出仕擔任各種官職的現象，是
頗爲普遍的。這個普遍的現象得以形成並延續，最基本最重要的就是，北
魏政權在初期即徵舉人才，徵舉人才著重的知識才藝，即士大夫素來研習
知識文化所追求者。因此，兩造契合銜接，進而能產生在地方社會上的擴
大效應：

初（李）順與從兄靈、從弟孝伯並以學識器業見重於時，故能
砥礪宗族，競各修尚。靈與族叔誐、族弟熙等俱被徵。〔註228〕

既然父祖前輩以「學識器業」受到重視並因此進入官場，自然會激勵年輕一
代繼續努力學習充實，終將得到美好的代價與回報。因此，他們自然是篤信
努力向學的重要。

〔註224〕《魏書》卷88，〈宋世景傳〉，頁1902。
〔註225〕《魏書》卷88，〈裴佗傳〉，頁1906。
〔註226〕《魏書》卷43，〈房景先傳〉，頁978。
〔註227〕《魏書》卷88，〈竇瑗傳〉，頁1907～8。
〔註228〕《魏書》卷36，〈李順傳〉，頁843。

三、知識文化的功能

在《魏書・儒林傳》的總結評論裡，魏收對知識文化在國家社會中的特質明確加以指出：

> 古語云：容體不足觀，勇力不足恃，族姓不足道，先祖不足稱，
> 然而顯聞四方，流聲後裔者，其惟學乎。信哉斯言也。梁越之徒，
> 篤志不倦，自求諸己，遂能聞道下風，稱珍席上，或聚徒千百，或
> 服冕乘軒，咸稽古之力也。〔註229〕

總結北魏的歷史經驗中，「容體」、「勇力」、「族姓」與「先祖」等條件都是當時被認為具有現實價值者，由此憑藉容易享有社會地位，或進一步取得政治地位。但是，以魏收的個人觀察來看，這些條件（容體、勇力）可能短時間就消失不存在，或者這些條件（族姓、先祖）的實質影響力有限。真正能使一個人「顯聞四方，流聲後裔者」，除了可能具備上述部分條件之外，最根本的仍在於「學」，也就是知識文化的能力。透過歷史文化的學習與傳承，所產生具備的知識與能力，在國家社會恆久需求的基本前提上，才能產生實質的影響力並綿延持續下去。由此來說的話，在社會上已經存在的知識文化，實有其不可忽視且深遠的能量。如更具體地說，透過「篤志不倦」的學，可達成在社會上「聚徒千百」，或者在政治上「服冕乘軒」。很顯然這兩個現像是具相當成就的象徵，也是具有影響力的指標。那麼，由此可清楚推論出：具備一定的知識文化能力，既可立足於基層社會，又可躍上政治舞臺。在當時的時代條件下，能活躍於社會與政治領域，根本的原因就在於其所學的內容，是從上（政治）到下（社會）得以運作的文化資源。因此，也可以說，士人的知識文化不僅具有整合政治與社會領域的功能，甚至已成為政治與社會「公共領域運作機制」的核心成分。

魏收的觀點不致有太大偏頗的話，由此可了解士人與知識文化在政治社會體中的角色定位。接著，根據這個基本的認知來嘗試觀察知識文化所產生的種種相關繁複現象。

在史籍中常可看到民間社會存在著「講誦不廢」的知識文化活動，很值得加以重視，如：

> （崔）逞少好學，有文才。遭亂，孤貧，躬耕於野，而講誦不
> 廢。〔註230〕

〔註229〕《魏書》卷84，〈儒林傳〉，頁1865。
〔註230〕《魏書》卷32，〈崔逞傳〉，頁757。

即使身處「孤貧」狀態仍舊「講誦不廢」，這樣的執著行為應有理想與現實條件的支撐，所以士人常以如此的型態出現於歷史舞台。因為，透過努力講誦所創造出來的知識文化條件，是國家統治運作所需要的，故使得士人容易被各政權所吸收。如崔逞的背景原來也是傳統的仕宦家庭，後因戰亂而沒落。經由他努力的「講誦不廢」，又被各政權所吸收。他自慕容氏政權攜妻子亡歸太祖，「拜為尚書，任以政事，錄三十六曹，別給吏屬，居門下省」。這種從學而仕的發展方式，往往成為士族歷代延續政治社會地位的基本模式。因此，士族之生涯發展常與知識文化活動密切相連。類似崔逞的情況亦見於馮元興、〔註231〕宋繇〔註232〕以及高允等：

> （高允）性好文學，擔笈負書，千里就業。博通經史天文術
> 數，尤好《春秋公羊》。郡召功曹。……為從事中郎……府解，還
> 家教授，受業者千餘人。（神䴥）四年，與盧玄等俱被徵，拜中書
> 博士。〔註233〕

高允在家教授，從學學生達千餘人如同一學校。由此可見，民間學術文化群體的活躍性。即使在北魏初期競爭敵對陣營的慕容氏陣營，也可從被俘虜者元觚的經歷中呈現出來，「為慕容寶所執，歸中山，垂待之逾厚。觚因留心學業，誦讀經書數十萬言，垂之國人咸稱重之」。〔註234〕想必中山地區依名師從學的情況，應該也是相當普遍的。同樣的情況，即使在河西地區亦相當盛行：

> 劉昞，字延明，敦煌人也。父寶，字子玉，以儒學稱。昞年十
> 四，就博士郭瑀學。時瑀弟子五百餘人，通經業者八十餘人。……
> 昞後隱居酒泉，不應州郡之命，弟子受業者五百餘人。〔註235〕

這種地方性講授知識文化的活動，隨著北魏相繼統一各地，最後也被帶入政權核心的京師地區，並且也一樣受到重視與推行：

〔註231〕　《魏書》卷79，〈馮元興傳〉，頁1760載：「馮元興，字子盛，東魏郡肥鄉人
　　　　　也。……元興少有操尚，隨（世父）僧集在平原，因就中山張吾貴、常山房
　　　　　虯學，通《禮》傳，頗有文才。年二十三，還鄉教授，常數百人。」
〔註232〕　《魏書》卷52，〈宋繇傳〉，頁1152載：「宋繇，字體業，敦煌人也。……少
　　　　　而有志尚，喟然謂妹夫張彥曰：『門戶傾覆，負荷在繇，不銜膽自屬，何以繼
　　　　　承先業！』遂隨彥至酒泉，追師就學，閉室誦書，晝夜不倦，博通經史，諸
　　　　　子群言，靡不覽綜。呂光時，舉秀才，除郎中。後奔段業，業拜繇中散、常
　　　　　侍。繇以業無經濟遠略，西奔李暠，歷位通顯。」
〔註233〕　《魏書》卷48，〈崔逞傳〉，頁1067。
〔註234〕　《魏書》卷15，〈昭成子孫列傳・秦明王傳〉，頁374。
〔註235〕　《魏書》卷52，〈劉昞傳〉，頁1160。

> 索敞，字巨振，敦煌人。爲劉昞助教，專心經籍，盡能傳昞之
> 業。涼州平，入國，以儒學見拔，爲中書博士。篤勤訓授，肅而有
> 禮。京師大族貴遊之子，皆敬憚威嚴，多所成益，前後顯達，位至
> 尚書牧守者數十人，皆受業於敞。敞遂講授十餘年。〔註236〕

在索敞的例子裡，指出「前後顯達，位至尚書牧守者數十人，皆受業於敞」
之事。這個現象表露出，認真從學於名師、嚴師，學有所成具有名氣之後，
極有可能透過各種管道而成爲官僚成員。由此來看，源自於民間社會的講學
與政治領域的官僚體系銜接起來，凸顯出民間知識文化講學之重要性與意
義。在李彪傳記呈現出這個問題的廣泛面向：

> 李彪，字道固，頓丘衛國人，高祖賜名焉。家世寒微，少孤貧，
> 有大志，篤學不倦。初受業於長樂監伯陽，伯陽稱美之。晚與漁陽
> 高悅、北平陽尼等將隱於名山，不果而罷。悅兄閭，博學高才，家
> 富典籍，彪遂於悅家手抄口誦，不暇寢食。旣而還鄉里。平原王（陸）
> 叡年將弱冠，雅有志業，娶東徐州刺史博陵崔鑒女，路由冀相，聞
> 彪名而詣之，修師友之禮，稱之於郡，遂舉孝廉，至京師館而受業
> 焉。高閭稱之於朝貴，李沖禮之甚厚，彪深宗附。〔註237〕

在當時不平等又具開放性機會的社會結構裡，出身寒微的李彪沒有強有力家
世背景的先天優勢條件。但是，在這個社會環境裡，他還是有可以往上攀爬
的管道：讀書。這對於廣大如李彪的平民來說，這是一條很確定而且努力以
赴便極有可能成功的路。所以，當然像李彪這樣貧寒子弟自會胸懷大志全力
以赴。既然社會上存在著如此開放可行的管道，所以，受業於名師而增長知
識以求仕進，或交結同好以擴展社交網絡等，這些具多重目的的學術性活動
自然便應運而生。當然，我們必須考慮到學術性活動的多重面向。即，暫不
論現實目的的追求，在李彪等所學習的知識體系裡，應有足以安身立命的價
值意義。因此，才能吸引這些才俊的學習、傳播。

在這樣的社會型態裡，很顯然李彪等被視爲菁英份子，在他們身上具備
多種被社會認可、追求的價值與意義，自然他們的名氣便被社會輿論流傳風
行。而且，似乎在每個地方社會的鄉裏間，總會流傳著關於當地精英份子的
輿論。這個輿論機制是開放的，也是提供地方社會資訊的管道，本質上也是

〔註236〕《魏書》卷52，〈索敞傳〉，頁1162。
〔註237〕《魏書》卷62，〈李彪傳〉，頁1381。

地方上價值體系的呈現。

　　在這樣的地方性社會裡，奮勉向上的李彪已在鄉裏頗具知名度，也有學生來從其受業問學。或許，足以維生且具有名位的生命格局已經確定。然而，改變李彪命運的因緣條件發生了。很幸運地，他得到來自代人勳貴的賞識眷顧。年輕的平原王陸叡是創建北魏政權的代北勳貴功臣陸俟的第二代，他相當認同於漢人士大夫的價值體系，所以，年輕時便能「沉雅好學」，也能做到尊禮賢者「折節下士」。原本他只是到定州博陵迎娶崔鑒的女兒，途中經過冀州相州時，很快地風聞到關於李彪才識學問的輿論。於是，很快地登門造訪並拜其為師，更將沒有門第背景的李彪推薦給地方政府，透過孝廉制度使李彪正式進入了政治圈。如此，因為自身的才華加上平原王陸叡的推薦，李彪從地方社會的名人一躍成為政治圈的新鮮人。

　　很顯然地，平原王陸叡極為讚賞李彪的才識，所以，直接將他帶到中央京師地區安頓，便於向他問學受業。雖然沒有優勢的家世背景，但是以滿腹才華加上受到高層關注的姿態出現於首都，自然能得到漢人官僚的友誼與尊重。當然，這樣的人生際遇對於李彪而言，他知道他最主要的憑藉是其一生所學的才識，這也是政治高層願意重用的原因。因此，他知道如何貢獻所學於政府，是他未來仕途上的主要工作。還有，他清楚自己是極幸運地進入中央政治圈，是一個政壇新鮮人，必須尋求友誼與支援，所以，他必須謹慎地跟隨漢人官僚前輩，向其學習為官之道。

　　李彪從地方到中央這段人生的際遇，雖僅是個案而已，但從中可觀察到重要的現象。排除個人的機緣因素以外，李彪以知識文化活動與地方社會緊密互動，後來又憑藉知識文化能力而得進入政壇。就此而論，可謂政治與社會領域相當程度的整合、銜接，所憑藉者就是知識文化的平台。所以，民間講學活動之存在、持續，實與國家統治之間隱然維持著供需關係。在如此政治社會體架構下，民間的講學除了保留、傳承知識與價值的文化性功能以外，也提供國家行政運作的需求，所以，從高層政治圈到基層的地方社會，都知道民間講學的重要性，也承認其代表社會的一股重要力量。

　　若說知識文化背後與政治社會體存在著如此的緊密關係，那麼自然士族門第就會形成講究家學與傳承家學。因此，在士人家庭內部傳承數代的經驗累積之後，對後代子弟的學習時程已有相當訓練與規劃，如孫惠蔚即是一例：

孫惠蔚，字叔炳，武邑武遂人也，小字陀羅。自言六世祖道恭
為晉長秋卿，自道恭至惠蔚世以儒學相傳。惠蔚年十三，粗通《詩》、
《書》及《孝經》、《論語》；十八，師董道季講《易》；十九，師程
玄讀《禮經》及《春秋》三傳。周流儒肆，有名於冀方。〔註238〕

這可謂知識文化透過家學的世代相承，而逐步邁向細緻化。這套靠經驗累積出
來的學習流程，並非只是孫惠蔚家所專有、獨有，應是在士族家庭普遍實施的。

除了民間自發性的講學活動之外，亦偶有地方官協助推動講學。例如崔
逞的玄孫崔休任職勃海之時，極力協助地方性學術社群的活動：

時大儒張吾貴有盛名於山東，四方學士咸相宗慕，弟子自遠而
至者恒千餘人。生徒既眾，所在多不見容。休乃為設俎豆，招延禮
接，使肄業而還，儒者稱為口實。〔註239〕

此外，地方的知識文化社群往往也是官僚的訓練、儲備場所，地方首長多從
此拔擢人才：

陽尼，字景文，北平無終人。少好學，博通群籍，與上古侯
天護、頓丘李彪同志齊名。幽州刺史胡泥以尼學藝文雅，乃表薦
之。〔註240〕

路恃慶，字伯瑞，陽平清淵人也。祖綽，陽平太守。恃慶有
幹用，與廣平宋翻俱知名，為鄉閭所稱，相州刺史李安世並表薦
之。〔註241〕

所以，地方首長也發揮著一定的整合功能，透過地方首長的推薦，也使得政
治與社會兩大領域匯整銜接為一體。

綜合而言，知識文化講學之活動，不僅始終在民間社會各層面存在，且
也在政治高層形成固定的常制，即太子諸王的受教育。例如在世祖時期開始
出現太子、宗室諸王接受漢文化教育的紀錄，尤其是恭宗：

恭宗景穆皇帝……延和元年（432 年）春正月丙午，立為皇太
子，時年五歲。明慧強識，聞則不忘。及長，好讀經史，皆通大義。
世祖甚奇之。〔註242〕

〔註238〕《魏書》卷84，〈儒林列傳‧孫惠蔚傳〉，頁1852。
〔註239〕《魏書》卷69，〈崔休傳〉，頁1526。
〔註240〕《魏書》卷72，〈陽尼傳〉，頁1601。
〔註241〕《魏書》卷72，〈路恃慶傳〉，頁1618。
〔註242〕《魏書》卷4下，〈世祖紀〉，頁107。

由太子的「好讀經史，皆通大義」與世祖肯定態度觀之，可謂源自民間知識
文化講學產生一定的效應。知識文化講學活動累積漸久，在各層面推動擴展
後，故能在北魏胡族政治圈產生效應。這個轉變的起始點蓋在世祖時期開始，
如〈儒林傳序〉所言：「人多砥尚，儒林轉興。」尤其，平涼以後帶進一批士
人參與北魏政權，如上述之索敞爲典型之人物。

更進一步落實於制度性措施，就是在顯祖時郡國恢復了鄉學。此事由中
書令高允與相州刺史李訢相繼建議而成，文明太后詔令高允督辦。因此，在
文教事業復興的環境下，北魏宗室諸王的知識文化水準也相繼提高。典型的
個案代表人物就是任城王雲之子元澄：

> 文明太后引見澄，誡屬之，顧謂中書令李沖曰：「此兒風神
> 吐發，德音閑婉，當爲宗室領袖。……卿但記之，我不妄談人物
> 也。」〔註243〕

元澄「少而好學」，文明太后評之爲「宗室領袖」，對其能力給予絕對的肯定，
且南朝使者庾蓽也評論，「往魏任城以武著稱，今魏任城乃以文見美也」。正
因元澄對漢知識文化與歷史經驗之熟悉，故高祖讚許之「非任城無以識變化
之體。朕方創改朝制，當與任城共萬世之功耳」。後來，在高祖的改革過程中
元澄便扮演著重要的協助角色。

最後綜論。透過廣佈的社交網絡形成輿論傳播機制，輿論的製造、傳播
多由士族圈所掌控，因此，社交輿論機制代表的是社會群體力量的展現。士
人奠基於經書而產生知識文化能力，所學本質是公共領域運作的原則，故爲
北魏所重視、重用，士人便由此與政治緊密聯繫在一起，此一聯繫也使得「學
識器業」成爲他們一生追求的重大目標。既然知識文化能力是參與政治的恆
久條件，故民間「講學」活動持續興盛。又，「講學」是源自地方基層的社會
性力量，透過各層面逐步的擴張而進入政治體中，因此，政治與社會領域產
生銜接、整合，有相當程度憑藉「學」由下而上的滲透而達成。

〔註243〕《魏書》卷19中，〈景穆十二王列傳‧任城王傳〉，頁483。

第六章　結　論

一、認同問題的浮現

　　人類社會絕大多數都是優先認同其所屬的群體及文化系統，並在政治社會發展的歷史過程中，憑藉著認同的力量持續地凝聚、維持發展的動力。但當一民族擴充發展至突破自身的政治社會界線而與其他民族展開全面接觸時，就必須嘗試跨越、融鑄不同民族群體的文化而組成新的政治社會體。然而，在全面的互動過程中，各民族認同的力量便作用其間，彼此拉扯、競爭、衝突等等，遂使得歷史文化發展顯得複雜萬端。然而，當剖析、釐清複雜萬端的歷史現象後，隱然可見各民族認同的力量是其發展的動力根源。本文將視線聚焦於北魏拓跋政權下胡族群體與漢族群體的接觸過程，從「認同」的觀點解讀所表現出來的言論、行為與政策等，將其置於當時的文化背景與政治社會情況來考察，試圖對北魏歷史文化的發展提出解釋。

　　當考察拓跋政權的發展，首見始祖拓跋力微創新執行與南方友好的外交政策，引起部落大人相謂曰：「太子風彩被服，同於南夏，兼奇術絕世，若繼國統，變易舊俗，吾等必不得志，不若在國諸子，習本淳樸。」〔註 1〕問題核心在部落大人認同於傳統游牧文化而排斥漢人農業文化，遂產生文化危機感，也由此認同危機感凝聚落實為具體的行動力量。因此，在拓跋政權早期，即面對維持自身的認同與漢民族認同之間的複雜關係，需克服、超越胡、漢民族間的衝突。

〔註 1〕《魏書》卷 1，〈序紀〉，頁 4。

二、北魏政治認同的塑造與凝聚

從拓跋政權邁向帝國的肇創過程來看，成皇帝拓跋毛時三十六國、九十九姓的原始組織，發展到獻帝拓跋隣以「七分國人」策略組成帝室十姓氏族組織，以此部落聯盟群體為彼此互相認同的我群體。此群體的維持以拓跋宗族「世相傳襲」統治，以加強政治支配力與群體的凝聚摶成，並由此穩定、擴大拓跋部落聯盟。

在盛樂展開的新時代，拓跋力微對內舉行祭天宗教儀式，確立領導威權並凝聚部落群的認同，對外採取突破性的「與魏和親」政策，跨越出游牧世界而引發胡、漢認同的衝突。拓跋猗盧持續向南擴展進入漢人世界，突破舊有游牧的範圍，在擴張之際仍舊維持部落文化的傳統，不僅融入政治體制的運作，更藉騎射的儀式性活動以整合、維繫部落民對拓跋政權的認同。

拓跋珪重建政權，「改代曰魏」並強調「雖曰舊邦，受命惟新」，企圖建立各方部落的政治認同中心。參合陂之役勝利後「始建天子旌旗」，宣告從部落式政權轉變為中原世界的帝國式政權。隨後開始吸收漢人士大夫及其背後的社會勢力，但軍事統治與強制遷徙政策難以得到漢人的認同。

在複雜的民族關係及文化的轉型背景下，拓跋領主與部落大人對於立國發展方針的認知總存在著落差，影響使得對政權的定位、國號的訂定產生爭執衝突。又，胡、漢民族對歷史文化與地域空間產生差別認同的情況下，北魏胡族依舊維持對「代」的意識與認同，藉以穩固政權的基礎。但，對於過去歷史文化、政權正統的繼承問題，爭論至高祖時始定調「承晉說」解決，意謂北魏在此層面妥協、認同於漢文化。因此，北魏的政治認同面臨諸多的困境與挑戰。

自部落聯盟時期已經朝向君主制型態邁進，包括體制儀式的創制、君主威權的落實與離散部落與去除母、妻族力量等。尤其，後者是拓跋政權邁向君主帝國體制的整體規劃，企圖塑造政治認同的新內涵，但牽扯深刻的胡族部落文化傳統而不易克服超越。但是，在君主意識的演進上，顯現出深受漢族官僚傳統君主意識的影響，且皇帝統治體制得到一般民眾的認同。因此，拓跋政權政治認同的塑造過程顯現出有停滯亦有前進的面相。

三、北魏社會認同的多元型態

拓跋胡族源自代北大草原區，以草原部落文化來維繫胡族社會認同與自我身份定位。進入雲、代區以後，拓跋珪大量移民強迫定居，試圖使胡、漢

共同融合於雲代區，以重新打造一個新生活世界。在「代」地區的經營，產生經驗、情感的累積與認同，所以產生「代人」的稱號。他們長時間對環境適應過程產生的生活慣性，有著強大的制約力，自身難以突破這個穩定、無形的框架。但隨著征戰擴張，遂使框架逐漸瓦解並產生統治的困境，故高祖遷都試圖重整生活世界。

部落民從屬於多功能的部落組織，憑藉著穩定的語言基礎條件，使部落組織得以不斷重新組合起來，並透過歌謠而傳承歷史文化，維繫胡族的社會認同。雖然太祖解散部落使部落組織面臨瓦解危機，但作為政軍基礎的部落組織終為國家軍事體制所吸納整編。畢竟，拓跋政權必須延續部落組織的武勇文化、感情與功能，故將部落生活的傳統轉化為國家宴會式的訓練、射獵等儀式性活動。此外，四月西郊祭天與七月講武馳射二項祭典儀式的傳承，更是北魏部落民社會凝聚摶成的重要機制。在祭儀裡發揮多項功能，不僅達成政治上的整合聯繫，也製造出高度的社會認同感。因此，北魏胡族社會總以傳統的部落文化來穩固、維繫胡族群體的歸屬感與身分認同。

北魏憑藉武力軍臨中原，為掌控漢族社會強大勢力而強制大量徙民，並以地方三首長制監督、統治各個地方。在政治力難以下達地方社會的情況下，遂以宗主督護制與地方大族維持密切關係以便於統治，但最終仍與地方社會妥協。即使三長制全面實施，後來的統治效果仍是不佳。因此，北魏統治策略難以撼動漢人社會組織。原來，漢人社會由家庭內部、家族宗族擴及鄉閭地方社會，存在著以禮為核心的聯繫運作機制，具有強大的凝聚力與認同感，北魏的政治力不易介入。

北魏士族繼承漢儒通經致用的傳統，充分發揮於政治社會實務上。如高允透過「郡國立學」將此一傳統轉為國家體制，崔浩急欲「齊整人倫，分明姓族」以追求理想的社會型態。且，在崔浩事件、高允〈徵士頌〉與李沖表揚劉昞的過程中，都表露出他們能跨越時空限制而凝成共同體意識與價值觀念，並落實於政治體與基層社會，彰顯出士族群體社會認同力量之深厚。此外，相較於士族憑藉儒學的社會認同，基層民眾的邑義組織則是藉佛教信仰所驅動完成，因此，可見存在著多元型態的社會認同。

四、政治社會交互作用之政權參與

昭成帝拓跋什翼犍時代的政治參與，已經朝內部凝聚部落民（內侍制度）

與往外吸收更多民族（南北兩部）的兩個方向俱進，由此穩定與擴大政權參與範圍。燕鳳與許謙以漢式官名的參與，則代表拓跋政權超越舊有部落聯盟體系的開放性。

登國元年（386年）拓跋珪恢復政權，主要依賴昭成帝時代的舊勢力，容易凝聚部落族人與諸胡部落的認同與勢力。皇始年間的政權參與混行胡、漢體制並任用胡族、漢族，出任政軍要職仍主要是登國年間的宗室與代北胡族，他們的軍事長才是北魏政權得以穩固的關鍵基礎。皇始元年（396年）大舉招募吸收漢族人才，故自慕容氏來者達 30%以上，代表政權參與的持續擴大、開放，即使漢人頗不認同北魏政權，但終究組成新的政治社會體。

太祖穩固政權以後的政治參與，區分出胡、漢不同的出仕管道。內朝系統的內侍官源自舊有部落組織而來，主要是代北胡族群出仕參政的管道，他們依舊是北魏政治上層的主角。此外，脫胎於部族精神的「中散」，出任者的父祖大體是部族國家的基礎成員，他們遂在北魏君主身邊擔任侍衛隊與跟從征伐。因此，北魏保留重要參政管道給政權基礎的部落民，以穩定政權並維繫部落民之認同。

北魏初期即開始徵引漢士參政，待世祖時期才大舉下詔徵士並吸收社會勢力，藉此拉攏其認同並以官爵羈縻之。漢族制度性的參政管道是透過中書學，中書博士是專為漢人規劃的參與機制，中書學生絕大多數出身於高門舊族，有傾向門第化發展的趨勢。世祖已經刻意運用中書學體制，以培育未來的官僚並達成羈縻地方勢力的目的。另一制度性的參政管道是祕書省，後期受高祖重門第政策之影響，使祕書監之「清官」地位深受重視。綜觀漢族的參政漸趨穩定而制度化。

此外，北魏依舊維持部落聯盟時期的開放、吸收策略，兼容並包地將各方的社會勢力匯整於帝國體制下，雖妥協於各方勢力而分予諸多政治資源，但隨著參與政權程度的深入，正彰顯出北魏政權與各方勢力整合的加深與順利擴張。

北魏重漢族門第的趨勢，經崔浩、高允等人的提倡，逐步落實於基層制度面，最終演變至中央「朝廷但檢其門望」。更進一步，高祖於太和十五年（491年）「大定官品」使身分背景與出仕官職間產生明確標準，藉此保障胡、漢門第的地位並使門第與政治體緊密結合。接著，根據當代官爵的高卑，將鮮卑八姓貴族與漢人門第建立出新的門第等級，藉此增強北魏的正統地位與政治

認同。高祖力推重門第政策之企圖，欲使政治社會結構進行重組，再造新的秩序與文化。

為達成政權基礎的穩固，北魏實施爵號體制確立出政治組織結構與提高皇權主導性，藉此凝聚各方的政治認同。此爵制奠基於部落社會，非崔浩探源自漢族門第的五等爵制所可挑戰。高祖不僅廢除將軍號的世襲並將所有爵號降一等，是君尊臣卑政策的進一步發展。

就胡族的仕宦延續，表現於多數王爵得以繼承延續、中散官以「任子制」保障權位與世襲軍號等，顯見北魏政權維持一群穩定支持、認同的力量。漢族的仕宦延續，蓋以中書博士與中書學生作為漢人門第專用的機制，兩者的遷官多按慣例而行。因此，胡、漢族皆有穩定的仕宦延續機制，可謂北魏政治力成功整合社會力的表現。再就世代仕宦延續的現象來看，頗多胡族與漢族家庭仕宦延續與北魏政權相始終，反映出北魏與胡、漢主流社會群體長期維持著穩定關係。然而，漢族憑藉深厚的社會基礎以及世代傳承、累積的政治文化，使他們的仕宦延續比胡族更具數量上的優勢。

五、政治社會交互作用之社會力量

拓跋政權向來透過聯姻擴大政權的基礎與勢力範圍，太和十五年以前北魏公主與后妃主要聯姻於「賓附之國」，便是結合於北魏國勢拓展所需。太和十五年以後聯姻對象轉以漢人士族群體為主，此聯姻趨勢的轉變，與國勢重心的南移以及高祖的重門第政策有關。

太和十五年高祖「為六弟聘室」，是胡、漢聯姻的重大里程碑。在此之前，胡漢聯姻紀錄雖少，但已有代人勳貴陸氏跨越民族藩離與漢族門第聯姻，連結於漢人門第的龐大社會資源與崇高社會地位。太和十五年以後，北魏王室聯姻對象都是漢人門第大族，打破胡、漢原來各自的婚姻圈而銜接形成新的婚姻圈。尤其，隴西李沖居中的串連交結，使北魏政權與范陽盧氏以及榮陽鄭氏等名門維持緊密的婚姻關係。此外，也聯姻於南方大族，以積極整合、吸收南方的勢力。

士族之間的聯姻，是整體條件總和評估的結果，藉此交換、累積各在政治與社會層面的資源與勢力。清河崔氏與隴西李氏便憑藉豐厚的政治社會資源，先後成為士族婚姻圈的中心。因聯姻的實質效用大，是各家族未來發展的重要憑藉所在，故自然產生「士大夫當須好婚親」的觀念。因此，士人積

極經營門第的聯姻網絡，使彼此的社會力與政治力整合、擴大起來。

　　紮根於地方鄉里或邊境地區的群體勢力，頗有與北魏政權對抗的傾向，北魏視為對政權正統性、合法性的挑戰。諸多地方勢力有：扎根於地方社會的地方豪右，少數民族的代北部落、丁零、山胡等，以及藉信仰聚結的宗教群體等。各類型地方勢力各有憑藉的社會基礎，北魏多以軍事征戰方式來直接達成掌控，其次，整併為賦稅對象或利用為戰場兵員與充當「營戶」等，最後，難以整治者則拉攏委任統治地方。高祖朝以後漸循制度性措施三長制、鄉飲禮制與鄉黨制等以整合地方勢力。然而，地方勢力的反叛從初期到末期始終不斷，意圖獨立於北魏的政治社會體之外。反叛原因複雜且北魏政治力難以克服，對於企圖統治廣大空間與廣泛民族的北魏政權而言，想建構出各方勢力的支持與認同是極不容易的。

　　士族群社交網絡的聯繫以及輿論意見的製造，匯為一股重要的社會力。社交網絡憑藉宗族群體、政治上的援引、學術知識活動與政治性的城市空間等管道而產生，加上透過輿論管道與外界保持連結性，彼此間交換各種社會性資源並追求共同的價值，故形成輿論性力量與塑造出社會群體的認同。廣佈的輿論圈多由士族所掌控，產生的影響力為北魏政權所不可忽略，故北魏常主動接觸、吸收。

　　漢人士族專長於知識文化，透過教授王室經書等固定體制，他們得與北魏政權緊密聯繫。且，隨著逐代累積、傳承擅長的家業知識，使他們更具有進入官場的條件與能力，如此的發展模式激勵年輕世代苦學追求「學識器業」而進入仕途。

　　基本上，士族之「學」（知識文化的能力）是政治社會運作的恆久需求，藉此士人影響力得以發揮於整合政治與社會領域。此一穩定供需結構的存在，遂使民間始終存在著「講誦不廢」的知識文化活動，士族家庭歷代從學而仕以延續政治社會地位。因此，民間講學具有重要功能且代表一股重要的社會力量，逐步擴展進入胡族政治圈並落實於制度性的郡國鄉學。由此來看，政治社會領域之銜接、整合，有相當程度憑藉「學」由下而上的滲透而達成。

六、總論

　　本文從「認同」的觀點來研究、解釋北魏拓跋政權的歷史文化。就歷史發展過程來看，胡族游牧文化與漢族農業文化的衝突為主要的脈絡，如此的

背景更加激發胡、漢不同的認同力量。據政治優勢的北魏政權優先認同所屬的游牧部落群體及其文化系統，憑藉著胡族的政治認同與社會認同以持續發展。如此的發展模式，在政治社會體轉型邁向君主制帝國的過程中，雖遭到傳統部落力量的反彈，但仍是維持政權穩固與擴張的關鍵基礎。

　　進入中原世界後，太祖嘗試打造一個胡、漢共處的新生活世界。但是，北魏政治統治力難以介入具強大凝聚力與認同感的漢人社會，尤其是素有傳統的士族群體。因此，北魏必須調整以融會胡、漢民族，在政治上逐形成穩定的胡、漢民族參與制度並以官爵機制來延續雙方的地位，由此來平衡北魏政權的權力基礎並維繫政治認同。在社會上以聯姻的方式以整合漢族門第的社會勢力，並以各種方式整合各地方的勢力，試圖建立具一致性的社會認同。在密切的接觸、整合過程中，應能發揮潛隱而穩定效果，創造出相當程度跨民族的政治認同與社會認同，故使北魏政權能統治北方達一百五十年。

　　然而，當從中原傳統的文化優勢層面觀察北魏的發展時，顯現出政治認同與社會認同存在著相當的困境與挑戰。這股抗衡的力量，主要來自具共同體意識的士族群體。他們憑藉著知識文化的優勢與創造的價值，逐步在政治與社會領域滲透、擴展而形成不小的力量。高祖突破胡族部落傳統與限制，提出重門第政策且逐步邁向重整北魏政治社會體的全面改革，應從此角度可以得到根本性的瞭解。因此，北魏拓跋政權政治認同與社會認同的凝聚塑造過程中，實已融匯了漢人士族所承載、實踐的傳統文化。

參考資料

一、典籍

1. 司馬遷,《史記》,點校本,台北:鼎文書局,1987 年 11 月 9 版。

2. 班固,《漢書》,點校本,台北:鼎文書局,1991 年 9 月 7 版。

3. 范曄,《後漢書》,點校本,台北:鼎文書局,1991 年 9 月 6 版。

4. 王先謙,《後漢書集解》,台北:新文豐出版股份有限公司,1975 年 3 月初版。

5. 陳壽,《三國志》,點校本,台北:鼎文書局,1991 年 4 月 7 版。

6. 盧弼,《三國志集解》,台北:漢京文化事業有限公司,1981 年 4 月初版。

7. 房玄齡等,《晉書》,點校本,台北:鼎文書局,1992 年 11 月 7 版。

8. 吳仕鑑等,《晉書斠注》,台北:新文豐出版股份有限公司,1975 年 6 月初版。

9. 沈約,《宋書》,點校本,台北:鼎文書局,1990 年 7 月 6 版。

10. 蕭子顯,《南齊書》,點校本,台北:鼎文書局,1990 年 7 月 6 版。

11. 姚思廉等,《梁書》,點校本,台北:鼎文書局,1990 年 7 月 6 版。

12. 姚思廉等,《陳書》,點校本,台北:鼎文書局,1990 年 7 月 6 版。

13. 李延壽,《南史》,點校本,台北:鼎文書局,1991 年 4 月 7 版。

14. 魏收,《魏書》,點校本,台北:鼎文書局,1990 年 7 月 6 版。

15. 李百藥,《北齊書》,點校本,台北:鼎文書局,1990 年 7 月 6 版。

16. 令狐德棻等,《周書》,點校本,台北:鼎文書局,1990 年 7 月 6 版。

17. 李延壽,《北史》,點校本,台北:鼎文書局,1991 年 4 月 7 版。

18. 魏徵等,《隋書》,點校本,台北:鼎文書局,1993 年 10 月 7 版。

19. 劉昫等，《舊唐書》，點校本，台北：鼎文書局，1992 年 5 月 7 版。

20. 歐陽修、宋祁，《新唐書》，點校本，台北：鼎文書局，1992 年 1 月 7 版。

21. 司馬光撰，胡三省注，《新校資治通鑑注》，台北：世界書局，1987 年 1 月 10 版。

22. 劉義慶撰，余嘉錫注，《世說新語箋疏》，台北：仁愛書局，1984 年 10 月版。

23. 嚴可均校輯，《全上古三代秦漢三國六朝文》，北京：中華書局，1958 年 12 月第 1 版。

24. 杜佑，《通典》，北京：中華書局，1988 年 12 月第 1 版。

25. 馬端臨，《文獻通考》，萬有文庫十通本，北京：中華書局，1986 年 9 月版。

26. 林寶，《元和姓纂》，北京：中華書局，1994 年 5 月版。

27. 逯欽立輯校，《先秦漢魏晉南北朝詩》，台北：木鐸出版社，1988 年 7 月版。

28. 楊衒之撰，楊勇注，《洛陽伽藍記校箋》，台北：正文書局有限公司，1982 年 9 月初版。

29. 班固撰，陳立疏證，吳則虞點校，《白虎通疏證》，北京：中華書局，1994 年，8 月第 1 版。

30. 葛洪撰，楊明照注，《抱朴子外篇校箋》上冊，北京：中華書局，1991 年 12 月第 1 版。

31. 葛洪撰，楊明照注，《抱朴子外篇校箋》下冊，北京：中華書局，1997 年 10 月第 1 版。

32. 王符撰，汪繼培箋，《潛夫論箋》，台北：漢京文化事業有限公司，1984 年 5 月初版。

33. 應劭撰，王利器注，《風俗通義校注》，台北：漢京文化事業有限公司，1983 年 9 月初版。

34. 趙翼，《廿二史箚記》，台北：世界書局，1988 年 4 月 10 版。

35. 趙翼，《陔餘叢考》，北京：中華書局，1963 年 4 月第 1 版。

36. 錢大昕，《錢大昕讀書筆記廿九種》，台北：鼎文書局，1979 年 9 月初版。

37. 王鳴盛，《王鳴盛讀書筆記十七種》，台北：鼎文書局，1979 年 9 月初版。

38. 顏之推撰，王利器注，《顏氏家訓集解》，台北：漢京文化事業有限公司，1983 年 9 月初版。

39. 常璩撰，錢穀鈔校，《華陽國志》，台北：世界書局，1979 年 10 月再版。

40. 酈道元撰，戴震校，《水經注》，台北：世界書局，1983 年 12 月 3 版。

41. 趙超編著，《新唐書宰相世系表集校》，北京：中華書局，1998 年 4 月第 1 版。

42. 洪邁撰，孔凡禮點校，《容齋隨筆》，北京：中華書局，2005 年 11 月第 1 版。

43. 萬斯同，〈魏諸王世表〉，收入《二十五史補編》，北京：中華書局，1955 年 2 月第 1 版。

44. 萬斯同，〈魏異姓諸王世表〉，收入《二十五史補編》，北京：中華書局，1955 年 2 月第 1 版。

45. 萬斯同，〈魏外戚諸王世表〉，收入《二十五史補編》，北京：中華書局，1955 年 2 月第 1 版。

46. 萬斯同，〈魏將相大臣年表〉，收入《二十五史補編》，北京：中華書局，1955 年 2 月第 1 版。

二、研究著作

（一）專書

甲、中文

1. 中研院近史所主編，《認同與國家：近代中西歷史的比較論文集》，台北：中研院近史所，1994 年初版。

2. 中國魏晉南北朝史學會、武漢大學中國三至九世紀研究所編，《魏晉南北朝史研究：回顧與探索—中國魏晉南北朝史學會第九屆年會論文集》，武漢：湖北教育出版社，2009 年 8 月第 1 版。

3. 尹建東，《兩漢魏晉南北朝時期關東豪族研究》，成都：四川大學出版社，2007 年 4 月第 1 版。

4. 毛漢光，《兩晉南北朝士族政治之研究》，台北：中國學術著作獎助委員會，1966 年 7 月初版。

5. 毛漢光，《中國中古社會史論》，台北：聯經出版事業公司，1988 年 2 月初版。

6. 毛漢光，《中國中古政治史論》，台北：聯經出版事業公司，1990 年 1 月初版。

7. 王力平，《中古杜氏家族的變遷》，北京：商務印書館，2006 年 6 月第 1 版。

8. 王仲犖，《魏晉南北朝史》，上海：人民出版社，1980 年 12 月第 1 版。

9. 王伊同，《五朝門第》，香港：中文大學出版社，1978 年重刊第 1 版。

10. 王明珂，《華夏邊緣：歷史記憶與族群認同》，北京：社會科學文獻出版社，2006 年 4 月第 1 版。

11. 王明珂，《游牧者的抉擇：面對漢帝國的北亞游牧部族》，桂林：廣西師範大學出版社，2008 年 12 月第 1 版。

12. 田餘慶，《秦漢魏晉史探微》，北京：中華書局，1993 年 11 月第 1 版。

13. 田餘慶，《拓跋史探》，北京：三聯書店，2003 年 3 月北京第 1 版。

14. 田餘慶，《東晉門閥政治》，北京：北京大學出版社，2005 年 6 月第 4 版。

15. 江宜樺，《自由主義、民族主義與國家認同》，台北：揚智文化事業股份有限公司，2000 年 4 月初版。

16. 牟發松主編，《社會與國家關係視野下的漢唐歷史變遷》，上海：華東師範大學出版社，2006 年 1 月第 1 版。

17. 牟潤孫，《注史齋叢考》，台北：商務印書館，1990 年 6 月初版。

18. 米文平，《鮮卑石室尋訪記》，濟南：山東畫報出版社，1987 年 12 月第 1 版。

19. 何啓民，《中古門第論集》，台北：臺灣學生書局，1978 年 1 月初版。

20. 何德章，《魏晉南北朝史叢稿》，北京：商務印書館，2010 年 11 月第 1 版。

21. 余英時，《中國知識階層史論：古代篇》，台北：聯經出版事業公司，1984 年 2 月再版。

22. 余英時等著，《中國歷史轉型時期的知識份子》，台北：聯經出版事業公司，1992 年 9 月初版。

23. 吳宗國主編，《中國古代官僚政治制度研究》，北京：北京大學出版社，2004 年 11 月第 1 版。

24. 吳晗、費孝通等著，《皇權與紳權》，天津：天津人民出版社，1988 年 10 月第 1 版。

25. 呂一飛，《北朝鮮卑文化之歷史作用》，合肥：黃山書社，1992 年 4 月第 1 版。

26. 呂思勉，《呂思勉讀史札記》，上海：上海古籍出版社，1982 年第 1 版。

27. 呂思勉，《兩晉南北朝史》，台北：開明書店，1983 年 10 月第 6 版。

28. 呂春盛，《北齊政治史研究：北齊衰亡原因之考察》，台北：國立臺灣大學出版委員會，1987 年 6 月初版。

29. 李卿，《秦漢魏晉南北朝時期家族、宗族關係研究》，上海：上海人民出版社，2005 年 2 月第 1 版。

30. 李憑，《北魏平城時代》，北京：社會科學文獻出版社，2000 年 1 月第 1 版。

31. 李憑，《北朝研究存稿》，北京：商務印書館，2006 年 12 月第 1 版。

32. 李友梅、肖瑛、黃曉春，《社會認同：一種結構視野的分析》，上海：上海人民出版社，2007 年 10 月第 1 版。

33. 李亞農，《李亞農史論集》上冊，上海：上海人民出版社，1978 年初版。

34. 李鴻禧等著，《國家認同學術研究會論文集》，台北：現代學術研究基金會，1993 年初版。

35. 杜士鐸主編，《北魏史》，太原：山西高校聯合出版社，1992 年 8 月第 1 版。

36. 汪征魯，《魏晉南北朝選官體制研究》，福建：福建人民出版社，1995 年 1 月第 1 版。

37. 肖愛民，《中國古代北方游牧民族兩翼制度研究》，北京：人民出版社，2007 年 12 月第 1 版。

38. 具聖姬，《兩漢魏晉南北朝的塢壁》，北京：民族出版社，2004 年 5 月第 1 版。

39. 周一良，《魏晉南北朝史札記》，北京：中華書局，1985 年版。

40. 周一良，《魏晉南北朝史論集》，北京：北京大學出版社，1997 年 6 月第 1 版。

41. 周建江，《太和十五年—北魏政治文化變革研究》，廣州：廣東人民出版社，2001 年 7 月第 1 版。

42. 周偉洲，《敕勒與柔然》，桂林：廣西師範大學出版社，2006 年 5 月第 1 版。

43. 周偉洲，《中國中世西北民族關係研究》，桂林：廣西師範大學出版社，2007 年 1 月第 1 版。

44. 尚道明等著，《國家與認同：一些外省人的觀點》，台北：群學出版公司，2010 年 2 月初版。

45. 林恩辰，《「勳臣八姓」與北魏政局研究》，嘉義：中正大學歷史研究所碩士論文，2010 年 8 月。

46. 林滿紅，《獵巫、叫魂與認同危機：台灣定位新論》，台北：黎明文化事業股份有限公司，2008 年 3 月版。

47. 祁進玉，《群體身份與多元認同》，北京：社會科學文獻出版社，2008 年 1 月第 1 版。

48. 金發根，《永嘉亂後的北方豪族》，台北：中國學術著作獎助委員會，1964 年 9 月初版。

49. 侯旭東，《五、六世紀北方民眾佛教信仰—以造像記爲中心的考察》，北京：中國社會科學出版社，1998 年 10 月第 1 版。

50. 侯旭東，《北朝村民的生活世界—朝廷、州縣與村里》，北京：商務印書館，2005 年 11 月第 1 版。

51. 俞鹿年，《北魏職官制度考》，北京：社會科學文獻出版社，2008 年。

52. 姚薇元，《北朝胡姓考》，北京：中華書局，1962 年 10 月第 1 版。

53. 柏貴喜，《四—六世紀內遷胡人家族制度研究》，北京：民族出版社，2003 年 12 月第 1 版。

54. 胡志宏，《西方中國古代史研究導論》，鄭州：大象出版社，2002 年 9 月第 1 版。

55. 胡阿祥等,《魏晉南北朝史十五講》,南京：鳳凰出版社,2010 年 6 月第 1 版。

56. 胡舒雲,《九品官人法考論》,北京：社會科學文獻出版社,2003 年 9 月第 1 版。

57. 唐長孺,《魏晉南北朝史論叢》,北京：三聯書店,1955 年 7 月第 1 版。

58. 唐長孺,《魏晉南北朝史論叢續編》,北京：三聯書店,1959 年 5 月第 1 版。

59. 唐長孺,《魏晉南北朝史論拾遺》,北京：中華書局,1983 年 5 月第 1 版。

60. 唐長孺,《山居存稿》,北京：中華書局,1989 年 7 月第 1 版。

61. 唐長孺,《魏晉南北朝隋唐史三論－中國封建社會的形成和前期變化》,武昌：武漢大學出版社,1992 年 12 月第 1 版。

62. 夏炎,《中古世家大族清河崔氏研究》,天津：天津古籍出版社,2004 年 8 月第 1 版。

63. 孫同勛,《拓拔氏的漢化及其他－北魏史論文集》,台北：稻鄉出版社,2005 年 3 月初版。

64. 殷憲主編,《北朝史研究：中國魏晉南北朝史國際學術研討會論文集》,北京：商務印書館,2004 年 7 月第 1 版。

65. 祝總斌,《兩漢魏晉南北朝宰相制度研究》,北京：中國社會科學出版社,1990 年第 1 版。

66. 馬長壽,《北朝胡姓考》,北京：中華書局,1962 年 10 月第 1 版。

67. 馬長壽,《碑銘所見前秦至隋初的關中部族》,北京：中華書局,1985 年 1 月第 1 版。

68. 馬長壽,《北狄與匈奴》,桂林：廣西師範大學出版社,2006 年 6 月第 1 版。

69. 馬長壽,《烏桓與鮮卑》,桂林：廣西師範大學出版社,2006 年 6 月第 1 版。

70. 高敏,《魏晉南北朝史發微》,北京：中華書局,2005 年 1 月第 1 版。

71. 高賢棟,《南北朝鄉村社會組織研究》,濟南：山東大學出版社,2008 年 3 月第 1 版。

72. 康樂,《從西郊到南郊－國家祭典與北魏政治》,台北：稻禾出版社,1995 年 1 月初版。

73. 張旭華,《九品中正制略論稿》,鄭州：中州古籍出版社,2004 年 10 月第 1 版。

74. 張金龍,《北魏政治史研究》,蘭州：甘肅教育出版社,1996 年 12 月第 1 版。

75. 張金龍,《北魏政治與制度論稿》,蘭州：甘肅教育出版社,2003 年 3 月第 1 版。

76. 張金龍,《魏晉南北朝禁衛武官制度研究》,北京：中華書局,2004 年北京第 1 版。

77. 張金龍，《北魏政治史三、四、五、六、八、九》，蘭州：甘肅教育出版社，2008 年 9 月第 1 版。

78. 張金龍，《北魏政治史一、二》，蘭州：甘肅教育出版社，2008 年 10 月第 1 版。

79. 張金龍，《北魏政治史七》，蘭州：甘肅教育出版社，2011 年 11 月第 1 版。

80. 張茂桂編，《族群關係與國家認同》，台北：業強出版社，1993 年 2 月初版。

81. 張國剛主編，《中國中古史論集》，天津：天津古籍出版社，2003 年 9 月第 1 版。

82. 張國剛主編，《家庭史研究的新視野》，北京：三聯書店，2004 年 4 月第 1 版。

83. 張景明，《中國北方游牧民族飲食文化研究》，北京：文物出版社，2008 年 1 月第 1 版。

84. 張慶捷，《民族匯聚與文明互動—北朝社會的考古學觀察》，北京：商務印書館，2010 年 9 月第 1 版。

85. 張澤咸、朱大渭編，《魏晉南北朝農民戰爭史料彙編》，北京：中華書局，1980 年 6 月第 1 版。

86. 張繼昊，《北魏變亂問題初探》，台灣大學歷史研究所碩士論文，1984 年 6 月。

87. 張繼昊，《北系部落民與北魏政權研究》，台灣大學歷史研究所博士論文，1993 年 5 月。

88. 張繼昊，《從拓跋到北魏—北魏王朝創建歷史的考察》，台北：稻鄉出版社，2003 年 12 月初版。

89. 許倬雲，《求古編》，台北：聯經出版事業公司，1982 年 6 月初版。

90. 陳明，《中古士族現象研究》，台北：文津出版社，1994 年 3 月初版。

91. 陳爽，《世家大族與北朝政治》，北京：中國社會科學出版社，1998 年，12 月第 1 版。

92. 陳仲安、王素，《漢唐職官制度》，北京：中華書局，1993 年 9 月第 1 版。

93. 陳金鳳，《魏晉南北朝中間地帶研究》，天津：文津古籍出版社，2005 年 5 月第 1 版。

94. 陳寅恪，《陳寅恪先生文集(一)(二)(三)》，台北：里仁書局，1982 年 9 月版。

95. 陳琳國，《魏晉南北朝政治制度研究》，台北：文津出版社，1994 年 3 月初版。

96. 陳琳國，《中古北方民族史探》，北京：商務印書館，2010 年 4 月第 1 版。

97. 陳蘇鎮主編，《中國古代政治文化研究》，北京：北京大學出版社，2009 年 11 月第 1 版。

98. 陶新華，《北魏孝文帝以後北朝官僚管理制度研究》，成都：巴蜀書社，2004 年 6 月第 1 版。

99. 彭豐文，《兩晉時期國家認同研究》，北京：民族出版社，2009 年 8 月第 1 版。

100. 逯耀東，《從平城到洛陽—拓跋魏文化轉變的歷程》，台北：聯經出版事業公司，1969 年 3 月初版。

101. 黃烈，《中國古代民族史研究》，北京：人民出版社，1987 年 7 月第 1 版。

102. 黃惠賢，《魏晉南北朝隋唐史研究與資料》，武漢：湖北人民出版社，2010 年 1 月第 1 版。

103. 黃麗如，《北朝時期的滎陽鄭氏》，台灣大學歷史研究所碩士論文，1996 年 1 月。

104. 楊光輝，《漢唐封爵制度》，北京：學苑出版社，2004 年 5 月第 3 版。

105. 楊筠如，《九品中正與六朝門閥》，上海：商務印書館，1930 年版。

106. 萬繩楠，《魏晉南北朝史論稿》，合肥：安徽教育出版社，1983 年 8 月第 1 版。

107. 萬繩楠整理，《陳寅恪魏晉南北朝史講演錄》，合肥：黃山書社，1987 年 4 月第 1 版。

108. 雷家驥，《中古史學觀念史》，台北：臺灣學生書局，1990 年 10 月初版。

109. 蒙思明，《魏晉南北朝的社會》，上海：上海人民出版社，2007 年 4 月第 1 版。

110. 劉淑芬，《中古的佛教與社會》，上海：上海古籍出版社，2008 年 1 月第 1 版。

111. 劉惠琴，《北朝儒及其歷史作用》，西安：陝西人民出版社，2003 年 3 月第 1 版。

112. 劉學銚，《鮮卑史論》，台北：南天書局有限公司，1994 年 8 月初版。

113. 劉學銚，《北亞游牧民族雙軌政制》，台北：南天書局有限公司，1999 年 11 月初版。

114. 劉澤華主編，《士人與社會：秦漢魏晉南北朝卷》，天津：天津人民出版社，1992 年 8 月第 1 版。

115. 劉澤華、葛荃主編，《中國古代政治思想史》，天津：南開大學出版社，2001 年 6 月第 2 版。

116. 蔣福亞，《前秦史》，北京：北京師範學院出版社，1993 年 4 月北京第 1 版。

117. 鄭欣，《魏晉南北朝史探索》，濟南：山東大學出版社，1898 年 8 月第 1 版。

118. 鄭欽仁，《北魏中書省考》，台北：台大文史叢刊之三，1965 年 2 月初版。

119. 鄭欽仁，《北魏官僚機構研究》，台北：稻禾出版社，1995 年 4 月初版。

120. 鄭欽仁，《北魏官僚機構研究續篇》，台北：稻禾出版社，1995 年 4 月初版。

121. 鄭欽仁譯著，《中國政治制度與政治史》，台北：稻禾出版社，1996 年 12 月初版。

122. 鄭欽仁、李明仁編譯，《征服王朝論文集》，台北：稻鄉出版社，2002 年 8 月再版。

123. 黎虎，《魏晉南北朝史論》，北京：學苑出版社，1999 年 7 月第 1 版。

124. 錢杭，《血緣與地緣之間：中國歷史上聯宗與聯宗組織》，上海：上海社會科學院出版社，2001 年 12 月第 1 版。

125. 閻步克，《察舉制度變遷史稿》，遼寧：遼寧大學出版社，1991 年第 1 版。

126. 閻步克，《士大夫政治演生史稿》，北京：北京大學出版社，1996 年 5 月第 1 版。

127. 閻步克，《樂師與史官：傳統政治文化與政治制度論集》，北京：三聯書店，2001 年 7 月第 1 版。

128. 閻步克，《品位與職位：秦漢魏晉南北朝官階制度研究》，北京：中華書局，2002 年 2 月第 1 版。

129. 韓樹峰，《南北朝時期淮漢迤北的邊境豪族》，北京：社會科學文獻出版社，2003 年 7 月第 1 版。

130. 薩孟武，《中國社會政治史(二)》，台北：臺灣學生書局，1969 年 12 月第 5 版。

131. 羅新，《中古北族名號研究》，北京：北京大學出版社，2009 年 3 月第 1 版。

132. 嚴耕望，《中國地方行政制度史乙部：魏晉南北朝地方行政制度》，台北：中央研究院歷史語言研究所，1990 年 5 月 3 版。

133. 嚴耕望，《嚴耕望史學論文選集》，北京：中華書局，2006 年 12 月第 1 版。

134. 嚴耀中，《北魏前期政治制度》，吉林：吉林教育出版社，1990 年版。

135. 嚴耀中，《魏晉南北朝史考論》，上海：上海人民出版社，2010 年 5 月第 1 版。

乙、外文與譯著

1. 大塚久雄著，于嘉雲譯，《共同體的基礎理論》，台北：聯經出版事業公司，1999 年 12 月初版。

2. 川本芳昭，《魏晉南北朝時代の民族問題》，東京：汲古書院，1998 年 11 月發行。

3. 川勝義雄，《六朝貴族制社会の研究》，東京：岩波書店，1982 年 12 月第一刷發行。

4. 川勝義雄著，徐谷芃、李濟滄譯，《六朝貴族制社會研究》，上海：上海古籍出版社，2007 年 12 月第 1 版。

5. 中国中世史研究会編，《中国中世史研究—六朝隋唐の社会と文化》，東京：東海大学出版会，1970 年 8 月第 2 刷發行。

6. 田村實造，《中國史上の民族移動期》，東京：創文社，1985 年 3 月。

7. 矢野主稅，《魏晉百官世系表》，長琦：長崎大學史學，1971 年改定版。

8. 矢野主稅，《門閥社會成立史》，東京：国書刊行会，1976 年 2 月發行。

9. 宇都宮清吉，《中國古代中世史研究》，東京：創文社，1986 年 2 月第二刷發行。

10. 朴漢濟，《中國中世胡漢體制研究》，漢城：一潮閣，1988 年版。

11. 江上波夫著，張承志譯，《騎馬民族國家》，北京：光明日報，1988 年第 1 版。

12. 谷川道雄，《中国中世の探求—歷史と人間》，東京：日本ディタースクール出版部，1987 年 9 月第一刷發行。

13. 谷川道雄編，《日中国際共同研究—地域社会在六朝政治文化上所起的作用》，京都：玄文社，1989 年 3 月發行。

14. 谷川道雄，《中国中世社会と共同体》，東京：國書刊行會，1989 年 11 月再版發行。

15. 谷川道雄等編，《魏晉南北朝隋唐時代史の基本問題》，東京：汲古書院，1997 年 6 月發行。

16. 谷川道雄，《增補 隋唐帝国形成史論》，東京：筑摩書房，1998 年 1 月增補第一刷發行。

17. 谷川道雄著，馬彪譯，《中國中世社會與共同體》，北京：中華書局，2002 年 12 月第 1 版。

18. 谷川道雄著，李濟滄譯，《隋唐帝國形成史論》，上海：上海古籍出版社，2004 年 10 月第 1 版。

19. 谷川道雄主編，李憑等譯，《魏晉南北朝隋唐史學的基本問題》，北京：中華書局，2010 年 10 月北京第 1 版。

20. 岡崎文夫，《魏晉南北朝通史》，東京：弘文堂書房，1936 年 2 月再版。

21. 松下憲一，《北魏胡族体制論》，北海道：北海道大學出版會，2007 年 3 月 30 日第 1 刷。

22. 前田正名著，李憑、孫耀、孫蕾譯，《平城歷史地理學研究》，北京：書目文獻出版社，1994 年 12 月北京第 1 版。

23. 宮川尚志，《六朝史研究：政治・社会篇》，京都：平樂寺書店，1977 年 9 月複製第一刷。

24. 宮崎市定，《九品官人法の研究—科舉前史》，京都：京都大學東洋史研究會，1956 年 3 月第一刷發行。

25. 宮崎市定著，韓昇、劉建英譯，《九品官人法研究—科舉前史》，北京：中華書局，2008 年 3 月第 1 版。

26. 張仲禮著，李榮昌譯，《中國紳士：關於其在 19 世紀中國社會中作用的研究》，上海：上海社會科學院出版社，1991 年 5 月第 1 版。

27. 船木勝馬，《古代遊牧騎馬民の國》，東京都：誠文堂新光社，1989 年 2 月發行。

28. 窪添慶文，《魏晉南北朝官僚制研究》，東京都：汲古書院，2003 年 9 月。

29. 劉俊文主編，《日本學者研究中國史論著選譯：第二卷專論》，北京：中華書局，1992 年 7 月第 1 版。

30. 劉俊文主編，《日本學者研究中國史論著選譯：第四卷六朝隋唐》，北京：中華書局，1992 年 7 月第 1 版。

31. 劉俊文主編，《日本學者研究中國史論著選譯：第三卷上古秦漢》，北京：中華書局，1993 年 11 月第 1 版。

32. 劉俊文主編，《日本中青年學者論中國史：上古秦漢卷》，上海：上海古籍出版社，1995 年 12 月第 1 版。

33. 劉俊文主編，《日本中青年學者論中國史：六朝隋唐卷》，上海：上海古籍出版社，1995 年 12 月第 1 版。

34. S. N. Eisenstadt 著，閻步克譯，《帝國的政治體系》，貴陽：貴州人民出版社，1992 年 2 月第 1 版。

35. Gaetano Mosca 著，賈鶴鵬譯，《統治階級》，南京：譯林出版社，2002 年 10 月第 1 版。

36. Social Identity 著，王志弘、許妍飛譯，《社會認同》，台北：巨流圖書有限公司，2006 年 11 月初版。

37. Benedict Anderson 著，吳叡人譯，《想像的共同體—民族主義的起源與散布》，台北：時報文化出版企業股份有限公司，2010 年 5 月第 2 版。

38. Harold R. Isaacs 著，鄧伯宸譯，《族群》，台北：立緒文化事業有限公司，2004 年 11 月初版。

39. Samuel Huntington 著，高德源、劉純佑、石吉雄譯，《誰是美國人—族群融合的問題與國家認同的危機》，台北：左岸文化出版，2008 年 12 月初版。

40. Corcuff, S. ed., *Memories of the Future: National Identity Issues and the Search for a New Taiwan.*（未來的記憶：國家認同議題與追尋新台灣）New York and London: M. E. Sharpe., 2002.

41. Balazs, Etenne, *Chinese Civilization and Bureaucracy.*（中國文明與官僚主義）tr. by H.M. Wright, Yale University Press, 1967.

42. Ebrey, Patricia Buckley, *The Aristocratic Families of Early Imperial China: A Case Study of the Poling Ts ui Family.*（早期帝制中國的貴族家庭：博陵崔

氏個案研究）Cambridge University Press, 1978.

43. Eberhard, Wolfram, *Conquerors and Rulers: Social Forces in Medieval China*,（征服者與統治者：中古中國的社會力量）Leiden: Second Edition, 1965.

44. Johnson, David G. *The Medieval Oligarchy: A Study of Great Families in their Social, Political and Institutional Setting*（中世紀中國的寡頭政治）PH. D. Disertation, University of California, Berkeley, 1970.

45. Albert E. Dien. Ed., State and Society in Early Medieval China（中國中世紀早期的國家與社會), California: Stanford University Press, 1990.

（二）期刊論文

甲、中文

1. 內蒙古文物工作隊,〈內蒙陳巴爾虎旗完工古墓清理簡報〉,《考古》1965年第 6 期。

2. 內蒙古文物工作隊,〈扎賚諾爾古墓群〉,《文物》1961 年第 9 期。

3. 王吉林,〈元魏建國前的的拓跋氏〉,《史學彙刊》第 8 期,1977 年 8 月。

4. 王吉林,〈北魏繼承制度與宮闈鬥爭之綜合研究〉,《華岡文科學報》第 11 期,1978 年。

5. 孔毅,〈北朝的經學與儒者〉,《西南師範大學學報(哲社版)》1990 年第 3 期。

6. 孔毅,〈十六國、北朝經學的發展與成就〉,《北朝研究》1995 年第 1 期。

7. 孔毅,〈北魏前期北方世族 "以夏變夷" 的歷程〉,《中國史研究》1998 年第 2 期。

8. 毛漢光,〈兩晉南北朝主要文官士族成分的統計分析與比較〉,《史語所集刊》第 36 本下冊,1966 年。

9. 毛漢光,〈中國中古社會史略論稿〉,《史語所集刊》第 47 本第 3 分,1976 年。

10. 毛漢光,〈中古大族著房婚姻之研究〉,《史語所集刊》第 56 本第 4 分,1985 年。

11. 毛漢光,〈北魏東魏北齊之核心集團與核心區〉,《史語所集刊》第 57 本第 2 分,1986 年。

12. 毛漢光,〈從考古發現看魏晉南北朝生活型態〉,收入宋文薰、李亦園、許倬雲、張光直主編,《考古與歷史文化—慶祝高去尋先生八十大壽論文集(下)》,台北：正中書局,1991 年 6 月。

13. 王大良,〈略論王肅與北魏政局〉,《北朝研究》1997 年第 3 期。

14. 王伊同,〈崔浩國書獄釋疑〉,《清華學報》新第 1 卷第 2 期,1957 年。

15. 王伊同,〈魏書崔浩傳箋註〉,《史語所集刊》第 45 本第 4 分,1974 年。

16. 王萬盈，〈論拓跋鮮卑民族的漢化與融合〉，《北朝研究》1997 年第 4 期。

17. 甘懷眞，〈中國中古士族與國家的關係〉，《新史學》第 2 卷第 3 期，1991年 9 月。

18. 甘懷眞，〈中國中古時期「國家」的型態〉，《東吳大學歷史學報》第 1 期，1995 年 4 月。

19. 甘懷眞，〈中國中古時期君臣關係初探〉，《臺大歷史學報》第 21 期，1997年 12 月。

20. 甘懷眞，〈中國古代君臣間的敬禮及其經典詮釋〉，《臺大歷史學報》第 31 期，2003 年 6 月。

21. 田昌五、馬志冰，〈論十六國時代塢堡壘壁組織的構成〉，《中國史研究》1992 年第 3 期。

22. 白翠琴，〈北魏對境內諸族的政策〉，收入劉心長、馬忠理編，《鄴城暨北朝史研究》，石家庄：河北人民出版社，1991 年 4 月第 1 版。

23. 任樹民，〈關中氐、羌與北朝鮮卑政權〉，《北朝研究》1997 年第 2 期。

24. 牟發松，〈略評日本中國中世史研究會的共同體理論〉，收入谷川道雄編，《日中國際共同研究─地域社會在六朝政治文化上所起的作用》，京都：玄文社，1989 年 3 月。

25. 米文平，〈鮮卑石室的發現與初步研究〉，《文物》1981 年第 2 期。

26. 米文平，〈嘎仙洞北魏石刻祝文考釋〉，收入中國魏晉南北朝史學會編，《魏晉南北朝史研究》，成都：四川省社會科學院出版社，1986 年。

27. 考古研究所漢城發掘隊，〈漢長安城南郊禮制建築遺址發掘簡報〉，《考古》1960 年第 7 期。

28. 何啓民，〈柳芳氏族論中的一些問題〉，收入中央研究院編，《中央研究院國際漢學會議論文集：歷史考古組》，台北：中央研究院，1981 年 10 月。

29. 何德章，〈北魏國號與正統問題〉，《歷史研究》1992 年第 3 期。

30. 何德章，〈論北魏孝文帝遷都事件〉，《魏晉南北朝隋唐史資料》第 15 輯，1997 年 6 月。

31. 何德章，〈北魏太武帝政治史二題〉，《魏晉南北朝隋唐史資料》第 17 輯，2000 年 4 月。

32. 余遜，〈讀魏書李沖傳論宗主制〉，《史語所集刊》第 20 本下冊，1948 年。

33. 余英時，〈東漢政權之建立與士族大姓之關係〉，《新亞學報》第 1 卷第 2 期，1956 年 2 月。

34. 宋德熹，〈北魏姓族分定初探〉，收入楊聯陞主編，《陶希聖先生九秩榮慶祝壽論文集：國史釋論》，台北：食貨出版社，1987 年。

35. 宋德熹，〈試論崔浩國史獄事〉，《興大歷史學報》第 3 期，1993 年 4 月。

36. 宋德熹，〈中古門第觀念探微〉，《興大歷史學報》第 5 期，1995 年。

37. 宋德熹，〈北魏前期文化的轉折與肆應〉，《國際中國學研究》第 12 輯，2009 年。

38. 李憑，〈論北魏宗主督護制〉，《晉陽學刊》1986 年第 1 期。

39. 李憑，〈再論北魏宗主督護制〉，《晉陽學刊》1995 年第 6 期。

40. 李明仁，〈拓跋氏早期的婚姻政策〉，《史原》第 20 期，1997 年 5 月。

41. 李明仁，〈鮮卑拓跋氏君主繼承制研究〉，《興大人文學報》第 34 期下，2004 年 6 月。

42. 李紅艷，〈從信都馮氏看北方民族融合〉，《北朝研究》1996 年第 3 期。

43. 李紅艷，〈十六國北朝時期草原文化與山東文化的衝突與合和〉，《北朝研究》第 2 輯，2000 年。

44. 谷霽光，〈六朝門閥〉，《武漢大學文史哲季刊》第 5 卷第 4 期，1936 年。

45. 阮忠仁，〈北魏道武帝天賜二年西郊祀天制度新釋〉，《中國中古史研究》第 4、5 期合刊本，2005 年 12 月。

46. 周一良，〈領民酋長與六州都督〉，《史語所集刊》第 20 本，1948 年。

47. 周一良，〈北朝的民族問題與民族政策〉，《燕京學報》第 39 期，1950 年。

48. 周一良，〈北魏鎮戍制度考及續考〉，《禹貢》半月刊第 3 卷第 9 期、第 4 卷第 5 期。

49. 周一良，〈從北魏幾郡的戶口看三長制的作用〉，《社會科學戰線》1980 年第 4 期。

50. 林幹，〈鮮卑拓跋、禿髮、乞伏三部的早期歷史及其南遷路線的初步探索〉，《北方文物》1989 年第 3 期。

51. 金發根，〈塢堡溯源及兩漢的塢堡〉，《史語所專刊》第 37 本上冊，1967 年。

52. 侯旭東，〈北朝鄉里制與村民的生活世界—以石刻為中心的考察〉，《歷史研究》2001 年第 6 期。

53. 侯旭東，〈北魏村落考〉，收入《慶祝何茲全先生九十歲論文集》，北京：北京師範大學出版社，2001 年。

54. 侯旭東，〈北朝"三長制"四題〉，《中國史研究》2002 年第 4 期。

55. 侯旭東，〈北魏申洪之墓志考釋〉，收入吉林大學古籍研究所編，《1-6 世紀中國北方邊疆·民族·社會國際學術研討會論文集》，北京：科學出版社，2008 年 12 月第 1 版。

56. 姚薇元，〈宋書索虜傳南齊書魏虜傳北人姓名考證〉，《清華學報》第 8 卷第 2 期，1933 年 6 月。

57. 施光明，〈《魏書》所見北魏公主婚姻關係研究〉，《民族研究》1989 年第 5 期。

58. 施光明，〈北朝民族通婚研究〉，《民族研究》1993 年第 4 期。

59. 范家偉，〈北魏正朔與崔浩國史之獄〉，收入周樑楷編，《結網二編》，台北：東大圖書股份有限公司，2003 年 7 月初版。

60. 唐長孺，〈九品中正制度試釋〉，收入氏著，《魏晉南北朝史論叢》，北京：三聯書店，1955 年 7 月第 1 版。

61. 唐長孺，〈拓跋國家的建立及其封建化〉，收入氏著，《魏晉南北朝史論叢》。

62. 唐長孺，〈晉代北境各族「變亂」的性質及五胡政權在中國的統治〉，收入氏著，《魏晉南北朝史論叢》。

63. 唐長孺，〈魏晉雜胡考〉，收入氏著，《魏晉南北朝史論叢》。

64. 唐長孺，〈門閥的形成及其衰落〉，《武漢大學人文科學學報》第 8 期，1959 年。

65. 唐長孺，〈拓跋族的漢化過程〉，原刊《歷史教學》1956 年第 1 期，後收入氏著，《魏晉南北朝史論叢續編》，北京：三聯書店，1959 年 5 月第 1 版。

66. 唐長孺，〈魏晉南北朝時期的客和部曲〉，原刊《東洋史研究》第 40 卷第 2 號，1981 年 9 月，後收入氏著，《魏晉南北朝史論拾遺》，北京：中華書局，1983 年 5 月第 1 版。

67. 唐長孺，〈士人蔭族特權和士族隊伍的擴大〉，收入氏著，《魏晉南北朝史論拾遺》。

68. 唐長孺，〈士族的形成和升降〉，收入氏著，《魏晉南北朝史論拾遺》。

69. 唐長孺，〈北魏的青齊土民〉，收入氏著，《魏晉南北朝史論拾遺》。

70. 唐長孺，〈北魏的彌勒信仰及其衰落〉，收入氏著，《魏晉南北朝史論拾遺》。

71. 唐長孺，〈東漢末期的大姓名士〉，原刊《中華學術論文集》，北京：中華書局，1981 年 11 月，後收入氏著，《魏晉南北朝史論拾遺》。

72. 唐長孺，〈論北魏孝文帝定姓族〉，收入氏著，《魏晉南北朝史論拾遺》。

73. 唐長孺，〈《魏書·楊播傳》"自云弘農華陰人"辯〉，《魏晉南北朝隋唐史資料》第 5 期，1983 年 12 月。

74. 唐長孺，〈試論魏末北鎮鎮民暴動的性質〉，收入氏著，《山居存稿》，北京：中華書局，1989 年 7 月第 1 版。

75. 唐長孺，〈北魏末期的山胡敕勒起義〉，收入氏著，《山居存稿》。

76. 唐長孺，〈北魏南境諸州的城民〉，收入氏著，《山居存稿》。

77. 孫同勛，〈「穢史」辯誣〉，《幼獅學報》第 4 卷第 1、2 期，1961 年。

78. 孫同勛，〈北魏末年與北齊時代的胡漢衝突〉，《思與言》第 2 卷第 4 期，1964 年。

79. 孫同勛，〈北魏初期胡漢關係與崔浩之獄〉，《幼獅學誌》第 3 卷第 1 期，1964 年。

80. 孫同勛，〈北魏均田制實施的背景〉，《思與言》第 3 卷第 3 期，1965 年 9 月。

81. 徐美莉，〈試論南北朝時期弘農楊氏之興衰〉，《北朝研究》第 1 輯，1999 年。

82. 馬志冰，〈十六國時代塢堡壘壁組織的社會質能〉，《許昌師專學報(社科版)》1991 年第 3 期。

83. 高詩敏，〈北朝趙郡李氏的婚姻及其特點〉，《許昌師專學報(社科版)》1990 年第 3 期。

84. 高詩敏，〈北朝皇室婚姻關係的嬗變與影響〉，《民族研究》1992 年第 6 期。

85. 高詩敏，〈范陽盧氏的興衰與歷史地位〉，《北朝研究》1997 年第 1 期。

86. 高詩敏，〈北朝范陽盧氏形成冠冕之首的諸因素〉，《首都師範大學學報(社科版)》1997 年第 2 期。

87. 高詩敏，〈有關北朝博陵崔氏的幾個問題〉，《首都師範大學學報(社科版)》1998 年第 5 期。

88. 宿白，〈東北、內蒙古地區的鮮卑遺迹〉，《文物》1977 年第 5 期。

89. 宿白，〈盛樂、平城一帶的拓跋鮮卑—北魏遺迹〉，《文物》1977 年第 11 期。

90. 張兆凱，〈北朝政治的嬗變與門蔭制度的盛衰〉，《北朝研究》1995 年第 1 期。

91. 張金龍，〈北魏文成帝時期的北魏政治—以統治集團構成爲中心〉，收入張金龍主編，《黎虎教授古稀紀念中國古代史論叢》，北京：世界知識出版社，2006 年 11 月第 1 版。

92. 張金龍，〈讀高允《徵士頌》論北魏神䴥四年徵士及其意義〉，《北朝研究》1993 年第 2 期。

93. 張金龍，〈拓跋珪「元從二十一人」考〉，《北朝研究》1995 年第 1 期。

94. 張金龍，〈北魏前期的內侍・內行諸職〉，《北大史學》第 7 期，2000 年 10 月。

95. 張金龍，〈北魏孝文帝用人政策及其在改革中的作用〉，收入氏著，《北魏政治與制度論稿》，蘭州：甘肅教育出版社，2003 年 3 月第 1 版。

96. 張金龍，〈北魏文成帝時期的北魏政治—以統治集團構成爲中心〉，收入張金龍主編，《黎虎教授古稀紀念中國古代史論叢》，北京：世界知識出版社，2006 年 11 月第 1 版。

97. 張慶捷，〈儒學與北魏政治〉，《山西大學學報：哲社版》1988 年第 1 期。

98. 張慶捷，〈北魏文成帝《南巡碑》碑文考證〉，《考古》1998 年第 4 期。

99. 張慶捷、郭春梅，〈北魏文成帝《南巡碑》所見拓跋職官初探〉，《中國史研究》1999 年第 2 期。

100. 張繼昊，〈從數件史事論北魏世祖太武帝拓跋燾的君權〉，《空大人文學報》第 11 期，2002 年 12 月。

101. 張繼昊，〈北魏「子貴母死」問題的再探討〉，《空大人文學報》第 12 期，

2003 年 12 月。

102. 張鶴泉，〈北魏假爵制度考〉，《吉林大學社會科學報》2009 年第 5 期。

103. 張鶴泉，〈北魏前期諸王爵位繼承制度探討〉，《河北學刊》2010 年第 3 期。

104. 曹仕邦，〈史稱「五胡源出中國聖王之後」的來源〉，《食貨月刊》第 4 卷第 9 期，1974 年 12 月。

105. 曹永年，〈早期拓跋鮮卑的社會狀況和國家的建立〉，《歷史研究》1987 年第 5 期。

106. 曹永年，〈拓跋力微卒後「諸部離叛國內紛擾」考〉，《內蒙古師範大學學報》1988 年第 2 期。

107. 梁滿倉，〈論北朝鮮卑婚俗的兩次改革〉，收入劉心長、馬忠理編，《鄴城暨北朝史研究》，石家庄：河北人民出版社，1991 年 4 月第 1 版。

108. 許倬雲，〈西漢政權與社會勢力的交互作用〉，《史語所集刊》第 35 本，1964 年。

109. 許倬雲，〈漢代中國體系的網路〉，收入勞貞一先生八秩榮慶論文集編輯委員會主編，《勞貞一先生八秩榮慶論文集》，台北：臺灣商務印書館，1986 年 1 月。

110. 許倬雲，〈中國古代社會與國家之關係的變動〉，《國家科學委員會研究彙刊：人文及社會科學》第 3 卷第 1 期，1993 年 1 月。

111. 陳爽，〈"四姓"辨疑—北朝門閥體制的確立及其歷史意義〉，《國學研究》第 4 卷，1997 年。

112. 陳仲安，〈十六國北朝時期北方大土地所有制的兩種形式〉，《武漢大學學報(哲社版)》1980 年第 4 期。

113. 陳啓雲，〈中國中古「士族政治」考論之一(淵源論)〉，《新亞學報》第 12 卷，1979 年。

114. 陳啓雲，〈魏晉南北朝時期中國知識份子的特色〉，收入中央研究院編，《中央研究院國際漢學會議論文集：歷史考古組》，台北：中央研究院，1981 年 10 月。

115. 陳寅恪，〈唐代政治史述論稿〉，收入氏著，《陳寅恪先生文集(三)》，台北：里仁書局，1982 年 9 月版。

116. 陳寅恪，〈崔浩與寇謙之〉，原刊《嶺南學報》第 11 卷第 1 期，收入氏著，《陳寅恪先生文集(一)》，台北：里仁書局，1982 年 9 月版。

117. 陳寅恪，〈隋唐制度淵源略論稿〉，收入氏著，《陳寅恪先生文集(二)》，台北：里仁書局，1982 年 9 月版。

118. 陳漢玉，〈也論北魏孝文帝的改革〉，《中國史研究》1982 年第 4 期。

119. 陳識仁，〈北魏崔浩案的研究與討論〉，《史原》第 21 期，1999 年 2 月。

120. 陶新華，〈北魏孝文帝以後北朝的清濁官、流外官和吏〉，《四川大學學報(哲社版)》 2003 年第 4 期。

121. 勞榦，〈北魏後期的重要都邑與北魏政治的關係〉，收入氏著，《勞榦學術論文集甲編》，台北：藝文出版社，1976 年 10 月。

122. 勞榦，〈論魏孝文之遷都與華北〉，收入氏著，《勞榦學術論文集甲編》。

123. 彭體用，〈從鮮、漢統治階級的逐步合流看北魏統治的強固〉，《中南民族學院學報》1985 年第 1 期。

124. 彭體用，〈試論北魏的門閥士族與皇權的關係〉，《中南民族學院學報》1988 年第 2 期。

125. 曾庸，〈遼寧西豐西岔溝古墓群爲烏桓遺迹論〉，《考古》1961 年第 6 期。

126. 賀次君，〈西晉以下北方宦族地望表〉，《禹貢半月刊》第 3 卷第 5 期，1935 年。

127. 逯耀東，〈拓跋氏與中原士族的婚姻關係〉，《新亞學報》第 7 卷第 1 期，1965 年 2 月。

128. 逯耀東，〈從北魏前期的文化與政治型態論崔浩之死(上)〉，《新亞學報》第 7 卷第 2 期，1966 年 9 月。

129. 逯耀東，〈北魏平城對洛陽規建的影響〉，《思與言》第 5 卷第 5 期，1968 年。

130. 逯耀東，〈北魏孝文帝遷都與其家庭悲劇〉，《新亞學報》第 8 卷第 2 期，1968 年 8 月。

131. 逯耀東，〈崔浩世族政治的理想〉，收入沈剛伯先生八秩榮慶論文集編輯委員會主編，《沈剛伯先生八秩榮慶論文集》，台北：聯經出版事業公司，1976 年初版。

132. 黃烈，〈拓跋鮮卑早期國家的形成〉，收入氏著，《中國古代民族史研究》，北京：人民出版社，1987 年 7 月第 1 版。

133. 黃展岳，〈漢長安城南郊禮制建築的位置及其有關問題〉，《考古》1960 年第 9 期。

134. 楊廷賢，〈南北朝之士族〉，《東方雜誌》第 36 卷第 7 號，1938 年 4 月。

135. 楊際平、李卿，〈李顯甫集諸李開李魚川史事考辨〉，《廈門大學學報(哲社版)》 2003 年第 3 期。

136. 雷家驥，〈從漢匈關係的演變略論劉淵屠各集團復國的問題—兼論其一國兩制的構想〉，《東吳文史學報》第 8 期，1990 年。

137. 雷家驥，〈漢趙國策及其一國兩制下的單于體制〉，《國立中正大學學報：人文分冊》第 3 卷第 1 期，1992 年。

138. 雷家驥，〈後趙的文化適應及其兩制統治〉，《國立中正大學學報：人文分冊》第 5 卷第 1 期，1994 年。

139. 雷家驥，〈慕容燕的漢化統治與適應〉，《東吳歷史學報》第 1 期，1995 年。

140. 雷家驥，〈氐羌種姓文化及其與秦漢魏晉的關係〉，《國立中正大學學報：人文分冊》第 6 卷第 1 期，1995 年。

141. 雷家驥，〈前後秦的文化、國體、政策與其興亡的關係〉，《國立中正大學學報：人文分冊》第 7 卷第 1 期，1996 年。

142. 家驥，〈漢趙時期氐羌的東遷與返還建國〉，《國立中正大學學報：人文分冊》第 7 卷第 1 期，1996 年。

143. 雷家驥，〈前、後趙軍事制度研究〉，《國立中正大學學報：人文分冊》第 8 卷第 1 期，1997 年。

144. 雷家驥，〈試論「五胡」及其立國情勢與漢化思考〉，收入汪榮祖、林冠群主編，《胡人漢化與漢人胡化》，嘉義：中正大學臺灣人文研究中心，2006 年。

145. 雷家驥，〈略論魏周隋之間的復古與依舊⋯一個胡、漢統治文化擺盪改移的檢討〉，《中國中古史研究》第 9 期，2009 年 12 月。

146. 蒙思明，〈六朝世族形成的經過〉，《文史雜誌》第 1 卷第 9 期，1935 年 11 月。

147. 趙克堯，〈論魏晉南北朝的塢壁〉，《歷史研究》1980 年第 6 期。

148. 劉琳，〈北朝士族的興衰〉，收入中國魏晉南北朝史學會編，《魏晉南北朝史研究》，成都：四川省社會科學院出版社，1986 年 3 月第 1 版。

149. 劉馳，〈從崔、盧二氏婚姻的締結看北朝漢人士族地位的變化〉，《中國史研究》1987 年第 2 期。

150. 劉美雲、魏海清，〈狩獵習俗對北魏前期政權的影響〉，收入殷憲主編，《北朝史研究：中國魏晉南北朝史國際學術研討會論文集》，北京：商務印書館，2004 年 7 月第 1 版。

151. 劉淑芬，〈五至六世紀華北鄉村的佛教信仰〉，《史語所集刊》第 63 本第 3 分，1993 年。

152. 劉淑芬，〈北魏時期的河東蜀薛〉，《中國史學》第 11 卷，2001 年 10 月。

153. 劉淑芬，〈從民族史的角度看太武帝滅佛〉，《史語所集刊》第 72 本第 1 分，2001 年。

154. 劉惠琴，〈北朝郊祀、宗廟制度的儒學化〉，《西北大學學報(哲社版)》2000 年第 1 期。

155. 劉華祝，〈試論兩漢豪強地主塢壁〉，《歷史研究》1985 年第 5 期。

156. 劉精誠，〈北魏馮太后與獻文帝、孝文帝的關係〉，收入劉心長、馬忠理編，《鄴城暨北朝史研究》，石家庄：河北人民出版社，1991 年 4 月第 1 版。

157. 劉精誠，〈論魏孝文帝遷都洛陽的原因和意義〉，《許昌師專學報(社科

版)》，1992 年第 4 期。

158. 劉增貴，〈漢魏士人同鄉關係考論上、下〉，《大陸雜誌》第 84 卷第 1、2 期，1992 年。

159. 劉增貴，〈門戶與中國古代社會〉，《史語所集刊》第 68 本第 4 分，1997 年 12 月。

160. 劉增貴，〈晉南北朝時代的鄉里之情〉，收入熊秉眞主編，《欲掩彌彰：中國歷史文化中的「私」與「情」》，台北：漢學研究中心，2003 年。

161. 歐陽熙，〈魏晉時期塢壁組織的性質及作用〉，《廣州師院學報》1981 年第 4 期。

162. 潘其風、韓康信，〈東漢北方草原游牧人骨的研究〉，《考古學報》1982 年第 1 期。

163. 蔡幸娟，〈北魏時期南北朝降人待遇—客禮—研究〉，《成功大學歷史學系歷史學報》第 15 號，1989 年 3 月。

164. 魯才全，〈長樂馮氏與元魏宗室婚姻關係考—以墓志爲中心〉，《北朝研究》1995 年第 4 期。

165. 虎，〈北魏前期的狩獵經濟〉，收入氏著，《魏晉南北朝史論》，北京：學苑出版社，1999 年 7 月北京第 1 版，原刊於《歷史研究》1992 年第 1 期。

166. 盧建榮，〈從造像銘記論五至六世紀北朝鄉民社會意識〉，《國立臺灣師範大學歷史學報》第 23 期，1995 年。

167. 盧開萬，〈北魏政府徙民的形式與內容〉，《魏晉南北朝隋唐史資料》第 8 期，1986 年 12 月。

168. 蕭璠，〈東魏、北齊內部的胡、漢問題及其背景〉，《食貨月刊復刊》第 6 卷第 8 期，1976 年。

169. 錢穆，〈略論魏晉南北朝學術文化與當時門第之關係〉，收入氏著，《中國學術思想史論叢(三)》，台北：東大圖書股份有限公司，1985 年 10 月 3 版。

170. 錢穆，〈孔子與春秋〉，收入氏著，《兩漢經學今古文平議》，台北：東大圖書股份有限公司，1989 年 11 月 3 版。

171. 繆鉞，〈北朝之鮮卑語〉，收入氏著，《讀史存稿》，北京：三聯書店，1963 年 3 月第 1 版。

172. 繆鉞，〈東魏北齊政治上漢人與鮮卑之衝突〉，收入氏著，《讀史存稿》。

173. 薛瑞澤，〈北魏鄰里關係研究〉，《中南民族大學學報》2002 年第 4 期。

174. 謝劍，〈匈奴政治制度的研究〉，《史語所集刊》第 41 本第 2 分，1969 年 1 月。

175. 謝劍，〈匈奴社會組織的初步研究〉，《史語所集刊》第 40 本下冊，1969 年 11 月。

176. 鞠清遠,〈兩晉南北朝的客、門生、故吏、義附、部曲〉,《食貨半月刊》第 2 卷第 12 期,1935 年。

177. 聶早英,〈北魏前期的漢人士族與拓跋統治者〉,收入劉心長、馬忠理編,《鄴城暨北朝史研究》,石家庄:河北人民出版社,1991 年 4 月第 1 版。

178. 薩孟武,〈魏晉南北朝的貴族政治〉,《社會科學論叢》第 1 輯,1950 年 4 月。

179. 薩孟武,〈士族與五胡隋唐二代的關係〉,《食貨月刊復刊》第 5 卷第 6 期,1975 年 9 月。

180. 羅新,〈五燕政權下的華北士族〉,《國學研究》第四卷,1997 年。

181. 羅新,〈北朝墓志叢札(一)〉,《北大史學》第九期,2003 年 1 月。

182. 羅新,〈十六國北朝的五德曆運問題〉,《中國史研究》2004 年第 3 期。

183. 羅新,〈跋北魏太武帝東巡碑〉,《北大史學》第 11 期,2005 年 8 月。

184. 譚其驤,〈晉永嘉喪亂後之民族遷徙〉,《燕京學報》第 15 期,1934 年 6 月。

185. 嚴耕望,〈北魏尚書制度考〉,《史語所集刊》第 18 本,1948 年 1 月。

186. 嚴耀中,〈北魏內行官試探〉,收入中國魏晉南北朝史學會編,《魏晉南北朝史研究》,成都:四川省社會科學院出版社,1986 年 3 月第 1 版。

187. 嚴耀中,〈北魏中書學及其政治作用〉,收入中國魏晉南北朝史學會編,《魏晉南北朝史論文集》,山東:齊魯書社,1991 年 5 月第 1 版。

188. 蘇慶彬,〈元魏北齊北周政權下漢人勢力之推移〉,《新亞學報》第 6 卷第 2 期,1964 年。

乙、外文與譯著

1. 丁愛博著,魯力譯,〈漢族著姓與拓跋貴族的調和─孝文帝太和十九年詔令研究〉,《北朝研究》1997 年第 3 期。

2. 川本芳昭,〈北魏高祖の漢化政策の理解について〉,《九州大學東洋史論集》第 9 期,1981 年。

3. 川本芳昭著,鄧紅、牟發松譯,〈關於五胡十六國北朝時代的「正統」王朝〉,《北朝研究》第 2 輯,2000 年。

4. 川勝義雄,〈シナ中世貴族政治の成立について〉,《史林》第 33 卷第 4 期,1950 年。

5. 川勝義雄,〈魏晉南北朝の門生故吏〉,《東方學報》第 28 期,1958 年。

6. 内田吟風,〈北朝政局に於ける鮮卑及諸北族系貴族の地位〉,《東洋史研究》第 1 卷第 3 號,1936 年 2 月。

7. 古賀昭岑著,劉世哲譯,〈論北魏部族的解散〉,《民族譯叢》1991 年第 5 期。

8. 矢野主稅,〈門閥貴族の系譜試論〉,《古代學》第 1 卷第 7 期,1952 年。

9. 石田德行，〈胡族政權下における漢人貴族〉，《歷史学研究》第 333 號，1968 年 2 月。

10. 守屋美都雄，〈六朝門閥の一研究－太原王氏系譜考〉，《法制史研究》第 4 期，1951 年。

11. 朴漢濟，〈北魏王權與胡漢體制〉，《北朝研究》1993 年第 1 期。

12. 朴漢濟，〈西魏北周時代胡姓的重行與胡漢體制〉，《北朝研究》1993 年第 2 期。

13. 朴漢濟著，朱亮譯，〈北魏洛陽社會與胡漢體制〉，《中原文物》1998 年第 4 期。

14. 佐竹靖彥著，王勇華、王鏗譯，〈中國古代的共同體與共同體論－以谷川道雄的研究爲線索〉，收入氏著，《佐竹靖彥史學論集》，北京：中華書局，2006 年 2 月北京第 1 版。

15. 谷川道雄，〈中國士大夫階級と地域社會〉，收入《中國士大夫階級と地域社會との關係についての總合的研究》，1983 年。

16. 谷川道雄，〈魏晉南北朝及隋唐的社會和國家〉，《中國史研究》第 3 期，1986 年。

17. 谷川道雄著，李憑譯，〈北魏研究的方法與課題〉，《國際漢學》1995 年第 1 期。

18. 谷川道雄，〈六朝貴族的家庭生活及在社會政治上的作用〉，收入張國剛主編，《家庭史研究的新視野》，北京：三聯書店，2004 年 4 月第 1 版。

19. 松下憲一，〈北魏代人集團考略〉，收入中國魏晉南北朝史學會、四川大學歷史文化學院編，《魏晉南北朝史論文集》，成都：巴蜀書社，2006 年第 1 版。

20. 松下憲一，〈北魏胡族體制論〉，《中國中古史研究》第一卷，2011 年 2 月。

21. 河地重造，〈北魏王朝の成立とその性格について〉，《東洋史研究》第 12 卷第 5 號，1953 年。

22. 勝畑冬實，〈拓跋珪の部族解散と初期北魏政權の性格〉，《早稻田大学大学院文学研究科紀要－哲学史学別冊》20，1994。

23. 窪添慶文著，鄧奕琦譯，朱大渭校，〈北魏的將軍號〉，《北朝研究》1990 年上半年刊，1990 年 6 月。

24. 窪添慶文，〈北魏州的等級〉，《北朝研究》1990 年下半年刊，1990 年 11 月。

25. 窪添慶文，〈關於北魏前期的尚書省〉，收入劉俊文主編，《日本中青年學者論中國史：六朝隋唐卷》，上海：上海古籍出版社，1995 年 12 月第 1 版。

26. 窪添慶文，〈北魏的都督－從軍事面看中央與地方〉，收入國史館編，《中華民國史專題第五屆討論會：國史上中央與地方的關係》，台北：國史館，1999 年。

27. 窪添慶文著，張小穩等譯，〈日本的魏晉南北朝官僚制研究〉，《北大史學》第 11 期，2005 年 8 月。

28. 窪添慶文，〈文成帝期的胡族與內朝官〉，收入張金龍主編，《黎虎教授古稀紀念中國古代史論叢》，北京：世界知識出版社，2006 年 11 月第 1 版。

29. 窪添慶文，〈北魏における榮陽鄭氏〉，收入韓昇主編，《古代中國：社會轉型與多元文化》，上海：上海人民出版社，2007 年 12 月第 1 版。

30. 趙永來，〈盛樂、代北時期拓跋君主的強化與大人制的演變〉，《魏晉南北朝史論文集》，山東：齊魯書社，1991 年 5 月。

31. 孫同勛，"Some Hints on The Marriage Custom of Early Toba,"（早期拓跋政權婚姻習俗的部份提示）*Proceedings of the Third East Asian Altaistic Conference*, Taipei, 1969.

32. Eberhard, Wolfram. "Additional Notes on Chinese Gentry Society",（中國仕紳社會的另外詮解）*Bulletin of the School of Oriental and African*, Vol. 7, No. 2, 1955.

33. Eberhard, Wolfram, "Research on the Chinese Family,"（中國家庭的研究）*Sociologus*, Vol. 9, 1959.

34. Andrew Eisenberg, "Retired Emperorship in Medieval China: The Northern Wei,"（北魏的退位皇帝）*T'ung Pao*, LXXVII, 1991.

35. Scott Pearce, "A Survey of Recent Research on the History of Early Medieval China,"（近年中國中世紀早期歷史研究概述)，《中國史學》第 2 期，1992 年。

36. Jennifer Holmgren, "The Lu Clan of Tai Commandery and Their Contribution to the T'o-po State of Northern Wei in the Fifth Century,"（五世紀代郡陸氏對北魏拓跋國的貢獻）*T'ung Pao*, 4～5, 1983.

37. Jennifer Holmgren, "The Making of an Elite: Local Politics and Social Relations in Northeasern China During the Fifth Centry A. D."（菁英的形成：五世紀中國東北部的地方政治和社會關係）*Paper on Far Eastern History,* N.30, Sept. 1984.

38. Jennifer Holmgren, "Northern Wei as a Conquest Dynasty: Current Perceptions; Past Scholarship,"（征服之朝北魏：舊學問新觀點）*Paper on Far Eastern History*, N.40, Sept. 1989.

39. Jennifer Holmgren, "Wei-shu Records the Bestowal of Imperial Princesses during the Northern Wei Dynasty,"（《魏書》關於北魏王室公主賜婚的記載）*Papers on Far Eastern History*, N.27, March. 1983.

三、墓誌石刻

1. 中央研究院歷史語言研究所藏墓誌拓片。

2. 王壯弘、馬成名，《六朝墓誌檢要》，上海：上海書店出版社，2008 年 10 月第 1 版。

3. 毛遠明編，《漢魏六朝碑刻校注》，北京：線裝書局，2008 年 12 月第 1 版。

4. 趙超，《漢魏南北朝墓誌彙編》，天津：天津古籍出版社，1992 年 6 月第 1 版。

5. 趙萬里，《漢魏南北朝墓誌集釋》，台北：鼎文書局，1972 年初版。

6. 羅新、葉煒，《新出魏晉南北朝墓志疏證》(修訂本)，北京：中華書局，2016 年 5 月第 1 版。

7. 羅維明，《中古墓志詞語研究》，廣州：暨南大學出版社，2003 年 4 月第 1 版。

8. 《北京圖書館藏中國歷代石刻拓本匯編》，河南：中州古籍出版社，一九八九年第一版。

《千唐誌齋藏誌》、《常山貞石百誌》、《曲石精廬藏唐墓誌》、《洛陽新獲墓誌》、《關中石刻文字新編》、《房山石經題記彙編》、《金石萃編》、《金石續編》、《關中金石文字存逸考》、《瓊室金石補正》、《關中金石記隋唐刻原目》、《隋唐石刻拾遺》等，以上石刻史料多收入《石刻史料新編》與《石刻史料叢書》等。

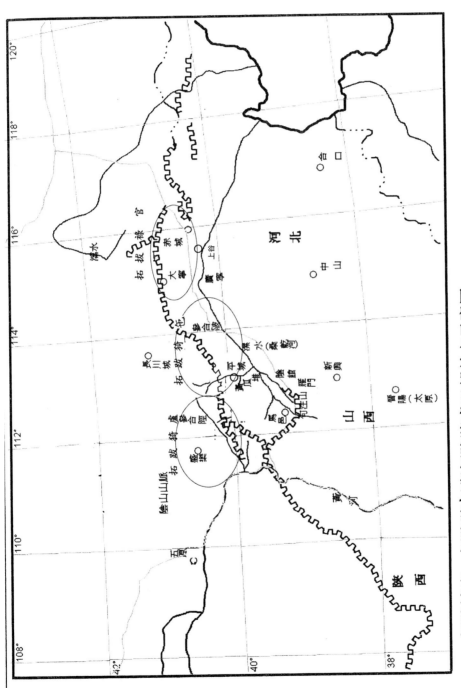

拓跋祿官、拓跋猗㐌與拓跋猗盧三部並立示意圖